SWEDISH

A COMPLETE COURSE FOR BEGINNERS

Vera Croghan

TEACH YOURSELF BOOKS

To
Richard, Karin, Michael and James

Acknowledgements

The author would like to thank the consultants, Ivo and Ingwor Holmqvist and Gun Sjöberg, for checking the material and making many valuable suggestions, and also my brother and his wife, Claes and Agneta Gudmundson, for providing me with most of the realia for the exercises. I am very grateful to Kungliga Operan for permission to use an opera ticket, to the Svenska Institutet for the photographs on page 226, and to Volvo for pictures of their cars.

I am also very much indebted to my colleague, Bente Elsworth, for her help and good advice; to Philip Holmes and Ian Hinchcliffe, whose grammatical works I have used; and to Andrew Cornish, Karen Donnelly and David Hancock for the illustrations.

Lastly, I would like to thank my editors, Helen Coward, Kate Jarratt and Sarah Mitchell, for their patience and help.

Vera Croghan, June 1995

For UK orders: please contact Bookpoint Ltd, 39 Milton Park, Abingdon, Oxon OX14 4TD. Telephone: (44) 01235 400414, Fax: (44) 01235 400454. Lines are open from 9.00 – 6.00, Monday to Saturday, with a 24 hour message answering service. Email address: orders@bookpoint.co.uk

For U.S.A. & Canada orders: please contact NTC/Contemporary Publishing, 4255 West Touhy Avenue, Lincolnwood, Illinois 60646 – 1975 U.S.A. Telephone: (847) 679 5500, Fax: (847) 679 2494.

Long-renowned as the authoritative source for self-guided learning – with more than 30 million copies sold worldwide – the *Teach Yourself* series includes over 200 titles in the fields of languages, crafts, hobbies, sports, and other leisure activities.

British Library Cataloguing in Publication Data
Croghan, Vera
Swedish
I. Title
439.782421

Library of Congress Catalog Card Number: 95-68139

First published in UK 1995 by Hodder Headline Plc, 338 Euston Road, London NW1 3BH

First published in US 1995 by NTC/Contemporary Publishing,
4255 West Touhy Avenue, Lincolnwood (Chicago), Illinois 60646-1975 U.S.A.

Typeset by Transet Limited, Coventry.
Printed in Great Britain for Hodder & Stoughton Educational, a division of Hodder Headline Plc, 338 Euston Road, London NW1 3BH by Cox & Wyman Ltd, Reading, Berkshire.

First published 1995
Impression number 14 13 12 11
Year 2004 2003 2002 2001

CONTENTS

INTRODUCTION

This course is designed for the absolute beginner and requires no previous knowledge of any foreign language. The aim of the course is to enable you to use Swedish in everyday situations and also to provide some background information about Sweden and the Swedish culture.

Swedish is not a difficult language for an English-speaking student to learn. Like English, it is a Germanic language so many words are similar, for example: **man**, **bok**, **hus**, **hund**, **land**, **hand**, **finger**. Many loan-words from German, French and Latin are also immediately recognisable to anyone with a knowledge of these languages, for example German *Frau*, *fragen*, *Freiheit*, *Rathaus* become **fru**, **fråga**, **frihet**, **rådhus** in Swedish. French *restaurant*, *parapluie*, *sergent*, *milieu* become **restaurang**, **paraply**, **sergeant**, **miljö** in Swedish. From Latin there is **museum**, **laboratorium**, **pastor**, **universitet** and so on.

In these days of easy communications, TV programmes and films, and science and technology using an international (English!) terminology, more and more American and English words are entering the Swedish language, making it increasingly accessible to English-speaking people.

How to use the book

Each of the 18 units follows the same pattern.

Introduction. An introduction in English that explains what you will learn in the unit.

Samtal. (*Dialogue.*) There are some dialogues at the beginning of each chapter. Using the cassette, listen to them first to see how much you understand, then read them carefully.

Vocabulary. The vocabulary section that follows each dialogue contains the new words and expressions that you will need to understand it.

Rätt eller fel? (*True or false?*) Statements about the dialogue that may be true or false. The aim of this exercise is for you to check whether you have understood the text.

Vad ni behöver veta. (*What you need to know.*) Comments on life in Sweden relevant to the dialogue.

Så här säger man. (*What to say.*) The important words and expressions used in the dialogues are repeated here.

Grammatik. (*Language patterns.*) Notes explaining grammatical structures and how to create your own sentences.

Övningar. (*Exercises.*) In these you practise the new words and information you have learnt.

Förstår du? (*Do you understand?*) Further dialogues and texts, testing your comprehension.

In addition, the symbol indicates material included on the accompanying cassette.

The best way to make progress is to work a little every day. Listen to the cassette and read the dialogues several times, learning the vocabulary before you start the exercises.

Teach Yourself Swedish tells the story of John, a young Englishman who is going to stay in Sweden for a year to gain experience in the import and export trade. He also wants to see something of Sweden. His Swedish friend, Åke, stayed with John's family on an exchange, and now John is going to stay with Åke's family.

PRONUNCIATION

Swedish is probably one of the easiest languages to learn to pronounce as it is usually pronounced as it is written. Once a few general rules have been learnt – and you have mastered the specific Swedish sounds – it is quite straightforward.

The easiest way to learn the pronunciation is to listen to the cassette and imitate the native speakers there. The Swedish radio and Swedish films – if they haven't been dubbed – are also very helpful. Radio Sweden can be found on short wave around the world and in most of Europe on several frequencies, e.g. medium wave (AM) 1179 kHz 254 m, although reception is not always good.

The most important things to remember when pronouncing Swedish words is that all letters should be pronounced distinctly, even unstressed end vowels, and vowels and consonants in endings, e.g. **pojke** (*boy*), **före** (*before*), **sedan** (*afterwards*), **trädet** (*the tree*).

The Swedish alphabet has 29 letters:

A a	(pronounced	a)	K k	(pronounced	kå)	U u	(pronounced	u)
B b	("	be)	L l	("	ell)	V v	("	ve)
C c	("	se)	M m	(“	em)	W w	("	ve)
D d	("	de)	N n	(“	en)	X x	("	eks)
E e	("	e)	O o	(“	o)	Y y	("	y)
F f	("	eff)	P p	(“	pe)	Z z	("	säta)
G g	("	ge)	Q q	(“	ku)	Å å	("	å)
H h	("	hå)	R r	(“	ärr)	Ä ä	("	ä)
I i	("	i)	S s	(“	ess)	Ö ö	("	ö)
J j	("	ji)	T t	(“	te)			

The last three letters are vowels; this means that Swedish has nine vowels, as **y** is always a vowel in Swedish. The vowels are **a**, **e**, **i**, **o**, **u**, **y**, **å**, **ä**, **ö**.

The vowels in Swedish are pure sounds, not a combination of two sounds (diphthongs) as they often are in English. Diphthongs only occur in dialects.

The pronunciation of Swedish letters is explained below. However, the comparisons with English sounds are only approximate. Therefore you should listen carefully to the cassette where native speakers have recorded the sounds and sample words. The guide below is only intended to help you if you have any difficulties. For most people, imitating the voices on the cassette is by far the easiest way to learn the correct pronunciation.

Vowels

The Swedish vowels may be long or short, but vowel length is connected with stress. By stress we mean that it is more prominent than the other letters in the word.

A stressed vowel is long:

- as end-vowel in words of one syllable: **ja**, **vi**, **nu**, **se**, **två**.
- before a single consonant in the same syllable (exceptions see below): **mor**, **far**, **vara**, **heta**, **gata**, **jul**.

A stressed vowel is short:

- before two or more consonants: **flicka**, **gubbe**, **äpple**, **kall**, **kopp**. (Except before **-r**: **barn**, **lärd**.)
- in a few common words of one syllable: **han**, **hon**, **den**, **min**, **din**, **sin**.
- often in words of one syllable ending in **-m** or **-n**: **vem**, **hem**, **kom**, **kam**, **som**, **rum**, **dum**, **man**, **in**, **kan**, **men**, **mun**, **än**.

An unstressed vowel is always short: the last **a** in **tala**, **resa**; the **e** in **pojken**, **åker**, etc.

The vowels are divided into two groups:
a, **o**, **u**, **å** are hard vowels
e, **i**, **y**, **ä**, **ö** are soft vowels.

This distinction is important for explaining the different pronunciations of the consonants **g**, **k**, and the consonant combination **sk** before the different vowel groups (see below).

Swedish letter	Pronunciation	Example
long **a**	like **a** in *father*	**far** (*father*)
short **a**	like the **a**- sound in *but*	**katt** (*cat*)
long **e**	no English equivalent. A little like **e** in *ear*, but with the tongue muscles very tense	**med** (*with*)
short **e**	like **e** in *men*	**penna** (*pen*)
long **i**	like **ea** in *heat*	**liv** (*life*)
short **i**	like **i** in *kiss*	**hiss** (*lift*)
long **o**	like **oo** in *moon* with tightly rounded lips	**bok** (*book*)
short **o**	like **oo** in *book* with less tightly rounded lips	**blomma** (*flower*)
long **u**	no English equivalent. Start with the **u**- sound in *true*, but round the lips very tightly	**hus** (*house*)
short **u**	like **u** in *full*, but not so tensely rounded lips as the long **u**	**hund** (*dog*)
long **y**	no English equivalent. Like the long **i** but with tightly rounded lips	**ny** (*new*)
short **y**	no English equivalent. Sounds like the short **i** but with rounded lips	**syster** (*sister*)
long **å**	like the **aw**- sound in *raw*	**gå** (*go*)
short **å**	like **o** in *Scot*	**åtta** (*eight*)
long **ä**	like the first vowel in the diphthong **ea** in *bear*	**äta** (*eat*)
short **ä**	more open than the English **e** in *set*	**lätt** (*easy*)
long **ö**	no equivalent in English. The tongue is in the same position as for **e** but the lips are rounded and protruded	**söt** (*sweet*)
short **ö**	like the **u**- sound in *curt* but shorter	**böcker** (*books*)

The short vowels are often slightly more open than the long vowels. This is most noticeable when an **ä** or **ö** is followed by an **r**, for example:

Long vowels	Short vowels
här (*here*)	**härja** (*ravage*)
lära (*teach*)	**lärde** (*taught*)
hör (*hear*)	**hörde** (*heard*)
dör (*dies*)	**dörr** (*door*)

Pronunciation exercises

Practise the vowel sounds by repeating these words aloud. You will find it helpful to listen to the examples on the cassette first.

	Long vowels	Short vowels
a	Karin	Anna
	Malin	Magnus
e	Erik	Pelle
	Eva	Svensson
i	Lisa	Nils
	Brita	Birgitta
o	Ola	Olle
	Moberg	Mollberg
u	Rut	Ulla
	Sture	Gunnar
y	Tyra	Yvonne
	Ystad	Yngve
å	Åke	Mårten
	Åland	Ångermanland
ä	Pär	Säffle
	Vänern	Vättern
ö	Öland	Björn
	Söder	Önnestad

Note: Some words spelt with **o** are pronounced with an **å**- sound, for example:

Mona	**Lotta**
Roland	**Stockholm**

Consonants

Swedish letter	Pronunciation	Example
b	like **b** in *bad*	**bo** (*live*)
c	is found mainly in words of foreign origin. As a rule, it represents the same sound as in the foreign word. Thus it is pronounced as **s** in front of the soft vowels (e, i, y, ä, ö) but as **k** in front of the hard vowels (a, o, u, å) in stressed syllables, and always as **k** in front of **k**	**cykel** (*bicycle*), **cancer** (*cancer*), **flicka** (*girl*)
d	approximately as in English, but with the tongue just behind the upper teeth	**dam** (*lady*)
f	like **f** in *firm*	**fem** (*five*)
g	like **g** in *go* in front of the hard vowels (a, o, u, å) or consonants in stressed syllables	**gata** (*street*), **god** (*good*), **Gud** (*God*), **gå** (*go*), **gris** (*pig*)
g	like **j** in front of the soft vowels (e, i, y, ä, ö) in stressed syllables	**ge** (*give*), **gissa** (*guess*), **gyllene** (*golden*), **gäss** (*geese*), **göra** (*do*, *make*)
g	like **j** finally after **l** and **r**	**älg** (*elk*), **berg** (*mountain*)
h	like **h** in *hot*	**het** (*hot*)
j	like **y** in *you*	**ja** (*yes*)
k	like **k** in *keep* in front of the hard vowels (a, o, u, å) or consonants in stressed syllables	**kan** (*can*), **ko** (*cow*), **kunde** (*could*), **kål** (*cabbage*) **klo** (*claw*)
k	like **ch** in *church* in front of the soft vowels (e, i, y, ä, ö) in stressed syllables	**kedja** (*chain*), **kind** (*cheek*), **kyss** (*kiss*), **kära** (*dear*), **köpa** (*buy*)

l	like **l** in *leaf*	**liv** (*life*)
m	like **m** in *me*	**mor** (*mother*)
n	like **n** in *no*	**ny** (*new*)
p	like **p** in *plate*	**plats** (*place*)
q	like **k** in *king*	**quiche** (*quiche*)
r	is a rolled **r** made with the tip of the tongue in central and northern Sweden, but in the south it is made with the root of the tongue at the back of the mouth	**ren** (*clean*)
s	like voiceless **s** in *see*. In Swedish **s** is never voiced as in *measure*	**se** (*see*)
t	is pronounced with the tongue just behind the upper teeth	**tand** (*tooth*)
v	like **v** in *very*	**vem** (*who*)
w	like **v** in *very*. It only occurs in names and words of foreign origin	**WC** (*toilet*)
x	like **ks**, never like **gz** as in *example*	**herr X** (*Mr X*)
z	like voiceless **s** in *see*. It only occurs in names and words of foreign origin	**zoo** (*zoo*)
ng	like **ng** in *ring*, never like **ngg** as in *England*	**ung** (*young*)
gn	like **ngn**	**regn** (*rain*)
sk	like **sk** in *skate* in front of the hard vowels (a, o, u, å) or consonants in stressed syllables	**ska** (*shall*), **sko** (*shoe*), **skulle** (*should*), **skål** (*cheers*), **skriva** (*write*)
sk	like **sh** in *she* in front of the soft vowels (e, i, y, ä, ö) in stressed syllables	**sked** (*spoon*), **skina** (*shine*), **skygg** (*shy*), **skär** (*pink*), **skön** (*comfortable*)
sch, **sj**, **skj**, **stj**, **si(on)**, **ti(on)**	like **sh** in *she*	**marsch** (*march*), **sjö** (*lake*), **skjuta** (*shoot*), **stjärna** (*star*), **passion** (*passion*), **station** (*station*)

kj, **tj**	like **ch** in *Charles* without the initial **t-** sound	**kjol** (*skirt*), **tjock** (*thick*)

Note: **d**, **g**, **h**, **l** are mute in front of **j** at the beginning of words or in compound words when these consonants belong to the same syllable: **djup** (*deep*), **gjort** (*done, made*), **hjul** (*wheel*), **ljud** (*sound*).

k followed by **n** is pronounced (unlike in English): **kniv** (*knife*), **knä** (*knee*).

q, **w**, **x**, **z** only occur in names and foreign words. Then **q** is pronounced like a **k**, and **w** is pronounced like a **v**. **Qu** is pronounced like **kv**, e.g. **Qatar**, **WC** (*toilet*), **Wennergren**, **Quist**, **Quinnan** (in old texts or jokingly = *woman*). **X** is pronounced like **ks**, e.g. **extra** (*extra*), and **z** is pronounced like voiceless **s**, e.g. **zebra** (*zebra*).

t is pronounced in **nation** (*nation*) and **motion** (*exercise*).

l is mute in **karl** and **värld**.

rs is pronounced like **sh** in *mash* in central and northern Sweden, but not in the south, where the two letters are pronounced individually, e.g. **person** (*person*).

In **rd**, **rt**, **rl**, **rn** the **r** is assimilated with the following consonant so that these are pronounced almost like their English equivalents in central and northern Sweden. However, in the south the two letters are pronounced individually, e.g. **hård** (*hard*), **svårt** (*difficult*), **härlig** (*glorious*), **barn** (*child*).

Pronunciation exercise

Practise the following tongue-twisters. Pay particular attention to the fact that the same sound can be spelt in several ways! Some of these sentences feature on the accompanying cassette and, if you have it, you will find the practice very useful.

b Barbros bror badade bara i Barsebäck.

c Cecilia cyklade genom centrala Cypern efter cigaretter och citroner.

d David drack druvsaft och drog igång dragspelsmusiken.

f Fiffiga Fia friade till den förfärlige Fredrik.

g Gerd gillade gyttjebadet efter gympan.
Gustav grillade grisen i gryningen.

h Helan och Halvan har hälsats med heja-rop hela halva hösten.

j Det satt en arg älg i julgranen i Göteborg.

k Kerstin kisade kyligt mot kycklingen i Köping.
Karin kramade den kluriga katten Katarina.
l Lasse linkade lamt längs Lunds lummiga alléer.
m Mats matade många misstrogna musiker med miljövänlig medicin.
n Nisse nobbade några nattliga nöjen med Nora.
p Pelle passade på att prova pistolen på papegojan.
q Quist diskvalificerade Quinnan.
r Rut rosade Rolfs rara renar.
s Sven svarade snällt när Sixten skrek svordomar.
t Trofasta Tilda tackade tandläkaren när han drog ut den trasiga tanden.
v Vill du veta var Vilhelm var i veckan?
x Xantippa spelade xylofon för Xerxes.
z Zigenaren Zakarias såg solen i zenit på Nya Zeelands zoo.
ng I England talar engelskorna engelska.
gn Magnus vankade lugnt bakom vagnen i regnet.
kn Knut knyt knuten! Knut knöt knuten utan knot.
sk Den skenheliga chefen i den skära skjortan spelade skivorna i den sköna stjärnklara skärgårdskvällen.
Det är skam att skryta och skrävla i skolan.
sj Sju sjuka sjuksköterskor skötte sju sjösjuka sjömän.
stj Stjäl inte stjärnan!
skj Jag gömde skjortorna i skjulet.
tj Kärringen tjatade på tjejen att inte kyssa den tjugonde kinesen på kinden. Tjosan!

Stress

Swedish has *sentence stress* (the words that are most significant for the meaning are stressed) and *word stress* (different syllables in stressed words are stressed).

Word stress. The stress is normally on the first syllable of every word except in a number of loan words from other languages where there is no completely reliable rule. A great many by now follow Swedish pronunciation rules, at least in part, but others may retain the stress on the syllable that carried the stress in the original language. That is usually the case with words of French or Latin origin, e.g. **restaurang** (*restaurant*), **novell** (*short story*), **museum** (*museum*), **studera** (*study*).

If a word begins with the prefixes **be-**, **för-**, **ge-**, the stress is on the syllable following these prefixes, e.g. **bet*a*la** (*pay*), **först*å*** (*understand*), **ged*i*gen** (*sòlid*).

If a syllable other than the normal first syllable is stressed, the vowel in this syllable has been italicised in this book.

Accent

Swedish is a tone language, which means that more than one tone may be used in one word. That is why it sounds as if Swedes are singing when they speak. There are two such word accents in Swedish: 'single tone' (also called *accent one* or *acute accent*) and 'double tone' (also called *accent 2* or *grave accent*).

Single tone, as in English, is used in words of one syllable. Note that even when a one-syllable word takes an ending, it keeps its single tone accent, e.g. **boll** (*ball*) – **bollen** (*the ball*), **hund** (*dog*) – **hunden** (*the dog*).

Single tone is also used in many two-syllable words ending in **-el**, **-en**, **-er**, e.g. **cykel** (*bicycle*), **vatten** (*water*), **vinter** (*winter*), and in present tense verb forms ending in **-er**, e.g. **reser** (*travel*).

Double tone is used in most words of more than one syllable and in most compound nouns, e.g **flicka** (*girl*), **trädgård** (*garden*), as well as in verb forms ending in **-a**, **-ar**, **-ade**, **-at**, **-ad**, e.g. **tala**, **talar**, **talade**, **talat**, **talad** (*speak*, *spoke*, *spoken*). In words with double tone the main stress is on the first syllable – a falling tone –, but there is also a strong secondary stress on the second syllable – a rising tone, e.g. **lampan** (*the lamp*), **spela** (*play*).

Single tone	Double tone
boll	**flicka**
bollen	**trädgård**
cykel	**tala**
reser	**lampa**

The difference in tone is used to distinguish between words which are spelt the same way but mean different things, for example:

Single tone	Double tone
anden (*the duck*)	**anden** (*the spirit*)
biten (*the bit*)	**biten** (*bitten*)

Note: The line indicates the pitch, i.e. the height of the tone of your voice.

Everyday pronunciation

The written language and the spoken language do differ. Note the following forms of words commonly used in normal speech:

- The final consonant is normally dropped in some very common words: **ja/g** (*I*), **da/g** (*day*), **va/d** (*what*), **go/d** (*good*), **me/d** (*with*), **de/t** (*it*), **mycke/t** (*much*).
- **Och** (*and*) is usually pronounced as **å**, and **nej** (*no*) is pronounced as **nä**.
- In normal speech the pronouns **mig** (*me, myself*), **dig** (*you, yourself*), **sig** (*himself, herself, itself, themselves*) are pronounced as **mej**, **dej**, **sej**, and they are sometimes written this way as well. **De** (*they*) and **dem** (*them*) are pronounced as **dåmm**. **Någon**, **något**, **några** (*some / any / body, some / any / thing, some / any*) are pronounced **nån**, **nåt**, **våra**. **Sådan** (*such*) is pronounced **sån**. **Sedan** (*afterwards*) is pronounced **sen**.
- Adjectives ending in **-ig** usually drop the **-g** in the spoken language, for example: **roli/g** (*funny*), **tråki/g** (*boring*).
- The past tense of the verbs **säga** (*say*) and **lägga** (*lay*) are written **sade** and **lade** but pronounced **sa** and **la**. **Skall** (*shall*) is pronounced **ska** and now normally also written this way.
  The imperatives **tag** (*take*) and **drag** (*pull*) are pronounced **ta** and **dra**.
  The present tense **är** (*is*) is pronounced **e**.

1

PASSET, TACK!

Your passport, please!

In this unit you will learn

- how to introduce yourself and how to address people
- how to exchange greetings in formal and informal situations
- how to form simple statements and questions

Samtal (*Dialogue*)

Robert and Jane Taylor and their son John, from London, arrive at the ferry terminal in Gothenburg. They are going through passport and customs control.

Passkontrollören	God morgon. Passet, tack!
Herr Taylor	Varsågod.
Passkontrollören	Vad heter ni?
Herr Taylor	Robert Taylor, min fru heter Jane Taylor och vår son heter John Taylor.
Passkontrollören	Varifrån kommer ni?
Herr Taylor	Vi kommer från England.
Passkontrollören	Vad har ni för yrke?
Herr Taylor	Jag är ingenjör, min fru är sekreterare och John är praktikant på en import- och exportfirma.
Passkontrollören	Har ni varit i Sverige förut?

Herr Taylor	Nej, det här är första gången.
Passkontrollören	Hur länge ska ni stanna?
Herr Taylor	Jag och min fru ska bara stanna en vecka, men vår son ska stanna ett år.
Passkontrollören	Det var allt, tack. Trevlig resa!

passkontrollören *Immigration officer*
god morgon *good morning*
passet *the passport*
tack *thank you; here: please*
varsågod/a *here you are*
vad heter ni? *what is your name?*
ni *you*
min fru *my wife*
och *and*
vår son *our son*
varifrån? *from where?*
kommer *come*
vad har ni för yrke? *what is your occupation?*
jag är *I am*
ingenjör *engineer*
sekreterare *secretary*
praktikant *trainee*
på *on; here: at*
en *a, an*
import- och exportfirma *import and export firm*
har ni varit i Sverige förut? *have you been to Sweden before?*
nej *no*
det här är första gången *this is the first time*
hur länge ska ni stanna? *how long will you be staying?*
ska *shall*
bara *only*
en vecka *a week*
men *but*
ett år *a year*
det var allt *that was all*
trevlig resa *pleasant journey*

Rätt eller fel? (*True or false?*)

(*a*) Roberts fru heter John.
(*b*) Det är första gången John är i Sverige.
(*c*) John ska bara stanna en vecka.

Samtal (*Dialogue*)

After collecting their luggage they go through the green exit, as they have nothing to declare.

The Svensson family are waiting for the Taylors at the quayside. Åke Svensson has been staying with the Taylors on an exchange, so he knows them, but the parents have never met.

Fru Svensson Är det John som kommer här?
Åke Svensson (*to mother*) Nej, det är det inte, men där är han. (*to John*) Hej, John! Välkommen!
John Taylor Hej, Åke! Så roligt att ses igen.
Herr Svensson Goddag, goddag, Mrs Taylor. Goddag, Mr Taylor. Välkomna till Sverige!

They shake hands.

Herr Svensson Jag heter Anders och min fru heter Ulla. Vi säger väl du till varandra?
Mr Taylor Javisst! Det tycker jag. Jag heter Robert och min frus namn är Jane.
John Är det din bror, Åke?
Åke Ja, det är min lillebror. Han heter Lars, men han kallas Lasse.
John Hej! Roligt att träffas, Lasse! Talar du engelska?
Lasse Ja, lite grann.

är *is*
det *it, that*
som *who*
kommer *is coming*
här *here*
det är det inte *it isn't*
där *there*
han *he*
hej *hello, hi*
välkommen/välkomna *welcome*
så roligt att ses igen *how nice to see you again*
goddag *how do you do*
till *to*
Sverige *Sweden*
vi säger väl du *let's drop the titles, shall we?*
till varandra *to each other*
javisst *yes, certainly; yes, of course*
det tycker jag *I think so too*
namn *name*
är det din bror *is he* (lit. that) *your brother*
lillebror *little brother*
kallas *is called*
roligt att träffas *nice to meet you*
talar du engelska? *do you speak English?*
ja *yes*
lite grann *a little*

Rätt eller fel? (*True or false?*)

(*a*) John säger till Åke: 'Så roligt att ses igen'.
(*b*) Robert Taylor vill inte säga du till Anders.
(*c*) Åkes lillebror heter Lasse, men han kallas Lars.

Vad ni behöver veta (*What you need to know*)

Greetings

Swedes have a reputation for being rather formal people. They are very fond of shaking hands and seldom meet without doing so. However, the rigid etiquette of the past is rapidly changing as the younger generation becomes more spontaneous.

Goddag. *How do you do.* The most common greeting in formal situations.
Hej. This is by far the most popular greeting in informal situations, corresponding to *hello* or *hi*. It is also used when parting.
God morgon. *Good morning.*
God natt. *Goodnight.* Used when going off to bed.
Adjö. *Goodbye.*

Varsågod when addressing one person, **Varsågoda** when addressing more than one person. Here it means *here you are*. It is widely used when handing something to someone, but it can also mean *please* in certain situations, for example **Varsågod och sitt!** (*Please, take a seat!*).

Välkommen when addressing one person, **Välkomna** when addressing more than one person.

Tack Swedes say **tack** very frequently, for example when receiving something and also when asking for something. It means *thank you* but if it comes at the end of a sentence it usually means *please*, e.g. **Passet, tack!** (*Your passport, please!*).

Tack så mycket *thanks very much*
Ja, tack *Yes, please*
Nej, tack *No, thank you*

Yes and no

ja *yes*
javisst *yes, certainly; yes, of course*
nej *no* (usually pronounced **nä**)
inte *not*
aldrig *never*

Titles

Herr *Mr*
Fru *Mrs*
Fröken *Miss* (**Frk** is an abbreviation of **fröken**)

Note: These titles, and all other titles, are spelt with a small letter unless they stand at the beginning of a sentence. Some of the older generation of Swedes are still keen on using titles when addressing people, especially if they have a professional title. They use the title immediately followed by the surname, for example: **direktör Svensson, ingenjör Taylor, doktor Andersson, prins Gustav**.

— Så här säger man (*What to say*) —

How to:

- ask

Vad heter du/ni/?	someone's name
Vad har ni för yrke?	someone's job
Talar du/ni/ engelska?	if someone speaks English

- say

Jag heter Anders Svensson.	your name
Han heter John.	someone else's name (m)
Hon heter Jane.	someone else's name (f)
Jag är ingenjör.	what you do
Jag kommer från England.	where you are from
Roligt att träffas!	nice to meet you
Trevlig resa!	pleasant journey

- greet

Hej, John!	a friend
Goddag, fru Svensson	formally

— Grammatik (*Language patterns*) —

1 En morgon (*a morning*) and ett pass (*a passport*)

A noun is the word or name for a person, place or thing, e.g. **en man** (*a man*), England, Andrew, **en gata** (*a street*), **ett namn** (*a name*). Swedish nouns are either **en**- words (common gender) or **ett**- words (neuter gender). About 75% of nouns are **en**-words, and 25% are **ett**-words. Although most words for living things are common gender and the words for many 'things' are neuter gender, there are unfortunately no simple rules to tell whether a noun is common gender or neuter gender. The indefinite article (*a*/*an* in English) is **en** in front of a common gender noun, but **ett** in front of a neuter gender noun.

Most of the nouns in the first dialogue are common gender nouns:

en fru	en gång
en son	en vecka
en ingenjör	en resa

but there are also some neuter nouns:

ett pass
ett yrke
ett år

2 I, you, he/she/it, we, you and they

These words are called personal pronouns. A pronoun replaces a noun, e.g. 'Robert is an engineer./*He* is an engineer'. Below is a complete list of the personal pronouns in the forms you use when they are the subject of a clause, i.e. they denote the person or thing taking action:

I	jag (pronounced 'ja')
you	du/Du (singular – when speaking to one person only)
he	han (pronounced 'hann')
she	hon (pronounced 'honn')
it	den (when replacing an **en**- word)
	det (when replacing an **ett**- word, pronounced 'de')

we	vi
you	ni (plural – when speaking to more than one person) Ni (singular – when addressing one person deferentially)
they	de (pronounced 'dåmm' in everyday language). Sometimes written 'dom'.

du/Du *and* ni/Ni *(you)*

Du is singular, so you only use it if you speak to one person. If you want to show respect, you can use a capital in writing. **Ni** is plural, so you use it when speaking to more than one person. However, it is also used when speaking to one person with whom you are not familiar. **Ni** was the formal and polite form of address until recently, but **du** is gaining ground. If you are in doubt about which form to use, wait and see what form the Swede uses and then use the same form.

Note: The pronunciation is the same for **jag** (since the **g** is mute) and for **ja** (*yes*), but it is always obvious from the context which word the speaker means.

3 *Yes, it is; No, it isn't*

The corresponding replies in Swedish are:

Ja, det är det.	*Yes, it is.* (lit. yes, that it is)
Nej, det är det inte.	*No, it isn't.* (lit. no, that it isn't)

4 The infinitive of Swedish verbs

A verb is a word which states the action of a noun, e.g. **gå** (*go*). The infinitive is the form of the verb which expresses the action, state or idea without being restricted by person or number. In English it is usually preceded by the preposition *to*, for example *to be* is **att vara**, *to stay* is **att stanna** and *to come* is **att komma** in Swedish.

The Swedish infinitive normally ends in unstressed **-a**, which is added to the stem. The stem is the main part of the verb without any endings, e.g. **var**a (*be*), **stann**a (*stay*), **komm**a (*come*).

If a verb consists of only one syllable and ends in a stressed vowel, no **-a** is added in the infinitive, e.g. **bo** (*live*), **gå** (*go*).

5 The present tense

Swedish verbs are much simpler than English verbs as the same form is used throughout the tense. Tense indicates the time when the action takes place. Thus **han kommer** (*he comes*) is present tense, as the action takes place at the present time.

The present tense of almost all Swedish verbs ends in -**r**, usually -**ar** or -**er**. There have been several examples of verbs in the present tense in the dialogues, for example: **Vad *heter* ni?**, **Vad *har* ni för yrke?**, ***Är* det John som *kommer* här?**

Those verbs which end in a vowel other than -**a** in the infinitive add only an -**r** in the present tense, e.g. **bor**, **går**.

är *(am, are, is)*

While the verb *to be* has three different forms in the present tense in English (*I am*, *you are*, *he is*), there is only one form in Swedish:

jag är	vi är
du är	ni är
han är	de är
hon är	
den är	
det är	

Here is the present tense of the verb **komma** (*to come*):

jag kommer till Sverige	vi kommer till Skåne
du kommer till Stockholm	ni kommer till Heathrow
han kommer till Göteborg	de kommer till England
hon kommer till Gotland	
den kommer till Dalarna	
det kommer till Mälaren	

The present tense is used to describe:

(*a*) something that is happening now: **John kommer nu** (*John is coming now*). (Note that the English continuous tense with verbs ending in *-ing* corresponds to a simple verb form – present or past tense – in Swedish.)

(*b*) something that usually happens: **Han går ut med hunden varje dag** (*He goes out with the dog every day*).

(*c*) something that will happen (if there is an expression of time, for example: *next year*, *tomorrow*, *soon*, etc.): **Herr och fru Taylor reser tillbaka till England om en vecka** (*Mr and Mrs Taylor will go back to England in a week*).

6 Word order in statements and questions

Statements

John är här.	*John is here.*
Hon heter Jane.	*She is called Jane.*
Han är ingenjör.	*He is an engineer.*

Questions

If you want to ask a question you just change the word order so you start with the verb.

Är John här?	*Is John here?*
Heter hon Jane?	*Is she called Jane?*
Är han ingenjör?	*Is he an engineer?*

The answer to this type of question may be **ja** (*yes*) or **nej** (*no*). If the answer is *yes* to a negative question (e.g. **Heter hon inte Jane?**), the Swedish reply is **jo**.

Another type of question is when you start with a question word, e.g. **vad** (*what*). The principle is the same: you start with the question word, then comes the verb, then the subject followed by other parts of the sentence.

Vad heter du?	*What is your name?*
Vad har ni för yrke?	*What do you do?*

7 Jag är ingenjör *(I am an engineer)*

In Swedish we do not use the indefinite article (*a*/*an* in English) in front of words for occupation, religion, nationality or political affiliation.

Min far är läkare.	*My father is a doctor.*
Han är protestant.	*He is a Protestant.*
John är engelsman.	*John is an Englishman.*
Olof Palme var socialdemokrat.	*Olof Palme was a Social Democrat.*

Note: Words for nationality, religion and political affiliation (nouns and adjectives) are spelt with a small letter in Swedish.

8 Possession: my wife's name

No apostrophe is used before the genitive **-s** in Swedish, and the noun following a genitive never takes an end article:

Min frus namn	*my wife's name*
Åkes lillebror	*Åke's little brother*
Anders firma	*Anders' firm*
stadens namn	*the name of the town*

Övningar (*Exercises*)

1 Write down the appropriate greetings and farewells.

(*a*) Mother greets sleepy boy in the morning.

(*b*) Two businessmen meet.
(*c*) The businessmen say goodbye to each other.
(*d*) Two girls meet.
(*e*) Boy says farewell to girl.
(*f*) Father to children at bedtime.

2 Answer the following questions in Swedish.

(*a*) Vad heter Roberts fru?
(*b*) Vad heter Johns mor (*mother*)?
(*c*) Vad heter Ullas man (*husband*)?
(*d*) Vad heter Åkes far (*father*)?
(*e*) Vad heter Åkes lillebror?
(*f*) Vad heter du?

3 Change the statements into questions.

(*a*) Familjen Taylor kommer från England.
(*b*) Robert Taylor är ingenjör.
(*c*) Det är John.
(*d*) Han kallas Lasse.
(*e*) Det var allt.

4 Replace the bold words with pronouns.
Example: **John** kommer från England – **Han** kommer från England.

(*a*) **Anders fru** heter Ulla.
(*b*) **Ullas man** heter Anders.
(*c*) **Robert och Jane och John** bor i London.
(*d*) **Du och din fru** är välkomna.
(*e*) **Du och jag** talar engelska.
(*f*) **Resan** var trevlig.
(*g*) **Passet** är engelskt.

5 Complete the following dialogue by adding your answers.

Eva Hej! Vad heter du?
You (*Tell her your name.*)
Eva Jag heter Eva. Jag kommer från Malmö. Kommer du också från Malmö?
You (*Say No, I come from England.*)
Eva Bor du i Oxford?
You (*Say No, I come from London.*)

6 Complete the following dialogue by adding your questions.

You (*Say Hello. Ask what he is called.*)
Bo Jag heter Bo Svedberg.
You (*Ask if he comes from Sweden.*)
Bo Ja, jag kommer från Sverige.
You (*Ask if he lives in Stockholm.*)
Bo Nej, jag bor i Göteborg.

7 Answer the questions relating to the family below. Write complete sentences.
Example: Vad heter Svens fru? – Hon heter Svea Andersson.

(*a*) Vad heter Sveas man?
(*b*) Vad heter Pers lillebror?
(*c*) Vad heter Pers storasyster?
(*d*) Vad heter Olles storebror?

Familjen Andersson

(*e*) Vad heter Olles lillasyster/
(*f*) Vad heter Lisas pappas fru?
(*g*) Vad heter Ingelas mammas man?

gift med *married to*	**lillasyster** *little sister*
storasyster *big sister*	**mamma** *mother*
storebror *big brother*	**pappa** *father*

8 Answer the following questions using the information provided below.

(*a*) Var kommer Greg Harris ifrån?
(*b*) Vad har han för yrke?
(*c*) Vad heter Mr MacGregor i förnamn?
(*d*) Var kommer han ifrån?
(*e*) Vad har han för yrke?
(*f*) Vad har Frida för yrke?
(*g*) Vad är Fridas efternamn?

Greg Harris   Alexander MacGregor   Frida Håkansson

pilot *pilot*	**var . . . ifrån** *from . . . where*
tandläkare *dentist*	**förnamn** *Christian (first) name*
lärare *teacher*	**efternamn** *surname*
Skottland *Scotland*	

Förstår du? (*Do you understand?*)

In this section you are not expected to understand every single word at once. You should try to catch the key expressions and work out the rest from the context.

Samtal (*Dialogue*)

Åke sees two neighbours and introduces John to them.

Åke Hej, hej, Ingrid! Hejsan, Kerstin! Det här är John från England. John ska vara här i ett år. Han vill gärna tala svenska med er.
Ingrid Hej, John! Vill du följa med oss till Liseberg?
John Ja, gärna.
Kerstin Kom då. Vi ska möta mamma och pappa där.
Åke Är din pappa hemma redan?
Kerstin Ja, han kom igår. Han är sjökapten och de hade medvind i Engelska kanalen.
John Är din mamma också ledig nu?
Kerstin Ja, hon är ledig hela sommaren, för hon är lärare.

hejsan *hi!*
det här *this*
er *you*
vill gärna *would like to*
svenska *Swedish*
med *with*
vill du följa med oss? *would you like to come with us?*
kom då *come then*
möta *meet*
hemma *home*
redan *already*
kom *came*
igår *yesterday*
sjökapten *(sea) captain*
medvind *following wind*
Engelska kanalen *the Channel*
också *also*
ledig *free*
hela sommaren *all the summer*
för *because*

Rätt eller fel? *(True or false?)*

(*a*) John vill tala engelska med Ingrid och Kerstin.
(*b*) Kerstins pappa är hemma nu.
(c) Kerstins mamma är inte ledig på sommaren.

Göteborg

Gothenburg is a Swedish city that many tourists come to first, especially British people. Ferries to and from England, Denmark, Norway, Holland and Germany ply the port; trains from the continent and planes from all over the world go to Gothenburg. There are also large industrial companies there such as Volvo and SKF, the Swedish Ball Bearing Company. Many Scots have settled here and left their mark both on the city and the language.

Göteborg är Sveriges andra stad, men Göteborg har den största hamnen i Skandinavien. Staden kallas 'Lilla London'. Göteborg har många museer och teatrar. Utanför Göteborgs konstmuseum vid Götaplatsen står Carl Milles berömda staty Poseidon. Stockholmarna och göteborgarna kivas alltid om vilken stad som är bäst.

andra *second*
en stad *city, town*
största *largest*
hamnen *the port, harbour*
lilla *little*
många *many*
ett museum (pl. museer) *museum*
teatrar *theatres*
utanför *outside*
konstmuseum *art museum*
vid *at*
står *stands*
berömda *famous*
en staty *statue*
stockholmarna *the Stockholmers*
göteborgarna *the Gothenburgers*
kivas om *argue about*
alltid *always*
vilken *which*
som *that, which*
bäst *best*

Rätt eller fel? *(True or false?)*

(*a*) Göteborg är den största staden i Sverige.
(*b*) Det finns många museer i Göteborg.
(*c*) Poseidon är den största färjan som går till Göteborg.

2

TACK FÖR MATEN!

It was a lovely meal!

In this unit you will learn

- how to discuss where you live
- phrases used at meal times
- how to ask for things or decline offers at the table
- how to propose a toast and express appreciation
- how to count from 0 to 12

Samtal

Like many Swedes the Svensson family live in a flat of moderate size in a building not more than three to five storeys high, with shops and all amenities nearby.

The families arrive and park the cars.

Anders Här är det. Vi bor på översta våningen, tre trappor upp. Vi tar hissen.
Ulla Varsågoda och stig på!
Jane Vilken vacker utsikt!
Anders Ja, vi ser hamnen och alla båtarna härifrån.
Ulla Är ni törstiga? Maten är strax färdig, men ni vill väl ha något att dricka först?

Robert Ja, tack! En kall öl skulle smaka gott.
Jane Jag vill nog hellre ha ett glas sherry, tack.

bor *live*
på översta våningen *on the top floor*
tre three
tre trappor upp *on the 3rd floor* (lit. three stairs up)
upp *up*
tar *take*
hissen *the lift*
stig på *step in*
vilken *what a*
vacker *beautiful*
(en) utsikt *(a) view*
ser *see*
alla *all*
båtarna *the ships, the boats*
härifrån *from here*
törstiga *thirsty*
maten *the food*
strax *soon*
färdig *ready*
ni vill väl ha *I suppose you would like*
väl *I suppose*
något *something*
att dricka *to drink*
först *first*
kall cold
en öl *a beer*
skulle smaka gott *would be nice*
smaka *taste*
gott *nice* (food)
nog *probably* (here: *I think*)
hellre *rather*
ett glas *a glass*

Rätt eller fel?

(*a*) Familjen Svensson bor på bottenvåningen.
(*b*) De har en vacker utsikt över hamnen.
(*c*) De vill inte ha något att dricka före maten.
(*d*) Maten är inte färdig när de kommer.

familjen *the family*
bottenvåningen *the ground floor*
över *over*
före *before*
när *when*

Samtal

Half an hour later.

Ulla Varsågoda! Middagen är serverad.
Jane Tack så mycket.
Anders Vad får vi? Vi är mycket hungriga.
Ulla Inlagd sill till förrätt, sedan kyckling, dillpotatis, grönsaker och sallad. Till efterrätt ska vi ha

	smultron och grädde.
Robert	Det låter gott.
Ulla	Anders, vill du vara snäll och servera snapsen!
Anders	Javisst! Skål och välkomna till Sverige!
Alla höjer glasen	Skål!

middagen *the dinner*
serverad *served*
vad får vi? *what will we get?*
mycket *very*
hungriga *hungry*
inlagd sill *pickled herrings*
till *for*
(en) förrätt *(a) starter*
sedan *afterwards*
(en) kyckling *(a) chicken*
dillpotatis *potatoes boiled with dill*
grönsaker *vegetables*
(en) sallad *(a) salad*
(en) efterrätt *(a) dessert*
vi ska ha *we'll have*
smultron *wild strawberries*
grädde *cream*
det låter gott *that sounds good*
vill du vara snäll och . . . *please*
snapsen *the aquavit*
skål *cheers*
Sverige (pronounced **Svärje**) *Sweden*
alla *all*
höjer *raise*
glasen *the glasses*

Rätt eller fel?

(*a*) De är inte hungriga.
(*b*) Ulla serverar sill till efterrätt.
(*c*) De dricker snaps till sillen.

Samtal

After a little while.

Robert	Jag skulle vilja ha lite salt och peppar.
Anders	Varsågod.
Ulla	Får det vara lite mera?
Robert	Mycket gärna. Det smakade verkligen gott.
Jane	Nej, tack, jag är så mätt. Jag måste hålla diet.
Lasse	Kan jag få lite mera efterrätt?
Ulla	Så gärna. Är det här lagom?
Lasse	Tack, det är bra.

When they have finished eating.

Robert	Tack för maten! Det var mycket gott.
Ulla	Ingen orsak. Vi dricker väl kaffet på balkongen. Vill ni ha

socker och grädde till kaffet?

Jane Nej, tack. Bara en slät kopp kaffe.

Ulla Vad vill ni ha till frukost i morgon?

Jane Vi vill gärna pröva en svensk frukost. Vad brukar ni äta?

Ulla Vi börjar med ett glas juice. Anders och pojkarna äter fil och jag äter flingor och mjölk. Vi dricker kaffe och äter smörgåsar också.

Jane Det blir bra. Vi vill äta det samma som ni, fast jag vill nog gärna ha en kopp te med mjölk till frukosten.

Ulla Det ska du få.

jag skulle vilja ha *I would like to have*
lite *a little*
(ett) salt *salt*
(en) peppar *pepper*
får det vara lite mera? *may I give you a little more?*
mycket gärna *yes, please, I would love it*
gärna *willingly, gladly*
det smakade verkligen gott *it really did taste nice*
så *so*
mätt *satisfied, full up*
jag måste hålla diet *I am on a diet*
en diet *a diet*
kan jag få? *can I have?*
så gärna *by all means; with pleasure*
är det här lagom? *will that do?*
det är bra *that's enough*
ingen orsak *you are welcome*
dricker *drink*
kaffet *the coffee*
balkongen *the balcony*
(ett) socker *sugar*
bara *only*
en slät kopp kaffe *a cup of black coffee*
vad vill ni ha till frukost? *what would you like to have for breakfast?*
i morgon *tomorrow*
pröva *try*
svensk *Swedish*
vad brukar ni äta? *what do you usually have?*
börjar *begin*
pojkarna *the boys*
fil (mjölk) *(thin) yoghurt*
flingor *cornflakes*
(en) mjölk *milk*
smörgåsar *open sandwiches*
det blir bra *that will be nice*
samma *same*
fast *though*
te *tea*
det ska du få *you shall have that*

Rätt eller fel?

(*a*) Robert vill gärna ha mera.
(*b*) Jane är inte mätt.
(*c*) Lasse håller diet.

Vad ni behöver veta

Addresses

Addresses are written as follows:

Direktör Anders Svensson
Storgatan 7 A III
395 84 Göteborg

Storgatan corresponds to High Street, **7** is the number of the house, **A** the entrance door and **III** indicates that the person lives on the third floor. **395 84** is the postal code, which always stands in front of the name of the town.

Mealtimes

Varsågoda When a hostess is ready to serve she invites the guests to come to the table with the phrase **Varsågoda, maten/frukosten /middagen/kvällsmaten** (*supper*) **är serverad**.

Inlagd sill Every self-respecting housewife in Sweden has her own – or her mother's – recipe for pickled herrings!

Dillpotatis Swedes are very partial to new potatoes boiled with dill. They also use this herb in white sauces, with fish and crayfish.

Smultron Wild strawberries are probably the Swedes' idea of heaven on earth!

Tack för maten When leaving the table after the meal it is good manners to go up to your hostess and say **tack för maten**. A word of praise won't go amiss, so don't be shy! Also, when you next meet your host or hostess you should say **tack för senast**, even if it is months after the dinner party.

Ingen orsak (lit. *No cause*) *You are welcome, Don't mention it, It's quite all right* is the standard reply when someone thanks you for something.

Skål and **snaps** are probably the best known Swedish words to most foreigners, but for the uninitiated, **snaps** is a dram of aquavit drunk from a small, tapered glass. **Skål** (lit. *bowl*) has survived from the days when a drinking bowl was used.

Äta frukost Swedes use the word **äta** where English people use *have* if they actually partake of the meal. **Ha** would merely imply that they have it in store in the house.

Please There are a number of ways of saying *please* when asking someone to do something, for example:

Vill du vara snäll och räcka mig saltet!
Var snäll och räck mig saltet!
Räck mig saltet, är du snäll!
Snälla Anders, räck mig saltet!

They are all interchangeable, so you can choose whichever you like.

Så här säger man

How to:

- ask for things at the table

Kan jag få . . . ?	*May I have . . . ?*
Jag skulle vilja ha . . .	*I would like to have . . .*
Jag vill gärna ha . . .	*I would love to have . . .*
Jag vill hellre ha . . .	*I would prefer . . .*

- accept offers

Ja, tack.	*Yes, please.*
Tack, mycket gärna.	*With pleasure, certainly.*

- decline offers

Nej, tack.	*No, thanks.*
Tack, det är bra.	*That's enough.*
Jag är mätt.	*I've had enough (food).*

- offer things to others

Får det vara lite mera?	*May I give you a little more?*
Ni vill väl ha . . . ?	*Would you like?*

- other phrases

Jag är hungrig.	*I'm hungry.*
Jag är törstig.	*I'm thirsty.*
Det var mycket gott.	*It was very nice.*
Tack så mycket	*Thank you very much.*
Skål!	*Cheers!*

Grammatik

1 How to say 'the'

The is an ending in Swedish, not a separate word as it is in English. If the noun is an **en**- word (common gender) and ends in a consonant, **-en** is added at the end of the word. If the noun is an **ett**- word (neuter gender) and ends in a consonant, **-et** is added.

en våning *a flat*	våning**en** *the flat*
en hiss *a lift*	hiss**en** *the lift*
ett vin *a wine*	vin**et** *the wine*
ett hus *a house*	hus**et** *the house*

Nouns that end in an unstressed vowel only add **-n** or **-t** respectively, for example:

en flicka *a girl*	flicka**n** *the girl*
en gata *a street*	gata**n** *the street*
ett äpple *an apple*	äpple**t** *the apple*
ett frimärke *a stamp*	frimärke**t** *the stamp*

These endings are called the definite article.

Note: The noun following a genitive never takes an end article, e.g. **stadens namn** (*the name of the town*), **husets nummer** (*the number of the house*).

2 *The additional definite article*

If there is a qualifying word (e.g. an adjective) immediately before the noun, Swedish uses both a separate word – **den** in front of the adjective that precedes **en**- words, **det** in front of the adjective that precedes **ett**- words, **de** in front of plural words – and the definite article at the end of the word.

den fina våning**en**	*the nice flat*
det fina hus**et**	*the nice house*
de fina hus**en**	*the nice houses*

den/det/de is called the additional definite article.

3 Vilken vacker utsikt!

Notice how **vilken** is used in exclamations. You can also use **en sådan** (*such a*), e.g. **en sådan vacker utsikt!** (Lit. such a beautiful view).

4 Härifrån (*from here*)

Note the inverted word order in words such as:

härifrån	*from here* (lit. here from)
därifrån	*from there* (lit. there from)
varifrån	*from where* (lit. where from)
uppifrån	*from above* (lit. up from)
nerifrån	*from below* (lit. down from)
framifrån	*from the front* (lit. forward from)
bakifrån	*from the back* (lit. back from)

5 Kan, ska, vill, måste, får, låter

These verbs are called modal verbs. They correspond to the English verbs *can – shall – will – must – may – let*. The important thing about them is that they can only be followed by a plain infinitive, i.e. an infinitive without **att** (‘*to*’ in English) in a two-verb clause, for example:

Kan jag få lite socker?	*Can I have some sugar?*

Han ska vara här ett år.	*He will stay here a year.*
Vill du ha mera?	*Do you want some more?*
Du måste komma till Sverige.	*You must come to Sweden.*
Skulle jag kunna få lite mera?	*May I have some more?*
Du får komma nu.	*You may come now.*
Låt oss säga du.	*Let's drop the titles.*

6 Ha – har, ta – tar

Ha (*have*) and **ta** (*take*) are infinitives. The present tense of these verbs are:

jag har	jag tar
du har	du tar
han/hon/den/det har	han/hon/den/det tar
vi har	vi tar
ni har	ni tar
de har	de tar

7 A cup of coffee, a glass of sherry

There is no word corresponding to *of* in expressions indicating measure like **en kopp kaffe** (*a cup of coffee*), **en flaska vin** (*a bottle of wine*), **ett glas vatten** (*a glass of water*).

8 Vem, vad, vilken *(who, what, which)*

These words are used in direct and indirect questions. They are called the interrogative pronouns. In this unit you have met **vad får vi?** (*what will we get?*), **vad vill ni ha?** (*what would you like?*), **vad brukar ni äta?** (*what do you normally eat?*). The common interrogative pronouns are:

vem	*who(m)*
vad	*what*
vilken	*which, who* or *what* in front of or referring to **en**-words
vilket	*which, who* or *what* in front of or referring to **ett**-words
vilka	*which, who* or *what* in front of or referring to plural words

Vad cannot take a genitive **-s**. The others form their possessive by adding an **-s**, e.g. **vems, vilkens, vilkets, vilkas**. **Vem** can only refer to one person. In plural **vilka** must be used.

Vem är hon?	*Who is she?*
Vems hus är det?	*Whose house is it?*
Vilka filmer gillar du?	*Which films do you like?*
Vad vill du göra?	*What do you want to do?*

Note that **vad** cannot be used before a noun in Swedish as *what* can be in English. *What nonsense* is translated as **sådana dumheter** in Swedish. However, it is possible to say **vad för en bil** (*what kind of car*), **vad för ett hus** (*what kind of house*), **vad för namn** (*what kind of names*).

9 Numerals: 0 – 12

0	noll (pronounced 'nåll')
1	ett
2	två
3	tre
4	fyra
5	fem
6	sex
7	sju
8	åtta
9	nio (pronounced 'nie' in everyday speech)
10	tio (pronounced 'tie' in everyday speech)
11	elva
12	tolv

Note that Swedes use the neuter form **ett** (not **en**) when counting.

Övningar

1 Complete the column below.

Example: en våning – våningen

en familj . . .	ett glas . . .
en sekreterare . . .	ett hus . . .

en trappa . . .
en hiss . . .
en hamn . . .
en kopp . . .
en middag . . .
(en) grädde . . .
ett pass . . .
ett vin . . .
ett salt . . .
(ett) kaffe . . .

2 Answer the questions in Swedish, as indicated.

(*a*) Vill du ha något att dricka? (accept)
(*b*) Vill du ha mjölk i teet? (decline)
(*c*) Vill du ha mera smultron? (I would love to)
(*d*) Är det lagom? (Yes, it is enough)
(*e*) Vill du hellre ha kaffe? (I would prefer tea)

3 Say the following in Swedish.

(*a*) May I have a cold beer, please?
(*b*) Please can I have the salt?
(*c*) John, please serve the wine!
(*d*) Please, give me some coffee.
(*e*) I would like to have some sugar, please.

4 Ask for the following things in Swedish.

en flaska	*a bottle*	**(en) apels*i*nsaft**	*orange juice*
(ett) rödvin	*red wine*	**(ett) vatten**	*water*

5 Fill in the missing words.
(*From where*) . . . . kommer hon?
Han tittar på (*looks at*) huset (*from above*) . . . . och (*from below*) . . . ., (*from the front*) . . . . och (*from the back*) . . . .
Kommer du inte (*from here*) . . . .?
Nej, jag kommer (*from there*) . . . .

6 Answer the questions about the dialogues in Swedish.

(*a*) Är de törstiga?
(*b*) Lagar Anders middagen?
(*c*) Vill alla ha mera efterrätt?
(*d*) Vill de inte äta frukost?
(*e*) Tackar Ulla för maten?

7 Fill in the missing numbers. Spell out the words.

Han har (1) . . . . huvud (*head*), (2) . . . . ben (*legs*), (6) . . . . koppar, (3) . . . . . . tidningar (*newspapers*), (4) . . . . flaskor rödvin, (8) . . . . glas, (5) . . . . barn (*children*).

8 Complete the dialogue.

You (*Say you would like a cup of coffee.*)
Siv Vill du ha socker och grädde till kaffet?
You (*Say you would like milk and sugar.*)
Siv Du vill väl ha en smörgås också?
You (*Say no thanks, you are not hungry, only thirsty.*)
Siv Är det bra så?
You (*Say thank you, it was very nice.*)

Förstår du?

Smörgåsbordet

Ni vill förmodligen pröva det berömda svenska smörgåsbordet. Det är inte lika vanligt som det brukade vara – inte med de hundra rätter som det brukade ha. Men många hotell och fina restauranger – och färjorna till Sverige – serverar smörgåsbord till lunch. För ett rimligt pris kan man äta . . . och äta . . . och äta!

Man börjar vid ena ändan av bordet med fiskrätter – sill, räkor, lax o.d. – sedan kött och äggrätter, sedan efterrätt, sedan ost. Man dricker öl och snaps till smörgåsbordet. Men ta god tid på dig – det kan ta många timmar!

smörgåsbordet *Swedish traditional buffet*
förmodligen *probably*
lika vanligt som *as common as*
brukade vara *used to be*
hundra *hundred*
rätter *dishes*
fina *fine*
restauranger *restaurants*
färjorna *the ferries*
ett rimligt pris *a reasonable price*
man *one, you*
ena ändan av *one end of*
bordet *the table*
fiskrätter *fish dishes*
räkor *prawns*
(en) lax *salmon*
o.d. (och dylikt) *etc.*
(ett) kött *meat*
äggrätter *egg dishes*
(en) ost *cheese*
ta god tid på dig *allow plenty of time*
timmar *hours*
samma *the same*

Rätt eller fel?

(*a*) Smörgåsbordet är mycket vanligt i Sverige.
(*b*) Smörgåsbordet har alltid hundra rätter.
(*c*) Man kan äta så mycket man vill för samma pris.
(*d*) Man behöver inte mycket tid för att äta smörgåsbord.

3

HUR DAGS STIGER NI UPP?

What time do you get up?

In this unit you will learn

- how to say what time it is
- how to say what you do during the day
- how to say the days of the week and parts of the day
- how to count from 13 to 100

Samtal

Jane and Ulla discuss the daily routine in the Svensson family.

Jane Hur dags stiger ni upp på morgonen?

Ulla Jag stiger upp klockan halv sju, för vi äter frukost tio över sju. Lasse börjar skolan klockan åtta, så vi måste gå härifrån kvart i åtta.

Anders Jag stiger upp tjugo i sju. Jag måste vara på kontoret klockan nio, så jag kör härifrån fem över halv nio.

Åke Min väckarklocka ringer klockan sju. Jag börjar ibland klockan åtta och ibland klockan nio på universitetet. Jag tar spårvagnen fem i halv nio i morgon.

Ulla Vi dricker förmiddagskaffe klockan halv elva och äter lunch klockan ett, men det gör vi på jobbet. Jag arbetar ju deltid, så jag går hem efter lunchen. Jag handlar middagsmaten på vägen hem. Lasse slutar skolan klockan halv fyra, så vi dricker te när han kommer hem på eftermiddagen, ungefär kvart i fyra.

Jane När äter ni middag?

Ulla Inte förrän halv sju på kvällen när alla har kommit hem. Vi dricker te när Lasse har gått till sängs vid halv nio-tiden.

Anders Ulla och jag går och lägger oss lite över elva, men Åke stannar uppe till efter midnatt. Han är en riktig nattuggla.

hur dags? *at what time?*
stiger upp *get up*
halv sju *at half past six*
tio över sju *ten past seven*
börjar skolan *starts school*
en skola *a school*
kvart i åtta *a quarter to eight*
tjugo i sju *twenty to seven*
ett kontor *an office*
fem över halv nio *twenty-five to nine*
en väckarklocka *an alarm clock*
ringer *rings*
ibland *sometimes*
en spårvagn *a tram*
fem i halv nio *twenty-five past eight*
(ett) förmiddagskaffe *morning coffee*
gör *do*
jobbet *the place of work*
arbetar *work*
ju *of course, as you know*
deltid *part-time*
hem *home*
handlar *shop*
på vägen hem *on the way home*
slutar *finishes*
på eftermiddagen *in the afternoon*
ungefär *about*
inte förrän *not until*
på kvällen *in the evening*
har gått till sängs *has gone to bed*
vid halv nio-tiden *around half past eight*
går och *lägger* oss *go to bed*
lite över *a little past*
(en) midnatt *midnight*
riktig *true*
en nattuggla *a night-owl*

Rätt eller fel?

(*a*) Lasse börjar skolan klockan nio.
(*b*) Åke börjar ibland klockan åtta på universitetet.
(*c*) De dricker te klockan halv elva på förmiddagen.
(*d*) Lasse går och lägger sig ungefär tjugo över nio.

Samtal

Åke and John discuss what they do in their spare time.

John Vad ska vi göra i kväll?

Åke I kväll måste vi stanna hemma och se efter Lasse. Dina föräldrar ska ju gå på konsert och det är måndag idag och då går mamma och pappa ut. Mamma går på en kurs i fransk konversation och pappa diskuterar politik med sina partivänner. Men vi kan spela skivor eller titta på TV.

John Går du också på någon kurs?

Åke Ja, på tisdagarna lär jag mig spela gitarr, och på torsdagarna går jag på en fotokurs.

John Vad gör du på onsdagarna då?

Åke Då brukar jag träffa mina vänner. Vi går och fikar eller kanske på bio. På fredag ska vi gå på en popkonsert. Vill du följa med?

John Ja, gärna. Vad händer på lördagar och söndagar då?

Åke På lördagarna går jag till min idrottsklubb, och sedan går vi ut på stan. På söndagarna går vi i kyrkan på morgonen, och på eftermiddagen går jag och pappa på fotbollsmatch.

i kväll *tonight*
se efter *look after*
dina *your*
föräldrar *parents*
en konsert (pronounced **kånsär**) *a concert*
(en) måndag *(a) Monday*
idag *today*
ut *out*
en kurs *a course*
fransk *French*
en konversation *a conversation*
diskuterar *discusses*
(en) politik *politics*
sina *his*
partivänner *friends in his political party*
spela skivor *play records*
titta *look*
någon *some*
på tisdagarna *on Tuesdays*
lär jag mig *I learn*
en gitarr *a guitar*
på torsdagarna *on Thursdays*
en fotokurs *a course in photography*
på onsdagarna *on Wednesdays*
träffa *meet*
en vän *a friend*
fikar *have a coffee*
kanske *perhaps*
(en) bio *cinema*
på fredag *on Friday*
en popkonsert *a pop concert*
följa med *come with us*
händer *happens*
på lördagar *on Saturdays*
på söndagar *on Sundays*
min *my*
en idrottsklubb *an athletic club, a sports club*
på stan (from **staden**) *into town*
i kyrkan *to church*
en fotbollsmatch *a football match*

Rätt eller fel?

(*a*) Lasse måste se efter John och Åke i kväll.
(*b*) Åke går inte på någon kurs.
(*c*) Åke träffar sina vänner på onsdagarna.
(*d*) På lördagarna går Åke och Anders på fotbollsmatch.

Vad ni behöver veta

Clocks

Ett armbandsur – **ett fickur** – **en väckarklocka** – **en ringklocka** – **en kyrkklocka** (*a watch – a pocket watch – an alarm clock – a bell – a church bell*)

Although Swedish has the words **armbandsur** and **fickur**, the word **klocka** is the normal word used both for *clock*, *watch* and *bell*. When telling the time, it is the only word used.

Coffee

Swedes usually drink coffee in the morning, and coffee or tea in the afternoon. Late at night they usually drink tea, often without milk. A lot more coffee than tea is drunk, in fact more coffee per person is drunk in Scandinavia than anywhere else in the world.

Så här säger man

How to:

- say what time it is

Klockan är ett.	*It's one o'clock.*
Klockan är fem över ett.	*It's five past one.*
Klockan är kvart över ett.	*It's a quarter past one.*
Klockan är tjugo över ett.	*It's twenty past one.*
Klockan är halv två.	*It's half past one.*
Klockan är tjugo i två.	*It's twenty to two.*
Klockan är kvart i två.	*It's a quarter to two.*
Klockan är fem i halv tre.	*It's twenty-five past two.*
Klockan är fem över halv tre.	*It's twenty-five to three.*

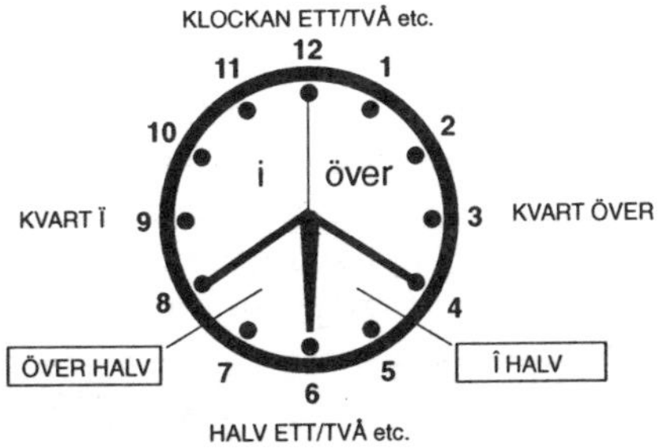

Note that half past an hour in English corresponds to half to the next hour in Swedish, e.g. **halv sju** (*half past six*).
Note: No preposition is used where English has *at*; for example, **skolan börjar klockan åtta** (*school starts at eight o'clock*).
It is also possible to abbreviate **klockan** to just **kl.**, e.g. **kl. 1** (*one o'clock*). If you use the 12-hour clock, **fm** or **f.m.** (**förmiddagen**) corresonds to *a.m.* and **em** or **e.m.** (**eftermiddagen**) corresponds to *p.m.*

- use other common expressions in connection with clocks

Hur mycket är klockan?	*What time is it?*
Vad är klockan?	*What time is it?*
Min klocka går fel.	*My watch is wrong.*
Klockan går fem minuter före.	*The clock is five minutes fast.*
Klockan går tre minuter efter.	*The clock is three minutes slow.*
Klockan står.	*The clock isn't working.*

Klockan har stannat.	*The clock has stopped.*
Klockan går rätt.	*The clock is right.*
Klockan slår tolv.	*The clock strikes twelve.*

- ask about daily routine

Hur dags stiger du upp?	*What time do you get up?*
När äter du frukost?	*When do you have breakfast?*
När går du och lägger dig?	*When do you go to bed?*
Hur dags går du och lägger dig?	*What time do you go to bed?*

Grammatik

1 Plural forms of Swedish nouns

The plural ending of most English nouns is **-s**, e.g. *girls*. It is not quite so simple in Swedish as there are five main ways of forming the plural. These are called the five declensions. Fortunately it is usually possible to tell which declension a noun belongs to from the form of the noun. The nouns belonging to the first declension are **en**- words, and the majority end in **-a** in their singular form. They drop this **-a** before the plural ending **-or** is added.

en flick**a**	två flick**or**
en gat**a**	två gat**or**
en skol**a**	två skol**or**

A small number of first declension nouns do not end in **-a** in the singular, so the plural ending is added to the singular form:

en ros	*a rose*
två ros**or**	*two roses*

You have already encountered some of these first declension nouns, e.g. **en mamma**, **en pappa**, **en firma**, **en trappa**, **en resa**.

From now onwards, nouns will be listed as they appear in dictionaries. You can then see immediately from the endings if a noun is an **en**- word or an **ett**- word, and the plural ending is also given. Thus the dictionary would give you e.g. **flick/a** (**-an -or**) where the **-an** ending tells you that **flickan** is the definite form singular (so the word must be an **en**- word), and **-or** tells you that the indefinite form plural is

flickor. **-0** denotes that the word is unchanged in its plural form.

2 Veckodagarna *(the days of the week)*

söndag	(pronounced: sönnda)	*Sunday*
måndag	(pronounced: månnda)	*Monday*
tisdag	(pronounced: tisda)	*Tuesday*
onsdag	(pronounced: onsda)	*Wednesday*
torsdag	(pronounced torsda)	*Thursday*
fredag	(pronounced: freda)	*Friday*
lördag	(pronounced: lörda)	*Saturday*

Notice that Swedish does not use a capital letter for the names of the days of the week.

3 På

The versatile preposition **på** is used both with the days of the week and parts of the day.

Vad ska du göra på söndag?	*What are you going to do on Sunday?*
På lördagarna spelar Åke fotboll.	*On Saturdays Åke plays football.*
I England dricker man te på morgonen.	*In England one drinks tea in the morning.*
Lasse går till sängs tidigt på kvällen.	*Lasse goes to bed early in the evening.*

4 *Adjectives*

An adjective is a word that denotes quality, e.g. **stor** (*big*, *large*), **fin** (*fine*), **dyr** (*expensive*), **billig** (*cheap*), **vacker** (*beautiful*), **lång** (*long*), **hög** (*high*), **svår** (*difficult*).

In Swedish adjectives take endings which have to agree with the noun that the adjective refers to, i.e. an adjective referring to an **en**-word in (the indefinite form) singular is in the basic form (the form you find in the dictionary), whereas an adjective referring to an **ett**-word in (the indefinite form) singular has **-t** added to the end.

All adjectives referring to plural nouns (i.e. both **en**- and **ett**- words) must end in -**a**:

en stor stad	ett stor**t** mus*e*um	stor**a** mus*e*er
en fin båt	ett fin**t** yrke	fin**a** yrken
en dyr klocka	ett dyr**t** land	dyr**a** klockor

This rule also applies to adjectives when the adjective follows the noun that it refers to and a form of the verb *to be*:

staden är stor	mus*e*et är stor**t**	båtarna är stor**a**

From now onwards, adjectives will be listed in the vocabularies in their basic form only, i.e. as they appear in the dictionaries, unless they are irregular.

5 Gå

Gå is the normal word for translating the English verb *to go* or *to travel* about vehicles. If a person is using some means of transport **åka** is the most common word for translating *go*, as **gå** cannot be used. **Gå** used about a person or persons can only mean *to walk* or *to leave*, for example:

När går tåget?	*When does the train go?*
Färjan går till England.	*The ferry goes to England.*
Går du till kontoret?	*Do you walk to the office?*
Jag måste gå nu.	*I must leave now.*

Note also the following expressions:

Han går i skolan.	*He goes to school.*
Hon går i kyrkan.	*She goes to church.*

6 Numerals: 13 – 100

13	tretton
14	fjorton
15	femton
16	sexton
17	sjutton
18	arton
19	nitton
20	tjugo

21	tjugoett (-en) (often pronounced 'tjuett', 'tjuen')
22	tjugotvå
23	tjugotre
24	tjugofyra
25	tjugofem
26	tjugosex
27	tjugosju
28	tjugoåtta
29	tjugonio
30	trettio, tretti
31	trettiett etc.
40	fyrtio, fyrti (always pronounced 'förti')
50	femtio, femti
60	sextio, sexti
70	sjuttio, sjutti
80	åttio, åtti
90	nittio, nitti
100	(ett) hundra

En is used before **en**- words, e.g. **tjugoen veckor**.
Ett is used before **ett**- words, e.g. **tjugoett år**.
Thus: **etthundratjugoen dagar** (*121 days*).
Note: Swedish uses a decimal comma instead of a decimal point.

Matematik *(arithmetic)*

This is the normal way to do simple sums:

2 + 2 = 4 (två plus två är fyra)
4 – 2 = 2 (fyra minus två är två)
3 x 3 = 9 (tre gånger tre är nio)
9 ÷ 3 = 3 (nio delat med tre är tre)

Övningar

1 Fill in the correct plural form of the nouns in the following sentences.

(*a*) John talar svenska med två svenska (*girls*) . . . .
(*b*) Ett år har femtitvå (*weeks*) . . . .
(*c*) Läraren vill ha svar på alla (*questions*) . . . .
(*d*) I Göteborg finns det många export-(*firms*) . . . .
(*e*) Anders öppnar två (*bottles*) . . . . rödvin.

(*f*) Många (*ferries*) .... går till Göteborg.
(*g*) De har flera (*clocks*) ....
(*h*) Det bor inte så många (*people*) .... i Sverige.

svar (-et, -0) *answer*
fråg/a (-an, -or) *question*
människ/a (-an, -or) *person, people*

2 Answer the following questions in Swedish.

(*a*) Vad gör Ulla på måndagarna?
(*b*) Vad gör Åke på tisdagarna?
(*c*) Vad gör Åke på onsdagarna?
(*d*) Vad gör Åke på torsdagarna?
(*e*) Vad ska pojkarna göra på fredag?
(*f*) Vad gör Åke på lördagarna?
(*g*) Vad gör familjen Svensson på söndagarna?

3 (*a*) Look at the clocks and say in Swedish what time it is.

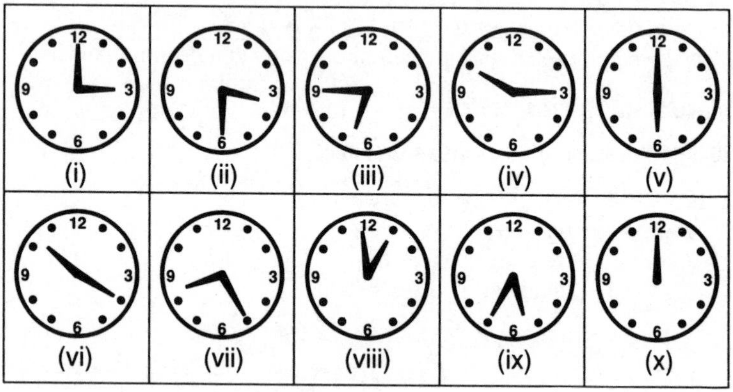

(*b*) Answer the questions in Swedish.

(i) Hur dags ringer väckarklockan?
(ii) Hur dags stiger du upp?
(iii) Hur dags äter du frukost?
(iv) Hur dags går du hemifrån?
(v) Hur dags börjar du arbeta?
(vi) Hur dags äter du lunch?
(vii) Hur dags slutar du arbeta?

(viii) Hur dags äter du middag?
(ix) Hur dags går du och lägger dig?

4 Fill in the missing adjectives in the story below. Choose from the following adjectives and use each adjective only once: **billig**, **dyr**, **fattig**, **fin**, **lång**, **hög**, **stor**, **svår**, **trevlig**, **vacker**.

Make sure that the adjectives are in their correct form, and that the story makes sense.

Eva bor i ett . . . . hus i en . . . . stad. Hon har en . . . . utsikt över en . . . . park. Hennes lägenhet är mycket . . . ., men också mycket . . . . Hon har bott där en . . . . tid, så det blir . . . . för henne om hon inte kan stanna där. Det finns inte så många . . . . lägenheter som en . . . . student har råd med.

park (-en, -er) *park*	**tid (-en, -er)** *time*
hennes *her*	**fattig** *poor*
lägenhet (-en, -er) *flat*	**student (-en, -er)** *student*
bott *lived*	**har råd med** *can afford*

5 Insert the correct verb in the sentences below.

(*a*) Tåget . . . . kl. 21.08.
(*b*) Hur ofta . . . . du till Sverige?
(*c*) Flyget . . . . till London fyra gånger om dagen.
(*d*) Lasse . . . . till skolan kl. kvart i åtta.
(*e*) Hon . . . . spårvagn till kontoret.
(*f*) Färjan . . . . till England varannan dag.
(*g*) . . . . du till arbetet?
(*h*) Jag skulle vilja . . . . till månen.

tåg (-et, -0) *train*	**spårvagn (-en, -ar)** *tram*
hur ofta? *how often?*	**varannan dag** *every second day*
flyget (colloquial) *the planes*	**skulle vilja** *would like to*
fyra gånger om dagen *four times a day*	**mån/e (-en, -ar)** *moon*

6 Fill in the words for the numbers in the following statements.

(*a*) När man är (18) . . . . år får man rösta. (*When you are 18 years old you can vote.*)
(*b*) Man får köpa brännvin i Sverige när man är (20) . . . . år.

(*You can buy aquavit in Sweden when you are 20 years old.*)

(*c*) Två veckor är detsamma som (14) .... dagar. (*Two weeks is the same as 14 days.*)

(*d*) Februari har bara (28) .... dagar. (*February has only 28 days.*)

(*e*) Fyra månader har (30) .... dagar. (*Four months have 30 days.*)

(*f*) Sju månader har (31) .... dagar. (*Seven months have 31 days.*)

(*g*) Ett halvår har (26) .... veckor. (*Half a year has 26 weeks.*)

(*h*) Medellivslängden i Sverige är (75) .... år för män och (81) .... år för kvinnor. (*The average life expectancy in Sweden is 75 years for men and 81 years for women.*)

7 Do the following calculations in Swedish. Write the numbers in words.

(*a*) 14 + 23 = ...
(*b*) 52 + 36 = ...
(*c*) 87 – 13 = ...
(*d*) 34 – 21 = ...
(*e*) 7 x 7 = ...
(*f*) 11 x 5 = ...
(*g*) 93 ÷ 31 = ...
(*h*) 28 ÷ 7 = ...

Förstår du?

En ovanlig dag

På söndag stiger Lasse inte upp kl. 7. Han stannar i sängen för han vet att hans mamma kommer med choklad med vispgrädde på sängen till honom. Hans pappa och hans storebror kommer också och sjunger för honom, för det är hans födelsedag. Han får många presenter. Av Åke får han en ny fotboll. Mormor har stickat en tröja åt honom, och farmor och farfar har skickat pengar till Lasse.

I garaget står den finaste presenten – pappa och mamma har köpt en dyr mountainbike till honom. Lasse har inte tid att äta frukost. Han vill ut och cykla genast!

ovanlig *unusual*
säng (-en, -ar) *bed*
vet *knows*
hans *his*
choklad (-en) *chocolate*
vispgrädde (-n) *whipped cream*
honom *him*
födelsedag (-en, -ar) *birthday*
sjunger *sing*
present (-en, -er) *present*
mormor *grandma* (lit. mother's mother)
stickat *knitted*
tröj/a (-an, -or) *sweater*
farmor *grandma* (lit. father's mother)
farfar *grandpa* (lit. father's father)
skickat *sent*
pengar *money*
garage (-t, -0) *garage*
står *stands*
finaste *finest*
köpt *bought*
har inte tid *hasn't got time*
cykla *cycle*
genast *at once*

Rätt eller fel?

(*a*) Lasse stiger upp klockan sju på födelsedagen.
(*b*) Mormor har stickat en tröja till Lasse.
(*c*) Farmor och farfar har skickat en mountainbike.

Sveriges befolkning

Ända in i vår tid var Sveriges befolkning mycket enhetlig både vad beträffar etniskt ursprung, språk, religion och kultur. De enda minoriteterna av betydelse var ungefär 15 000 lappar i norr och finnar. Men under och efter andra världskriget kom många flyktingar till Sverige. Under 60- och 70-talet kom en halv miljon utlänningar till Sverige för att arbeta, i synnerhet från Finland, men också från Jugoslavien, Grekland och Turkiet. De kom av ekonomiska skäl. Sedan dess har Sverige huvudsakligen tagit emot politiska flyktingar från Asien, Afrika och Sydamerika. Av Sveriges 8,7 miljoner invånare är nu omkring en miljon invandrare. De har bidragit till att göra Sverige till en mångkulturell nation.

befolkning (-en, -ar) *population*
ända in i vår tid *right up to today*
enhetlig *homogeneous*
både . . . och *both . . . and*
vad beträffar *with regard to*
etnisk *ethnic*
ursprung (-et, -0) *origin*
språk (-et, -0) *language*
religion (-en, -er) (pron: **relijon**) *religion*
kultur (-en, -er) *culture*
enda *only*
minoritet (-en, -er) *minority*
av betydelse *of any importance*
ungefär *approximately*
lapp- (-en, -ar) *Laplander*
i norr *in the north*
finn/e (-en, -ar) *Finn*
andra världskriget *the Second World War*
flykting (-en, -ar) *refugee*
under 60- och 70-talet *during the '60s and '70s*
en halv miljon *half a million*
utlänning (-en, -ar) *foreigner*
i synnerhet *especially*
Jugoslavien *Yugoslavia*
Grekland *Greece*
Turkiet *Turkey*
ekonomisk *economic*
skäl (-et, -0) *reason*
sedan dess *since then*
huvudsakligen *mainly*
tagit emot *received*
politisk *political*
Asien *Asia*
Afrika *Africa*
Sydamerika *South America*
invånare (-n, -0) *inhabitant*
omkring *around*
invandrare (-n, -0) *immigrant*
har bidragit till *have contributed to*
mångkulturell *multi-cultural*
nation (-en, -er) *nation*

Rätt eller fel?

(*a*) Sveriges befolkning var mycket homogen.
(*b*) Det finns många minoriteter i Sverige nu.
(*c*) Ekonomiska flyktingar har kommit från Asien, Afrika och Sydamerika.
(*d*) Politiska flyktingar kom till Sverige huvudsakligen på 60- och 70-talet.

4

VILL DU FÖLJA MED?

Would you like to come?

In this unit you will learn

- how to talk about leisure activities
- how to ask what the weather is like
- how to say what the weather is like
- how to describe the seasons

Samtal

John asks Åke about the summer cottage.

John Finns det någonting man kan göra där ute på landet?
Åke O, ja. Vi kan bada och segla, och spela tennis eller golf. Och ibland är det dans på bryggan på lördagarna.
John Har ni plats för oss allesammans i sommarstugan?
Åke Jadå. Vi har två sovrum och ett stort vardagsrum med öppen spis. Och badrum med bastu. Vi äter alltid på verandan om det är vackert väder. Vi killar sover i gäststugan, där vi har två våningssängar. Där kan vi spela vår egen musik utan att störa någon. I morgon bitti ska jag jogga i skogen, och sedan springer jag ned och tar mig ett dopp i havet före frukosten. Vill du följa med?
John Om du kan väcka mig, för jag vaknar nog inte själv.

någonting *anything*
man *one*
göra *do*
ute *out*
på landet *in the countryside*
o *oh*
bada *go swimming*
segla *sail*
spela *play*
tennis (-en) *tennis*
eller *or*
golf (-en) *golf*
dans (-en, -er) *dance*
brygg/a (-an, -or) *jetty*
plats (-en, -er) *room*
oss *us*
allesammans *all of us*
jadå *oh yes*
sovrum (-met, -0) *bedroom*
vardagsrum (-met, -0) *sittingroom*
öppen *open*
spis (-en, -ar) here *fire(place)*
badrum (-met, -0) *bathroom*
bastu (-n, -r) *sauna*
verand/a (-an, -or) *veranda*
om *if*
väder (vädret, -0) *weather*
kill/e (-en, -ar) *boy*
sover *sleep*
gäststug/a (-an, -or) *guest-house*
våningssäng (-en, -ar) *bunk bed*
vår *our*
egen *own*
musik (-en) *music*
utan *without*
störa *disturb*
någon *anyone*
i morgon bitti *early tomorrow morning*
jogga *go jogging*
skog (-en, -ar) *forest*
springer *run*
tar mig ett dopp *have a dip, plunge*
före *before*
väcka *wake, rouse*
vakna *wake up*
själv *by myself*

Rätt eller fel?

(*a*) På lördagskvällen är det alltid dans på bryggan.
(*b*) De äter på verandan när det är vackert väder.
(*c*) Åke och John ska jogga på morgonen.

Samtal

The families arrive at the Svenssons' summer cottage.

Jane Så vackert det är här ute vid kusten!

Anders Ja, havet är vackert både när det stormar och när det är lugnt.

Ulla Det är så skönt här. På våren finns det så mycket blommor, och på hösten kan vi plocka bär och svamp. På vintern åker vi skidor eller skridskor här, så vi använder stugan hela året, inte bara på sommaren.

Anders Vill ni komma med och bada medan solen skiner?
Ulla Det måste ni. Det är ganska varmt i vattnet, åtminstone 18 grader.
Robert Ja, det ska bli skönt med ett dopp.
Ulla Vi äter middag klockan sex, så stanna inte för länge på stranden.

här ute vid *out here by*
kust (-en, -er) *coast*
hav (-et, -0) *sea*
både . . . och *both . . . and*
det stormar *a gale is blowing*
lugn *calm*
skön *nice, pleasant*
vår (-en, -ar) *spring*
höst (-en, -ar) *autumn*
plocka *pick*
bär (-et, -0) *berry*
svamp (-en, -ar) *mushroom*
vinter (-n, vintrar) *winter*
åka sk*i*dor *go skiing*
åka skr*i*dskor *skate*
använder *use*
hela året *all the year*
bara *only*
sommar (-en, somrar) *summer*
komma m*e*d och b*a*da *come swimming*
medan *while*
sol (-en, -ar) *sun*
skiner *is shining*
ganska *rather*
varm *warm*
vatten (vattnet, -0) *water*
åtm*i*nstone *at least*
grad (-en, -er) *degree*
det ska bli skönt *it will be nice*
dopp (-et, -0) *dip, plunge*
för länge *too long*
strand (-en, stränder) *beach*

After breakfast the next morning.

Anders Vädret är inte så fint idag. Det är molnigt och det blåser lite för mycket. Jag hade planerat att vi skulle segla ut till en liten ö och ta matsäck med oss. Men i morgon ska det bli solsken igen, så det är bäst att vi väntar med seglingen till i morgon.
Ulla Spelar du tennis, Jane?
Jane Ja, men jag spelar inte så ofta, så jag är nog inte i så fin form.
Ulla Vi kan väl spela en match så får vi se hur det går.
Åke Får vi låna golfklubborna?
Anders Ja, men Robert och jag ska gå en runda i eftermiddag om det inte regnar, så ni måste vara tillbaka senast klockan ett.
Åke Det är vi säkert, för vi ska bara gå nio hål. John och jag tänker meta i eftermiddag. Fisken brukar nappa när det är mulet som idag.

molnigt *cloudy*
det blåser *there is a breeze*
lite för mycket *a little too much*
hade planerat *had planned*
liten *small*
ö (-n, -ar) *island*
matsäck (-en, -ar) *packed lunch*
solsken (-et, -0) *sunshine*
igen *again*
det är bäst att vi väntar *we had better wait*
segling (-en, -ar) *sailing*
ofta *often*
form (-en) *form*
match (-en, -er) *match*
låna *borrow*
golfklubb/a (-an, -or) *golf-club*
gå en runda *play a round*
det regnar *it is raining*
tillbaka *back*
senast *at the latest*
det är vi säkert *we are sure to be*
hål (-et, -0) *hole*
tänker *intend to*
meta *fish, angle*
brukar nappa *usually bite*
mulet *overcast*

Rätt eller fel?

(*a*) Det är varmt i vattnet.
(*b*) Man får inte plocka bär och svamp i Sverige.
(*c*) Robert och Jane och John vill gå och bada före middagen.
(*d*) Fisken brukar nappa när det är vackert väder.

Vad ni behöver veta

Sommarstuga

Also called **sommarnöje** (*summer pleasure!*). A surprisingly large number of Swedes have a second home, either their own or rented. It is used during the long summer holiday – schoolchildren are on holiday for around ten weeks in the summer – when one of the parents usually moves out to the summer house with the children, and the other parent joins the family in the evenings or, if the distance is too great, at the weekends. Nowadays it is popular for the parents to stagger their summer holidays, so they can be with the children 4-5 weeks each during the vacation. It is also used during weekends and holidays during the rest of the year. Sometimes there is an annex in the ground, a **gäststuga** or **lillstuga**, for guests or grandparents.

Celsius

18° Centigrade is called 18° Celsius by Swedes after the Swede

Anders Celsius (1701–44) who gave his name to the Celsius thermometer, which uses the freezing and boiling point of water as the basic endpoints.

Så här säger man

How to:

- ask what the weather is like

Vad är det för väder idag?	*What sort of weather is it today?*
Hur är vädret:	*What's the weather like?*

- say what the weather is like

Det är vackert väder.	*The weather is nice.*
Det är dåligt väder.	*The weather is bad.*
Det är solsken.	*The sun is shining.*
Det är månsken ikväll.	*There's a moon tonight.*
Det regnar.	*It's raining.*
Det blåser.	*It's windy.*
Det stormar.	*It's blowing a gale.*
Det snöar.	*It's snowing.*
Det haglar.	*There is a hailstorm.*
Det är molnigt.	*It's cloudy.*
Det är mulet.	*It's overcast, dull.*
Det åskar.	*It is thundering.*
Det blixtrar.	*There is lightning.*
Det är varmt.	*It's warm.*
Det är kallt.	*It's cold.*

Note how Swedish uses impersonal expressions (expressions with **det** as the subject) in most phrases concerned with the weather.

Grammatik

1 *Plural forms of Swedish nouns*

The most common plural ending of Swedish nouns is **-ar**. This is the plural ending of the following words:

- **en**- words that end in an unstressed -**e** in the singular. They drop this -**e** when the plural ending is added:

en pojke	*a boy*	två pojk**ar**	*two boys*
en timme	*an hour*	två timm**ar**	*two hours*
en finne	*a Finn*	två finn**ar**	*two Finns*

- most **en**- words of one syllable. (A syllable is a vowel with surrounding consonants.) For example:

en dag	*a day*	två dag**ar**	*two days*
en bil	*a car*	två bil**ar**	*two cars*
en sjö	*a lake*	två sjö**ar**	*two lakes*
en vår	*a spring*	två vår**ar**	*two springs*
en lapp	*a Laplander*	två lapp**ar**	*two Laplanders*

- most animals, for example:

en häst	*a horse*	två häst**ar**	*two horses*
en sill	*a herring*	två sill**ar**	*two herrings*

- trees which are native of Sweden:

en björk	*a birch*	två björk**ar**	*two birches*
en tall	*a pine*	två tall**ar**	*two pines*

- words ending in -**ing**, for example:

en våning	*a flat*	två våning**ar**	*two flats*
en tidning	*a newspaper*	två tidning**ar**	*two newspapers*

- most **en**- words ending in unstressed -**el**, -**er**, -**en**. These drop the -**e** of the last syllable before adding the -**ar**:

en cykel	*a cycle*	två cykl**ar**	*two cycles*
en vinter	*a winter*	två vintr**ar**	*two winters*
en öken	*a desert*	två ökn**ar**	*two deserts*

- words ending in -**dom**, for example:

en sjukdom	*an illness*	två sjukdom**ar**	*two illnesses*

Note the following irregular plurals:

en mo(de)r	*a mother*	två **mödrar**	*two mothers*
en dotter	*a daughter*	två **döttrar**	*two daughters*
en morgon	*a morning*	två **morgnar**	*two mornings*
en afton	*an evening*	två **aftnar**	*two evenings*

en sommar	*a summer*	två **somrar**	*two summers*
ett finger	*a finger*	två **fingrar**	*two fingers*

(**Ett finger** is the only **ett**- word belonging to the second declension!)

2 I landet, på landet

I landet means *in the country* (i.e. in England, in Sweden), whereas **på landet** means *in the countryside*.

3 Kille, tjej

There are of course many synonyms for very common words. Whereas **pojke** is the normal word for *boy*, the words **kille** and **grabb** are common slang synonyms, favoured by the young people themselves. For **flicka** (*girl*) there are the synonyms **tjej**, **jänta**, **tös**, though only the first one is really popular these days.

4 *Me, you, him/her/it, us, you and them*

These words are called object pronouns. They are used when the pronoun is the object of the verb action, for example: *Robert loves her* (Jane): *she* (Jane) is the object of Robert's loving. Below is a complete list of the object forms of the personal pronouns:

me	mig (pronounced 'mej')
you	dig (pronounced 'dej')
him	honom (pronounced 'hånnåm')
her	henne
it	den/det ('det' is pronounced 'de')
us	oss (pronounced 'åss')
you	er/Er
them	dem (pronounced 'dåmm')

Note that these forms must be used if a preposition precedes the pronoun, for example:

Har ni plats för **oss**?
Vi ska ta matsäck med **oss**.

5 De fyra årstiderna *(the four seasons)*

The four seasons are called:

vår	*spring*
sommar	*summer*
höst	*autumn*
vinter	*winter*

Note how Swedes use the preposition **på** where English people would use *in*: **på hösten, på vintern**.

6 *Some time expressions*

i förrgår	*the day before yesterday*
tidigt i förrgår	*early the day before yesterday*
igår	*yesterday*
igår morse	*early yesterday morning*
i morse	*early this morning*
idag	*today*
i kväll	*this evening*
i morgon	*tomorrow*
i morgon bitti	*early tomorrow morning*
i övermorgon	*the day after tomorrow*

Note that **bitti** can only be used about future time, normally only about tomorrow morning, whereas **tidigt** can be used both about past and future time.

7 Lång/länge *(long)*

Both **lång** and **länge** are translated as *long* in English, but they are not interchangeable. **Lång** can also mean *tall*. **Lång** is an adjective, and therefore takes endings which agree with the noun to which it refers. It can be used both about time and distances. **Länge** is an adverb, and does not take any endings. It refers only to time and can never be used before a noun.

Anders är lång.	*Anders is tall.*
Det var en lång natt.	*It was a long night.*
Åke väntade länge på John.	*Åke waited a long time for John.*

8 Väcka/vakna *(wake)*

The Swedish verb **vakna** is used to translate *wake* if you wake by yourself, but if you are woken by some other person or means, the verb to use is **väcka**:

Jag vaknar tidigt.	*I wake up early.*
Ulla väcker Lasse kl.7.	*Ulla wakes Lasse at 7 o'clock.*

9 Spela/leka *(play)*

The English verb *play* corresponds to two verbs in Swedish: **spela** and **leka**. The difference between them is that **spela** is used about organised play, when there are written rules to be followed, but **leka** is used about spontaneous playing, for example playing with dolls or trains.

Stefan Edberg spelar tennis.	*Stefan Edberg plays tennis.*
Barnen leker i sandlådan.	*The children play in the sandpit.*

Note: **spela** is used about music and the theatre.

10 Sjö/hav *(sea)*

Beware! Although the Swedish word **sjö** is the same word as *sea*, it means *lake*. The English word *sea* is normally translated with **hav**, although the names **Nordsjön** (the North Sea) and **Östersjön** (the Baltic) are exceptions to this rule – probably because the Swedes have regarded them as their own lakes since the time when most countries around the Baltic were Swedish.

Övningar

1 Fill in the correct plural forms in the sentences below.

(*a*) Ulla och Anders har två (*boys*) . . . .
(*b*) De har åtta (*beds*) . . . . i sommarstugan.
(*c*) Alla (*young people*) . . . . vill ha mountainbikes.
(*d*) En vecka har sju (*days*) . . . .
(*e*) Det finns många (*boats*) . . . . i Stockholm.

(*f*) Ulla har tolv (*cups*) . . . .
(*g*) Volvo gör många (*cars*) . . . .
(*h*) Läkarna kan inte bota alla (*illnesses*) . . . .
(*i*) Många (*refugees*) . . . . har kommit till Sverige.

ungdom (-en, -ar)	*young people*	**bota**	*cure*
läkare (-n, -0)	*doctor*		

2 Insert the correct preposition, **i** or **på**, into the following sentences.

(*a*) . . . det landet är det farligt att åka ut . . . landet, för det finns många vilda djur där. (*In that country it is dangerous to travel out into the country as there are many wild animals there.*)
(*b*) Det finns många sommarstugor ute . . . landet.
(*c*) Det har ofta varit krig (war) . . . det landet.
(*d*) Alla får plocka bär och svamp . . . landet i Sverige.

3 Replace the words in bold with the appropriate pronouns.
Example: **Ulla** ger **Lasse** mera smultron – **Hon** ger **honom** mera smultron

(*a*) **James** älskar (*loves*) **Catherine.**
(*b*) **James och Catherine** ser på **utsikten**.
(*c*) **Ulla** serverar **dig och mig**.
(*d*) **Du och jag** ska äta middag hos **Anders**.
(*e*) **Jag och Eva** ska hjälpa (*help*) **dig och honom**.
(*f*) **Robert och Jane** bor hos **Anders och Ulla**.

4 Answer the questions as fully as possible in Swedish.

(*a*) Vad är det för väder på våren?

(*b*) Vad är det för väder på sommaren?
(*c*) Vad är det för väder på hösten?
(*d*) Vad är det för väder på vintern?

5 Assume that it is Sunday today. Answer the questions in Swedish.

(*a*) Vad var det för dag igår?
(*b*) Vad var det för dag i förrgår?
(*c*) Vad är det för dag idag?
(*d*) Vad är det för dag i morgon?
(*e*) Vad är det för dag i övermorgon?

6 Fill in the correct word, **lång** or **länge**, in the following sentences. Make sure that the correct endings are added when necessary.

(*a*) De bor på en . . . . gata.
(*b*) Robert väntar (is waiting) . . . . på Jane.
(*c*) Det tar . . . . tid innan våren kommer.
(*d*) Varför var ni så . . . . på stranden?
(*e*) Det var ett . . . . år.
(*f*) Åke stannar uppe . . . . på natten.
(*g*) Flyktingarna kom i . . . . båtar.
(*h*) Den som väntar på något gott väntar inte för . . . .

väntar	*waits*	**för**	*too*

7 Insert the appropriate verb, **väcka** or **vakna**. Make sure that you use the correct endings (infinitive or present tense endings).

Det finns många sätt (*ways*) att . . . . människor på om de inte . . . . själva. När solen skiner på dem . . . . de flesta (*most people*). En väckarklocka som ringer . . . . nästan alla. Rockmusik brukar . . . . mammor och pappor. Om ingenting annat . . . . en pojke eller en flicka så brukar kallt vatten . . . . dem. Då . . . . de genast.

8 Fill in the missing present tense forms of the verbs **spela** or **leka**.

(*a*) Pelé . . . . fotboll.
(*b*) Lasse . . . . kurragömma (*hide-and-seek*).
(*c*) I St. Andrews . . . . man golf.
(*d*) . . . . du fiol (*violin*)?

(*e*) Barnen (*the children*) . . . . på stranden.
(*f*) Nationalteatern . . . . Strindberg (*the best known Swedish playwright, 1849–1912*).

9 Insert the correct word, **en sjö** or **ett hav** in the sentences below. Make sure that the words are in the correct form.

(*a*) Den stora . . . . vid Stockholm heter Mälaren.
(*b*) . . . . mellan Irland och Amerika heter Atlanten.
(*c*) . . . . som ligger mellan Sverige och Finland kallas Östersjön.
(*d*) Det finns hundra tusen . . . . i Sverige.
(*e*) Vikingarna seglade över det stormiga . . . . som kallas Nordsjön.
(*f*) Vad kallas . . . . utanför Japan?
(*g*) Om du vill se Nessie måste du åka till Loch Ness-. . . . . . .

10 Complete the following dialogue.

You	(*Say Good morning, and ask what the weather is like.*)
Partner	Det är vackert väder idag. Solen skiner och det är ganska varmt.
You	(*Say Good, would you like to go out to the summer-house?*)
Partner	Ja, gärna.
You	(*Say We can go swimming.*)
Partner	Det är nog inte så varmt i vattnet nu på hösten, men vi kan spela tennis.
You	(*Say you would rather go sailing if it isn't too windy.*)
Partner	Ja, vi kan ta matsäck med oss och segla ut till en liten ö.
You	(*Say Tomorrow it is Sunday and we can play golf in the morning.*)
Partner	Bra. Vi kan också plocka bär och svamp på eftermiddagen innan vi åker hem.
You	(*Say it will be nice.*)

Förstår du?

Ni har nog hört att Sverige har en hög levnadsstandard. Den är faktiskt bland de högsta i världen. Svenskarna bor bra och ingen behöver vara hungrig. Många har sommarstuga. De flesta har video, färgteve, frys osv och de tycker att det är självklart att man ska ha bil. Men det har inte alltid varit så. För hundra år sedan var Sverige ett mycket fattigt land. En fjärdedel av svenskarna emigrerade mellan 1850 och 1920 eftersom de inte kunde försörja sig i Sverige. De flesta åkte till USA. Nu är det tvärtom. Många invandrare har kommit till Sverige för att få ett bättre liv.

hört *heard*
levnadsstandard (-en, -er) *standard of living*
faktiskt *really*
bland *among*
de högsta *the highest*
värld (-en, -ar) (pronounced **'värd'**) *world*
svensk (-en, -ar) *Swede*
behöver *need*
de flesta *most people*
video (-n, videoapparater) *video*
färgteve (-n, teveapparater) *colour TV*
frys (-en) *freezer*
osv (och så vidare) *etc.*
de tycker att det är självklart *they take it for granted*
man ska ha bil *one should have a car*
varit *been*
för . . . sedan *ago*
fattig *poor*
land (-et, länder) *country*
fjärdedel (-en, -ar) *quarter*
emigrerade *emigrated*
mellan *between*
eftersom *as*
försörja sig *provide for themselves*
de flesta *most of them*
åkte *went*
tvärtom *the opposite*
har kommit *have come*
bättre *better*
liv (-et, -0) *life*

Rätt eller fel?

(*a*) Många invandrare kom till Sverige för hundra år sedan.
(*b*) Sverige har en hög levnadsstandard.
(*c*) Alla svenskar har bil.

5

NÄR ÖPPNAR BANKEN?

When does the bank open?

In this unit you will learn

- phrases used at a bank
- phrases used about Swedish money
- how to count from 101 to 1 000 000 000 000

Samtal

Robert Var är banken?

Anders Den ligger vid torget.

Robert När öppnar den? Jag måste växla pengar.

Anders Banken öppnar inte förrän klockan halv tio och den stänger klockan tre. Jag ska ta ut lite pengar från mitt konto så du kan följa med mig.

Lasse Pappa, kan du sätta in pengarna som jag fick på födelsedagen på min sparbanksbok?

Anders Ja, det ska jag gärna göra.

bank (-en, -er) *bank*
ligger *is situated*
torg (-et, -0) *market place*
öppnar *opens*
växla *change*
stänger *shuts*
ta ut *withdraw*
från *from*
konto (-t, -n) *account*
så *so*
sätta in *deposit*
fick *got*
sparbanksbok (-en, -böcker) *savings book*
göra *do*

Rätt eller fel?

(*a*) Banken öppnar klockan tre och stänger klockan halv tio.
(*b*) Anders ska sätta in pengar på sitt konto.
(*c*) Lasse vill att Anders ska sätta in Lasses födelsedagspengar på hans sparbanksbok.

Samtal

At the bank.

Robert	Jag skulle vilja lösa in de här resecheckarna.
Kassörskan	Har ni legitimation?
Robert	Jag har passet. Räcker det?
Kassörskan	Det går bra. Hur vill ni ha pengarna?
Robert	Det mesta i sedlar, men lite växel. Kan jag få en femhundrakronorssedel, fyra hundralappar och resten i växel, tack! Vilken är växelkursen idag?
Kassörskan	Det står på den här listan?
Robert	Kostar det något?
Kassörskan	Ja, vi har en fast expeditionsavgift. Varsågod, här är pengarna.
Robert	Tack så mycket.

jag skulle vilja *I would like to*
lösa in *cash*
de här *these*
resecheck (-en, -ar) *traveller's cheque*
kassörska *cashier* (female)
(en) legitimation *proof of identity*
räcket det? *is that enough?*
det går bra *that's all right*
hur? *how?*
det mesta *most of it*
femhundrakronorssedel (-n, -sedlar) *500 kronor (bank)note*
hundralapp (-en, -ar) *100 kronor note*

rest (-en, -er) *rest*
växel (-n) *cash, (small) change*
växelkurs (-en, -er) *exchange rate*
står *is shown* (lit. stands)
den här *this*
list/a (-an, -or) *list*
kostar det något? *does it cost anything?*
expedit*i*onsavgift (-en, -er) *commission, service charge*
fast *fixed*
avgift (-en, -er) *charge, fee*

Rätt eller fel?

(*a*) Robert måste ha passet med sig på banken.
(*b*) Robert vill inte ha sedlar, bara växel.
(*c*) Det kostar pengar att lösa in resecheckar.

Vad ni behöver veta

Banks

As mentioned in the dialogue, banks open at 9.30 a.m. and shut at 3 p.m. They are closed on Saturdays and Sundays. However, in the major tourist cities you can also change money at **Forex**. They are open seven days a week and stay open till late at night (times vary). You can find **Forex** at the main stations and, sometimes, in the main street. Credit cards are generally accepted in the same sort of places as in other countries, though cash transactions are still the norm.

Swedish money

The Swedish monetary units (SEK) are called **kronor** and **ören**. 100 öre = 1 krona.

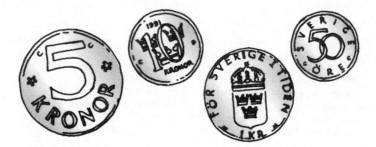

Coins **en femtioöring** *a 50 öre coin*
en enkrona *a 1 krona coin*
en femkrona *a 5 kronor coin*
en tiokrona *a 10 kronor coin*

Notes **en tjugokronorssedel** *a 20 kronor note*
en 'tjuga' (slang) *a 20 kronor note*
en femtilapp *a 50 kronor note*
en hundralapp *a 100 kronor note*
en femhundrakronorssedel *a 500 kronor note*
en tusenlapp *a 1000 kronor note*

Prices are expressed as follows:

In writing	*In speech*
1.50 or 1,50	enåfemti
6.75 or 6,75	sexåsjuttifem

Since the withdrawal of the smaller coins, shops automatically adjust the final bill to the nearest 50 öre.

Note that Swedes use the plural form **kronor** but the singular form **öre** when they talk about prices. You can say either **tio kronor och femti öre** or, more common, **tioåfemti**. Also note that Swedes use the plural form **pengar** when referring to the amount of money, for example:

Hon har väldigt mycket pengar. *She has a lot of money.*

The singular form **en peng** is only used to mean *a coin*.

Identification

When cashing cheques or withdrawing money – or buying alcohol from **Systembolaget** (the State Liquor Shop) – you may be asked for proof of identity, **legitimation** (often abbreviated to just **leg**) for security reasons. Adults usually use their driving licence and Swedes under 18 normally carry an identity card, with photo and social security number, but a passport is enough for foreigners.

Så här säger man

How to:

- ask for information

Var är banken?	*Where is the bank?*
När öppnar banken?	*When does the bank open?*
När stänger banken?	*When does the bank close?*
Vilken är växelkursen?	*What is the exchange rate?*
Kan ni lösa in en resecheck?	*Can you cash a traveller's cheque?*
Kan ni växla en hundralapp?	*Can you change a 100 kr note?*
Kan ni växla en tjugokronorssedel i enkronor?	*Can you change a 20 kr note into 1 kr coins?*
Kostar det något?	*Does it cost anything?*

- say what you need

Jag måste växla pengar.	*I must change money.*
Jag ska ta ut pengar.	*I shall withdraw money.*
Det går bra.	*It is O.K.*

- state your financial position

Jag har inga pengar.	*I have no money.*
Jag har mycket lite pengar.	*I have very little money.*
Jag har tillräckligt med pengar.	*I have enough money.*
Jag har lite pengar kvar.	*I have some money left.*
Jag har mycket pengar.	*I have a lot of money.*

Grammatik

1 Word order in questions

You already know the word **vad**. Here are some more question words from the dialogues: **hur** (*how*), **när** (*when*), **var** (*where*), **varför** (*why*), **vem** (*who*), **vilken** (*which*).

Study the sentences below and pay particular attention to the word order:

Hur vill ni ha pengarna?	*How would you like your money?*
Vilken är växelkursen?	*What is the exchange rate?*
Var ligger banken?	*Where is the bank?*
Vem ska ni träffa?	*Who are you going to meet?*
Vad ska du göra	*What are you going to do?*

When a question starts with a question word, the verb comes in the second place, immediately after the question word, then comes the subject, then the second verb (if any), followed by other parts of the sentence. Thus the word order pattern is:

(1)	(2)	(3)	(4)	(5)	
question word	verb 1	subject	verb 2	other things	(objects etc.)
Hur	**vill**	**ni**	**ha**	**pengarna?**	

2 'Do' in questions

Notice that there is no Swedish verb corresponding to the English verb *do* when used in questions. Swedish uses a simple verb form, for example:

Talar du engelska?	*Do you speak English?*
Har ni legitimation?	*Do you have proof of identity?*

Similarly, with a question word:

När öppnar banken?	*When does the bank open?*
Hur lång tid tar det?	*How long does it take?*

3 Word order in negative statements and questions

If a *statement* contains a negative word, e.g. **inte, icke, aldrig** (*not, never*), the negation is placed directly after the first verb, for example:

Jag talar inte svenska.	*I don't speak Swedish.*
Jag kan inte tala svenska.	*I cannot speak Swedish.*
Det är inte svårt.	*It isn't difficult.*
Banket öppnar inte förrän klockan halv tio.	*The bank doesn't open until half past nine.*

If a *question* contains a negation, the negation is placed after the verb and subject, for example:

Talar du inte svenska?	*Don't you speak Swedish?*
Kan du inte tala svenska?	*Can't you speak Swedish?*
Är det inte svårt?	*Isn't it difficult?*
Öppnar banken inte förrän klockan halv tio?	*Doesn't the bank open until half past nine?*

Negative questions starting with a question word follow the same rule, i.e. first the question word, then the verb, then the subject, then the negation, then the second verb (if any), then other things.

(1) question word	(2) verb 1	(3) subject	(4) negation	(5) verb 2	(6) objects etc.
När	**kan**	**jag**	**inte**	**ta ut**	**pengar?**
Varför	**vill**	**ni**	**inte**	**följa med**	**oss?**
Vem	**vill**	**hon**	**inte**	**träffa?**	

4 Verbs with suffixes

If a verb is followed by a preposition or an adverb that belongs to the verb (called a suffix), the suffix carries the main stress, for example:

Anders tar **ut** pengar.
Robert följer **med** Anders.
Lasse vill sätta **in** pengar på sin sparbanksbok.
Robert löser **in** en resecheck.
Ulla stiger **upp** kl. halv sju.

5 Plural forms of Swedish nouns

Most of the third declension nouns are **en**- words, although a small number are **ett**- words. The plural ending is **-er**.

The words belonging to this declension are mainly 'borrowed' from French or Latin. These have usually kept the stress on the syllable that was stressed in the original language, so if the last syllable of an **en**- word is stressed, its plural ending is most likely to be **-er**.

You will probably recognise most of these words, as they have become 'international'.

en bank	två bank**er**
en fam**i**lj	två fam**i**lj**er**
en balk**o**ng	två balk**o**ng**er**

Other words belonging to this declension that you already know are: **sek*u*nd**, **min*u*t**, **månad**, **grad**, **stud*e*nt**, **v*ä*xelk*u*rs**, **kust**, **industr*i***, **telef*o*n**, **kamr*a*t** (*friend*), **mask*i*n**, **cigar*e*tt**, **di*e*t**, **lunch**, **pres*e*nt**, **restaur*a*ng**, **religi*o*n** (pronounced 'relijon').

Note:

- A number of the third declension nouns are irregular in that they change their stem vowel in the plural, for example: **en stad** – **två st*ä*der**, **en natt** – **två n*ä*tter**, **en hand** – **två h*ä*nder** (*hand*), **en tand** – **två t*ä*nder** (*tooth*), **en strand** – **två str*ä*nder**, ***ett* land** – **två l*ä*nder**, **en bror** – **två br*ö*der**, **en son** – **två s*ö*ner**.

- A few double the end consonant in the plural (and thus the vowel is short in the plural): **en bok** – **två b*ö*c*k*er** (*book*), **en fot** – **två f*ö*t*t*er** (*foot*), **en rot** – **två r*ö*t*t*er** (*root*).

- Some that end in a vowel in the singular add just **-r** in the plural: **en sko** – **två sko*r*** (*shoe*), **en ko** – **två ko*r*** (*cow*), **en bonde** – **två *bönder*** (*farmer*), **en hustru** – **två hustru*r*** (*wife*), ***ett fängelse*** – **två fängelse*r*** (*prison*).

- The loan-words ending in **-or** in the singular change the stress from the syllable immediately before the **-or** in the singular to the **-or** when the plural ending is added: **en d*o*ktor** - **två dokt*o*rer**, **en prof*e*ssor** – **två profess*o*rer**, **en m*o*tor** – **två mot*o*rer**, **en tr*a*ktor** – **två trakt*o*rer**.

- Latin loan-words ending in **-um** drop the **-um** before any Swedish endings are added: **ett museum – två museer, ett laboratorium – två laboratorier**.

6 Som, vars, vilken, vad

These words are called relative pronouns. They replace the immediately preceding word (a noun or pronoun) in the main clause, and they introduce a subordinate clause, for example:

Kan du sätta in pengarna **som** jag fick på födelsedagen?	*Can you deposit the money* ***which*** *I got on my birthday?*

Som (*who(m), which, that*) is the most common relative pronoun. It never changes its form and is used in both singular and plural, but it cannot be preceded by a preposition. If there is a preposition it has to be placed at the very end of the clause.

Vars (*whose, of which*), genitive of **som**, singular and plural, but is only used in written language.

Vilken (*who(m), which, that*) is mainly used in written language. It can be preceded by a preposition.

vilken replaces an **en**- word.
vilket replaces an **ett**- word.
vilka replaces a plural word.
vilkas (*whose, of which)* is only used in plural.

If a relative pronoun refers to a whole clause rather than a specific word, only **vilket** can be used.

Vad (*that, what*) can be used as a relative pronoun, especially in the phrase **allt vad** (*all that*). Note that **vad** must be followed by **som** if it is the subject of a relative clause.

The relative pronoun can often be omitted, just as *who, that, which* is often omitted in English. The rule is that this may be done whenever it is possible to leave out the relative pronoun in English.

Känner du flickan, **som** bor där?	*Do you know the girl* ***who*** *lives there?*
Boken, **(som)** jag tycker så mycket **om**, är utsåld.	*The book* ***(which)*** *I like so much is out of print.*
Pojken, **vars** föräldrar är rika, gav honom en bil.	*The boy* ***whose*** *parents are rich gave him a car.*

Han frågade, **från vilken** stad jag kom.	*He asked **which** town I came from.*
De äter mycket grönsaker, **vilket** är nyttigt för dem.	*They eat a lot of vegetables **which** is good for them.*
Det är allt **(vad)** jag vet.	*That is all **(that)** I know.*

7 *Numerals: 101 – 1 000 000 000 000*

101	(ett) hundraett (-en)
200	två hundra
350	trehundrafemti
1000	(ett) tusen
10 000	tio tusen
100 000	(ett) hundra tusen
1 000 000	en miljon
1 000 000 000	en miljard
1 000 000 000 000	en biljon (en miljon miljoner)

Note that **miljon**, **miljard** and **biljon** have the plural forms **miljoner**, **miljarder**, **biljoner**.

Numbers like 4 711 are written **fyratusensjuhundraelva** if you use words.

Years are usually written in figures. However, if you write them out in full you should write them as one word. You must not leave out the word **hundra** (as is done in English). There is no **och** between the hundreds and the tens, for example:

1789 sjuttonhundraåttinio
1918 nittonhundraarton
2020 tjugohundratjugo *or* tvåtusentjugo

Note that there is no preposition corresponding to *in* before years. Swedish uses the word **år** or nothing at all:

Vilhelm Erövraren erövrade England (år) 1066.	*William the Conqueror conquered England in 1066.*

By adding **-tal** you can make a noun out of a number, for example:

ett hundratal människor	*around a hundred people*

but

hundratals människor	*hundreds of people*

Note also **på tjugotalet** (*in the twenties*) and **på nittonhundratalet** (*in the twentieth century*).

Övningar

1 Write an appropriate question word in the sentences below. Choose from the following words: **hur**, **när**, **vad**, **var**, **varför**, **vem**, **vilken**.

(*a*) .... är banken?
(*b*) .... ska ta ut pengar från sitt konto?
(*c*) .... lång tid tar det?
(*d*) .... var Åke i England?
(*e*) .... måste man ha legitimation med sig på banken?
(*f*) .... kostar det?
(*g*) .... buss ska jag ta för att komma till torget?
(*h*) .... är det?

2 Make the following statements and questions negative by inserting **inte** in the correct place.

(*a*) Banken öppnar klockan ett.
(*b*) Det var dyrt.
(*c*) Ligger banken vid torget?
(*d*) Var det dyrt?
(*e*) Kan du växla en hundralapp?
(*f*) När är banken öppen?
(*g*) Varför vill du växla en hundralapp?

3 Insert the appropriate suffix in the following sentences.

(*a*) Robert följer .... Anders till banken.
(*b*) Anders tar .... pengar från sitt konto.
(*c*) Lasse sätter .... sina födelsedagspengar på banken.
(*d*) Robert löser .... en resecheck.
(*e*) Jane måste ta .... sig passet när hon ska växla pengar.

4 Fill in the correct plural form of the nouns in the following sentences.

(*a*) Det finns många (*countries*) .... med (*coasts*) .... vid Östersjön.
(*b*) En timme (*hour*) har sextio .... och en minut har sextio ....

(*c*) Vi har två (*hands*) .... och två (*feet*) ....
(*d*) Några (*farmers*) .... har flera (*tractors*) ....
(*e*) Alla (*students*) .... måste läsa (*read*) många (*books*) ....
(*f*) Sverige har många (*industries*) .... som exporterar (*machines*) ....
(*g*) Mina (*brothers*) .... är (*doctors*) ....
(*h*) Jag har tre (*sons*) .... som bor i andra (*towns*) ....

5 Fill in the missing relative pronouns:

(*a*) Middagen .... du serverade var mycket god.
(*b*) Flickan var utlänning, ... jag inte visste.
(*c*) Barnen .... föräldrar är invandrare talar bra svenska.
(*d*) Han talade om, på .... gata banken ligger.
(*e*) Jag vet inte, ... är bäst.
(*f*) Allt .... hon sade, var rätt.

6 Practise saying and writing the following numbers in Swedish.

(*a*) One English mile is 1.6093 km.
En engelsk mil är .... kilometer.
(*b*) Light travels at a speed of 186 000 miles per second.
Ljuset färdas .... engelska mil per sekund.
(*c*) The distance to the moon is 384 400 km.
Avståndet till månen är .... kilometer.
(*d*) Sweden's area is 449 964 square km.
Sveriges areal är .... kvadratkilometer.
(*e*) Stockholm has 1.5 million inhabitants.
Stockholm har .... invånare.

(Did you remember that Swedish uses a decimal comma instead of a decimal point?)

7 These are famous events in Swedish history. Write the dates in words and read them aloud.

(*a*) The vikings' visit to Holy Island in 793.
(*b*) The first Swedish king who converted to Christianity was baptized in 1000.
(*c*) Stockholm was founded in 1250.
(*d*) King Magnus Eriksson's law code, covering the whole country, was issued in 1350.
(*e*) The Kalmar Union between Denmark, Norway and Sweden,

under Queen Margareta of Denmark, in 1397.

(*f*) Gustav Vasa, the father of the country, was crowned King of Sweden in 1523.

(*g*) Peace of Westphalia, Sweden recognized as a European Great Power, in 1648.

(*h*) Sweden loses Finland to Russia in 1809.

(*i*) Sweden's last entry into war in 1814.

(*j*) Universal suffrage in 1921.

8 A British, an American and an Australian tourist have lost their passports overboard in a boating accident. They must find their embassies to get new passports. Read out the addresses to them.

Brittiska Ambassaden
Skarpögatan 6-8
115 27 STOCKHOLM (read: Postnummer etthundrafemtontjugosju)
Telefon 08/6670140 (read: Riktnummer noll åtta. Abonnentnummer sex sex sju noll ett fyra noll)

Amerikanska Ambassaden
Strandvägen 101
115 27 STOCKHOLM
Telefon 08/6630520

Australiska Ambassaden
Sergels torg 12
103 86 STOCKHOLM
Telefon 08/6244660

Förstår du?

Sverige är ett långt och smalt land, som alla geografiböcker talar om för oss. Det är nästan 1000 engelska mil långt fågelvägen, men om du kör bil får du köra 1250 engelska mil, eller 200 svenska mil! Bara 8,7 miljoner människor bor i Sverige, men landet är två och en halv gånger så stort som Storbritannien. Halva landet är täckt av skog. Det finns också 100 000 sjöar, höga berg, stora älvar och bördiga slätter där. 85% av befolkningen bor i södra och mellersta Sverige, så om du åker upp till Norrland får du inte se så många människor – du får kanske se flera renar än människor!

smal *narrow*
land (-et, länder) *country*
som *as*
geografiböcker *geography books*
talar om *tell*
nästan *almost*
fågelvägen *as the birds fly*
om du kör bil *if you drive*
en svensk mil *a Swedish mile* (= c. 6 English miles)
en miljon *a million*
gånger *times*
så . . . som *as . . . as*
Storbritannien *Great Britain*
täckt av *covered with*
skog (-en, -ar) *forest*
det finns *there is, there are*
sjö (-n, -ar) *lake*
berg (-et, -0) *mountain*
älv (-en, -ar) *river (Scandinavian large river)*
bördig *fertile*
slätt (-en, -er) *plain*
södra *southern*
mellersta *central*
Norrland *the name given to the northern half of Sweden*
ren (-en, -ar) *reindeer*

Rätt eller fel?

(*a*) Storbritannien är två och en halv gånger så stort som Sverige.
(*b*) Hela landet är täckt av skog.
(*c*) Bara 15% befolkningen bor i Norrland.

6

HUR MYCKET KOSTAR DET?

How much is it?

In this unit you will learn

- how to ask for things in shops
- how to accept offers in shops
- how to decline offers in shops

Samtal

Ulla and Jane are going shopping.

Ulla Jag måste kila in på matavdelningen på varuhuset och handla lite mat.

Jane Vad ska du köpa?

Ulla Bara färskvaror. Kött och fisk har vi i frysen. Jag har gjort upp en lista. Vi behöver 3 liter mjölk, bröd, 1/2 kg smör, en bit ost och ett dussin ägg. Grönsaker och frukt köper jag på torget för där är allting färskare och billigare.

Jane Hinner vi titta på kläder och annat också? Jag vill gärna köpa något svenskt att ta med mig hem.

Ulla Javisst, det går bra.

kila *in* *pop in*
matavdelning (-en, -ar) *food hall*
varuhus (-et, -0) *department store*
handla *go shopping, buy*
köpa *buy*
bara *only*
färskvaror *fresh food*
frys (-en, frysskåp) *freezer*
gjort upp *made*
behöver *need*
liter (-n, -0) *litre*
bröd (-et, -0) *bread*
kilo (-t, -(n)) *kilo*
ett halvt kilo *half a kilo*
bit (-en, -ar) *piece*
dussin (-et, -0) *dozen*
frukt (-en, -er) *fruit*
allting *everything*
färskare *fresher*
billigare *cheaper*
hinner vi? *will we have time?*
titta *look*
kläder (plural) *clothes*
annat *other things*

Samtal

At the market.

Ulla Vad kostar tomaterna?
Försäljaren 26 kronor kilot.
Ulla Det var dyrt. Då tar jag bara ett halvt kilo. Kan jag få en bunt morötter också och den där gurkan?
Försäljaren Varsågod.
Ulla Potatis behöver vi med. 2 kg, tack, och lite dill och persilja, och ett stort salladshuvud.
Försäljaren Ska det inte vara lite blåbär? De är så fina idag, och de kostar bara 12 kronor litern.
Ulla Jo, tack, det var billigt. Jag tar ett par liter. Hur mycket kostar blomkålen?
Försäljaren 20 kronor styck.
Ulla Nej, tack. Det var för dyrt. Men lite frukt måste jag ha. 8 stycken äpplen och 4 stora päron, tack.
Försäljaren Var det allt?
Ulla Ja, tack, nu räcker det.
Försäljaren Det blir 90 kronor jämnt.
Ulla Varsågod, det är jämna pengar.
Försäljaren Tack så mycket.

vad kostar? *how much are?*
tomat (-en, -er) *tomatoes*
försäljare (-n, -0) *market-trader*
kan jag få? *may I have?*
bunt (-en, -ar) *bunch*
morot (-en, morötter) *carrot*
gurk/a (-an, -or) *cucumber*
potatis (-en, /-ar/) *potato*
persilja (-n) *parsley*
salladshuvud (-et, -en) *lettuce* (lit. head of lettuce)

ska det inte vara? *wouldn't you like?*
blåbär (-et, -0) *bilberry*
jag tar *I'll have* (lit. I take)
ett par *a couple of*
blomkål (-en, blomkålshuvuden) *cauliflower*
styck (plural **stycken**) *each* (lit. per piece)
för dyrt *too expensive*
äpple (-t, -n) *apple*
päron (-et, -0) *pear*
var det allt? *was that all?*
det räcker *that is enough*
jämnt *exactly*
jämna pengar *the right amount*

Rätt eller fel?

(*a*) Jane vill köpa något svenskt.
(*b*) Ulla köper kött på torget.
(*c*) En liter tomater kostar 26 kronor.
(*d*) Ulla får ingen växel av försäljaren.

Samtal

Ulla and Jane go to the clothes department. Ulla wants to change a T-shirt which Lasse got for his birthday.

Ulla Kan jag få byta den här tröjan? Den var för liten. Jag vill ha en större storlek. Här är kvittot.
Expediten Nästa storlek är tyvärr slutsåld. Vill ni ha pengarna tillbaka eller vill ni ha något annat?
Ulla Har ni inga andra tröjor i en större storlek?
Expediten Jovisst. Vi har många olika sorter.
Ulla Vilken tror du blir bäst?
Jane Den där blir säkert bra. Jag ska också ha några strumpbyxor och ett par svenska träskor.
Expediten De finns på Damavdelningen.
Jane Jag skulle också vilja ha en sådan där fin kofta som du har. Var den dyr?
Ulla Ja, men det är bra kvalitet. Det är helylle. Den kan du köpa på Hemslöjden.
Jane Hur mycket kostar den där koftan med det vackra mönstret?
Expediten Den kostar 750 kronor. Vill ni prova den?
Jane Ja, tack.

	Den är för stor. Har ni någon mindre?
Expediten	Ja, men det blir ett annat mönster.
Ulla	Den koftan klär dig verkligen. Och den passar perfekt.
Jane	Jag tar den. Kan jag få ett Moms-kvitto, tack!
Expediten	Varsågod.

byta *exchange*
(T-)tröj/a (-an, -or) *T-shirt*
för liten *too small*
större *larger*
storlek (-en, -ar) *size*
kvitto (-t, -n) *receipt*
expedit (-en, -er) *shop assistant*
nästa *next*
tyvärr *unfortunately*
slutsåld *sold out*
tillbaka *back*
något annat *something else*
annan (annat, andra) *other*
olika *different*
sort (-en, -er) *sort*
vilken (vilket, vilka) *which*
tror *believe*
bäst *best*
någon (något, några) *some, any*
säkert *surely*
strumpbyxor *tights*
ett par *a pair*
träskor *clogs*
damavdelningen *ladies' wear*
koft/a (-an, -or) *cardigan*
kvalitet (-en, -er) *quality*
helylle *pure wool*
mönster (mönstret, mönster) *pattern*
prova *try on*
mindre *smaller*
klär *suits*
passar *fits*
perfekt *perfect*
Moms-kvitto (-t, -n) *VAT receipt*

Rätt eller fel?

(*a*) Lasses tröja var för stor.
(*b*) Ulla får inte byta tröjan.
(*c*) Jane köper en helyllekofta.

Vad ni behöver veta

Shopping

Shops are usually open from 9 a.m. to 6 p.m. except on Saturdays, when they close at some time between 1 p.m. and 3 p.m. Large stores often have a late evening opening, and a number are open on Sundays.

Meat, vegetables and fruit are bought by the kilo (kg) in Sweden.

Sandwich meat and less weighty things are sold by the **hekto**, abbreviated to **hg** (hectogramme). Milk and liquids (and sometimes berries and soft fruit) are sold by the litre, and so is petrol.

1 lb	=	453 g
1 hg	=	3½ oz
1 kg	=	2.2 lbs
1 liter	=	1¾ pints
1 E. mile	=	1.6 km
1 Sw. mil	=	10 km (c. 6 English miles)

Moms

Swedes pay a tax called **Moms** (VAT) on most goods that tourists may want to buy, but foreigners can get that refunded at the departure port if they ask for a **Moms kvitto** at the time of purchase in shops displaying the usual Tax-free sign. The goods must be bought not more than a week before departure. It is well worth the trouble, as **Moms** is quite high.

Så här säger man

How to:

- ask for things in shops

Har ni någon/något/några . . .?	*Have you got any . . . ?*
Kan jag få lite . . . ?	*Can I have some . . . ?*
Jag skulle vilja ha . . .	*I would like to have . . .*
Jag ska be att få . . . ?	*May I have . . . ?*
Skulle jag kunna få . . . ?	*Could I have . . . ?*

- say what you want

Jag tar den/det/dem.	*I'll take it / them.*
Ja, tack, det är bra.	*Yes, please, it's good.*

- say that you don't want something

Nej, tack, det är för dyrt.	*No, that's too expensive.*
Nej, den passar inte.	*No, it doesn't fit me.*
Det är inte vad jag vill ha.	*It isn't what I want.*
Den är för stor.	*It's too big.*
Den är för liten.	*It's too small.*

Jag tycker inte om den.	*I don't like it.*
Jag har inte råd med det.	*I can't afford it.*
Det är bäst att jag väntar.	*I had better wait.*

- ask for information

Hur mycket kostar den/det/de?	*How much is it/are they?*
Vad kostar den/det/de?	*How much is it/are they?*
Hur mycket vill ni ha?	*How much would you like?*
Räcker det?	*Is that enough?*
Något annat?	*Anything else?*
Var det allt?	*Was that all?*
Det blir 20 kronor jämnt.	*That is 20 (SEK) exactly.*
Det är jämna pengar.	*That is the right amount.*
Kan jag få ett kvitto?	*Can I have a receipt?*
Kan jag betala med pund/dollar?	*Can I pay in sterling/dollars?*
Kan jag betala med kreditkort?	*Can I pay by credit card?*
Varsågod.	*Here you are.*

Grammatik

1 *'Of' in quantity or measurement expressions*

The English preposition *of* has no equivalent in Swedish after words denoting quantity or measurement. Note also that Swedish uses the singular form of the measurement terms.

en halv liter fil	*half a litre of yoghurt*
tre liter mjölk	*three litres of milk*
fyra hekto ost	*four hectogrammes of cheese*
fem kilo potatis	*five kilos of potatoes*
tio kilometer	*ten kilometers*
hundraåttio mil	*hundred and eighty Swedish miles*

2 Halv, halvt, halva

Halv is an adjective and as such it takes adjective endings which have to agree with the noun that **halv** refers to. Pay particular attention to the word order.

en halv månad	*half a month*
ett halvt år	*half a year*
halva månaden	*half the month*
två och en halv månad	*two and a half months*

In the last example you should notice that, unlike in English, a noun following **en halv** is in the singular even if it is preceded by a word in the plural.

Note that in compound nouns the basic form **halv**- is used:

en halvtimme	*half an hour*
ett halvår	*half a year*

3 Comparison of adjectives

As in English, most adjectives are compared with endings, for example:

billig, billig**are**, billig**ast**	*cheap, cheap**er**, cheap**est***
färsk, färsk**are**, färsk**ast**	*fresh, fresh**er**, fresh**est***

The form that denotes the higher degree is called the comparative (here: **billigare**), and the form that denotes the highest degree is called the superlative (here: **billigast**).

However, adjectives that end in **-er**, **-el** and **-en** drop the **e** when the endings **-are** and **-ast** are added:

vacker, vackrare, vackrast	*beautiful*
enkel, enklare, enklast	*simple*
mogen, mognare, mognast	*ripe, mature*

Some adjectives are compared with **mer** and **mest** instead of endings, just as *more* and *most* is used in English. In Swedish, adjectives that end in **-isk**, present and past participles and very long adjectives form the comparative and superlative with **mer** and **mest**, for example:

Hon är mer praktisk än Åke.	*She is more practical than Åke.*
De mest intresserade eleverna.	*The most interested pupils.*
Det är mer meningsfullt.	*That is more meaningful.*

More about the present and past participles in Units 13 and 16.

Certain adjectives have irregular forms in the comparative and the superlative. They are very common adjectives, so you will see them more often than the regular adjectives. You have already met these adjectives – here are their comparatives and superlatives:

bra/god	bättre	bäst	*good*	*better*	*best*
stor	större	störst	*large*	*larger*	*largest*
hög	högre	högst	*high*	*higher*	*highest*
liten	mindre	minst	*small*	*smaller*	*smallest*
lång	längre	längst	*long*	*longer*	*longest*
låg	lägre	lägst	*low*	*lower*	*lowest*
mycket	mer/a	mest	*much*	*more*	*most*
många	fler/a	flest	*many*	*more*	*most*
ung	yngre	yngst	*young*	*younger*	*youngest*
gammal	äldre	äldst	*old*	*older*	*oldest*

Please note that *more* and *most* must be translated into Swedish with **fler/a** and **flest** if you can count the noun that it refers to, for example:

Det finns flera pojkar än flickor i klassen.	*There are more boys than girls in the class.*

but

Jag vill ha mera te, tack.	*I would like more tea, please.*

The adjective **dålig** has two comparative and superlative forms:

dålig	sämre	sämst	*bad*	*worse*	*worst*
dålig	värre	värst	*bad*	*worse*	*worst*

Note that **sämre** means *less of a good property* (e.g. health) but **värre** means *more of a bad property* (e.g. bad behaviour).

The comparative never takes any endings, either in the indefinite or the definite form, singular or plural.

en bättre bil	ett bättre hus	många bättre bilar/hus
den bättre bilen	det bättre huset	de bättre bilarna/husen

However, the superlative does take endings in the definite form. Superlatives ending in **-ast** add an **-e**. Superlatives ending in **-st** add an **-a** (or **-e** if referring to a male in the singular), for example:

den finaste bilen	det finaste huset	de finaste bilarna/husen
den bästa bilen	det bästa huset	de bästa bilarna/husen

The adjective **liten** has an extra form, **lilla**, which is used in the definite form singular, and also when addressing people, usually where English people would use *dear*. Sometimes **lille** is used when addressing boys. It also has a special form in the plural, **små**.

en liten bil	ett litet hus	många små pojkar
den lilla bilen	det lilla huset	de små pojkarna
Lilla Ingela!	Lille Lasse!	

4 Någon – ingen – annan – sådan – hel – all

These words can be used either together with a noun (in which case they are adjectives) or independent of any noun (in which case they are pronouns). They take endings which are similar to the adjective endings. The forms of the words are identical whether they are adjectives or pronouns, for example:

some/any	någon bil	något hus	några pojkar
no	ingen bil	inget hus	inga pojkar
another/other	en annan bil	ett annat hus	andra pojkar
such	en sådan bil	ett sådant hus	sådana pojkar
whole	en hel vecka	ett helt år	hela dagar
all	all mjölk	allt salt	alla flickor

In the following examples they are used as pronouns:

Någon spelar piano.	*Somebody is playing the piano.*
Ingen vill ha den.	*Nobody wants it.*
Andra säger något annat.	*Others say something else.*
En sådan vill jag ha.	*I want one like that.*

Note also the pronouns **någonting** (*some/any/thing*), **ingenting** (*nothing*), **allting** (*everything*), as well as **någonstans** (*some/any/where*) and **ingenstans** (*nowhere*).

Ingen/inget/inga can only be used instead of **inte någon/inte något/inte några** when the words **inte** and **någon** etc. stand together, for example:

Han har **inte några** pengar = Han har **inga** pengar.

but

Han sa att han **inte** hade **några** pengar.

This means that **ingen/inget/inga cannot** be used in subordinate clauses or in main clauses with more than one verb, because of the strict rules governing the position of **inte** in Swedish. (See Units 5 and 18.)

5 Ett par *(a pair of/a couple of)*

The Swedish **ett par** corresponds both to *a pair of* and *a couple of*, for example:

ett par skor	*a pair of shoes*
ett par byxor	*a pair of trousers*
ett par liter blåbär	*a couple of litres of bilberries*
ett par vänner	*a couple of friends*

Note: A pair of scissors is **en sax**.

6 This, these, that and those

These words are called demonstrative adjectives when they precede a noun, but they can also be used as pronouns if they replace a noun. In Swedish they have different forms depending on the gender and number of the noun that they refer to or replace.

En- words	**Ett**- words	Plural forms
den här (*this*)	det här (*this*)	de här (*these*)
den där (*that*)	det där (*that*)	de där (*those*)
den (*stressed **the***)	det (*stressed **the***)	de (*stressed **the***)

When these words are used as adjectives (i.e. when they precede a noun) the following noun must take the definite form:

den här gatan	det här huset	de här gatorna
den där pennan	det där passet	de där blommorna
den gatan	det huset	de blommorna

There are also the demonstratives **denna/detta/dessa** but they are mainly used in written language. A noun following these words should be in the indefinite form, for example: **denna bok**, **detta år**, **dessa människor**.

7 Styck, stycken

This is a term widely used when shopping and in the import and export trade. There is no English equivalent. Here it means *of them*, but it corresponds more commonly to *apiece*, *each* or *per unit*, for example:

Citronerna kostar 2 kronor styck.	*The lemons cost 2 kr each.*
Kan jag få tre (stycken) kotletter?	*Can I have three chops, please?*

In the last example **stycken** is best left untranslated. You don't have to use it, but you may hear it from time to time.

8 Plural forms of Swedish nouns

Fourth declension nouns take **-n** in the plural. This is by far the smallest declension, as only around 4% of Swedish nouns belong to this category. They are easily recognisable, as they are all **ett**- words and all end in an unstressed vowel, usually **-e**, for example:

ett äpple	två äpple**n**
ett yrke	två yrke**n**
ett kvitto	två kvitto**n**

Other nouns belonging to this declension are: **ansikte** (*face*), **frimärke** (*stamp*), **öre**, **kilo**, **konto**, **örhänge** (*earring*), **ställe** (*place*), **minne** (*memory*, *souvenir*), **hjärta** (*heart*).

One important group of nouns belonging to this declension are the nouns ending in **-ande** or **-ende** which do not denote people, for example:

ett leende	två leende**n**	*smile*
ett försvinnande	två försvinnande**n**	*disappearance*

There are also three irregular nouns:

ett öga	två ög**on**	*eye*
ett öra	två ör**on**	*ear*
ett huvud	två huvud**en**	*head*

Övningar

1 Ask politely for the following things in a shop.

(*a*) 1 litre of milk.
(*b*) $\frac{1}{2}$ litre of yoghurt.
(*c*) $\frac{1}{2}$ kilo of butter.
(*d*) $1\frac{1}{2}$ dozen eggs.
(*e*) 2 loaves of bread.
(*f*) 3 kilos of potatoes.
(*g*) $\frac{1}{4}$ kilo of coffee
(*h*) 2 hg of ham.
(*i*) 1 tin of anchovies.
(*j*) a couple of apples.

limp/a (-an, -or)	*loaf* (of bread)	**burk (-en, -ar)**	*tin*
ett kvarts kilo	*a quarter of a kilo*	**ansjovis (-en, -ar)**	*anchovies*
skink/a (-an, -or)	*ham*		

2 Fill in the missing words as indicated.

(*a*) (*He ate half a sandwich and drank half a bottle of red wine in half an hour.*) Han åt .... smörgås och drack .... flaska rödvin på ....
(*b*) (*She ate half an apple and drank half a cup of coffee in half the time.*) Hon åt .... äpple och drack .... kopp kaffe på .... tiden.
(*c*) (*They saved half the salary so that they could go to Spain for half a year.*) De sparade .... lönen så att de skulle kunna åka till Spanien under ....
(*d*) (*Half of Sweden is covered by forest.*) .... Sverige är täckt av skog.

3 Answer the questions in Swedish as fully as possible. Use the comparative forms of the adjectives.
Example: Vilken bil är bäst, en Mini eller en Rolls Royce?
En Rolls Royce är bättre än en Mini.

(*a*) Vem är störst, Lasse eller Åke?
(*b*) Vilken är billigast, Lasses tröja eller Janes kofta?
(*c*) Vilken bil är dyrast, en Mini eller en Rolls Royce?

(*d*) Vilket berg är högst, Ben Nevis eller Mount Everest?
(*e*) Vilken stad är minst, London eller Stockholm?
(*f*) Vilket land har flest invånare, England eller Sverige?

4 Fill in the correct form of the adjective **liten** in the following sentences.

(*a*) Flickan är . . .
(*b*) Affären är . . .
(*c*) Hjärtat är . . .
(*d*) Gatorna är . . .
(*e*) Äpplet är . . .
(*f*) Staden är . . .
(*g*) Landet är . . .
(*h*) Huvudet är . . .
(*i*) Ögonen är . . .
(*j*) Sjön är . . .

Den . . . . flickan från den . . . . staden i det . . . . landet.

5 Answer the questions as in the example:
Example: Har du någon penna? – Nej, jag har ingen penna.

(*a*) Har du någon bil?
(*b*) Har du något socker?
(*c*) Har du haft någon TV?
(*d*) Har du några böcker?
(*e*) Har du haft något hus?
(*f*) Har du någon fru?
(*g*) Har du några barn?

6 Insert the correct demonstrative adjectives in the sentences below.

(*a*) Anders och Ulla bor i (*this*) . . . . huset på (*this*) . . . . gatan i (*this*) . . . . staden i (*this*) . . . . landet.
(*b*) John vill bjuda (*that*) . . . . flickan på (*that*) . . . . kaféet efter (*that*) . . . . bion.
(*c*) (*Those*) . . . . biobiljetterna är inte så dyra som (*these*) . . . . operabiljetterna.

7 Insert the correct plural forms of the missing nouns. Choose from the following nouns: **ansikte**, **frimärke**, **hjärta**, **konto**, **yrke**, **äpple**, **öga**, **öra**.

(*a*) Janus hade två . . . .
(*b*) Robert måste köpa . . . .
(*c*) Några människor har två . . . . på banken.
(*d*) Många kvinnor har två . . . .
(*e*) Ulla köper . . . . på torget.
(*f*) Du har ett par . . . . och ett par . . . .
(*g*) St. Valentine's day kallas Alla . . . .-s Dag i Sverige.

8 Study the pictures of the clothes and the prices on page 96, and the table below. Use them when answering the questions.

(*a*) When you arrive at Arlanda airport in Stockholm you find that your suitcase has travelled on to Helsinki. The airline gives you 1 000 kronor to buy some essential clothes until the suitcase has been returned to you. It is expected tomorrow morning. You were very hot during the day but now you feel cold. What would you spend the money on and how much will it cost?

(*b*) Help a teenager from England who doesn't know any Swedish to buy a new outfit. He has 500 kronor to spend.

(*c*) Buy something nice for your sister's birthday. You can afford to spend 250 kronor. She likes jewellery.

(*d*) Describe the clothes you are wearing today, and count how much you have spent on them!

• **damkläder** *(ladies' wear)*

1 klänning (-en, -ar) *dress*
2 blus (-en, -ar) *blouse*
3 kjol (-en, -ar) *skirt*
4 kapp/a (-an, -or) *coat*
5 nattlinne(-t, -n) *nightdress*
6 baddräkt (-en, -er) *swimsuit*
7 jumper (-n, jumprar) *jumper*

• **underkläder** *(underwear)*

8 behå (-n, -ar) *bra*
9 underklänning (-en, -ar) *slip*
10 ett par trosor *briefs*
11 ett par strumpbyxor *tights*

• **smycken** *(jewellery)*

12 halsband (-et, -0) *necklace*
13 armband (-et, -0) *bracelet*
14 örhänge (-t, -n) *earrings*

• **både damer och herrar** *(unisex)*

15 ett par jeans *jeans*
16 ett par skor *shoes*
17 ett par sockor *socks*
18 ett par handskar *gloves*
19 ett par kängor *boots*
20 ett par stövlar *wellingtons*
21 T-shirt *T-shirt*
22 pyjamas (-en, -0) *pyjamas*
23 jack/a (-an, -or) *jacket*
24 hatt (-en, -ar) *hat*
25 möss/a (-an, -or) *cap*
26 näsduk (-en, -ar) *handkerchief*

• **herrkläder** (men's wear)

27 kostym (-en, -er) *suit*
28 skjort/a (-an, -or) *shirt*
29 ett par byxor *trousers*
30 rock (-en, -ar) *overcoat*
31 kavaj (-en, -er) *jacket*
32 slips (-en, -ar) *tie*
33 tröj/a (-an, -or) *sweater*

• **underkläder** (underwear)

34 undertröj/a (-an, -or) *vest*
35 ett par kalsonger *pants*

250.00
150.00
150.00
150.00
300.00
250.00
500.00
1000.00
200.00
150.00
50.00
400.00
350.00
75.00
150.00
1000.00
250.00
300.00
250.00
150.00
10.00
50.00
150.00
100.00
400.00
150.00
75.00
90.00
25,00
75.00

9 You are out shopping with a friend. Complete your parts of the dialogue.

You (*Say you must buy something to bring back home.*)
Ingrid Svenskt glas är världsberömt. Vill du titta på det?
You (*Say Yes, but you can probably not afford it.*)
Ingrid Allt är inte dyrt. Titta på den där lilla kristallskålen!
You (*Say it is wonderfully beautiful, but unfortunately you haven't got that much money left.*)
Ingrid De där små djuren i glas är fantastiskt fina.
You (*Say Yes, you'll buy such an elk. It will be a good souvenir of Sweden.*)
Ingrid En dalahäst måste du också ha. De finns i alla storlekar. Dalahästen är Sveriges turistsouvenir nummer ett.
You (*Say Yes, of course, I must have one like that.*)

glas (-et, -0) *glassware*
världsberömt *world famous*
kristallskål (-en, -ar) *crystal bowl*
underbart *wonderfully*
kvar *left*
djur (-et, -0) *animal*
fantastiskt *fantastically*
älg (-en, -ar) *elk*
minne (-t, -n) *souvenir*
dalahäst (-en, -ar) *Dala horse*
nummer (numret, nummer) *number*

Förstår du?

Om pengar inte är något problem så är det ett sant nöje att handla i Sverige. Det mesta är vanligtvis av hög kvalitet och utsökt smak. Enkelhet är vad som karakteriserar svensk stil. Alla köper svenskt glas. Orrefors, Kosta, Boda och Målerås är några glasbruk som är kända i hela världen. Många av de konstnärer som har arbetat och arbetar där har blivit världsberömda, t.ex. Simon Gate, Edward Hald, Bertil Vallien, Mats Jonasson och många flera. Men allt är inte dyrt. Om du ser ordet REA i ett skyltfönster betyder det att det är realisation och då säljer affären många saker billigare, ofta till halva priset eller mindre. Detsamma gäller ordet **Extrapris** eller **Nedsatt pris**. Då kan du göra många fynd.

problem (-et, -0) *problem*
sann (sant, sanna) *true, real*
nöje (-t, -n) *pleasure*
vanligtvis *usually*
utsökt *exquisite*
smak (-en, -er) *taste*
enkelhet (-en) *simplicity*
karakteriserar *characterises*
stil (-en, -ar) *style*
glasbruk (-et, -0) *glassworks*
kända i hela världen *known throughout the world*
konstnär (-en, -er) *artist, designer*
har arbetat *have worked*
REA (short for **realisation**) *sale*
skyltfönster (-fönstret, -0) *shop window*
det betyder *it means*
säljer *sell*
sak (-en, -er) *thing*
detsamma *the same*
gäller *applies to*
extrapris (-et, -er) *special offer*
nedsatt pris *reduced price*
fynd (-et, -0) *bargain*

Rätt eller fel?

(*a*) Det är ett nöje att handla i Sverige.
(*b*) Många svenska glaskonstnärer är kända i hela världen.
(c) Extrapris betyder att priset är extra högt.

7

VAR LIGGER KAFÉET?

Where is the café?

In this unit you will learn

- how to ask for directions
- how to give directions
- how to apologise
- how to respond when somebody apologises

Samtal

Robert is asking Anders for directions.

Robert Jag ska träffa Ulla och Jane på Kafé Continental om en kvart. Var ligger det och hur ska jag gå för att komma dit?

Anders Det är inte svårt. Du ska gå över gatan när du kommer ut ur banken. Vid posten går du till höger över gatan igen på övergångsstället vid trafikljusen. Gå snett över torget. Fortsätt över gatan och ta till vänster förbi busshållplatsen. Gå rakt fram över bron. Kafé Continental ligger där vid kanalen mitt emot en stor park.

Robert Hur lång tid tar det?

Anders Det tar bara fem minuter.

Robert Bra. Då hinner jag kanske gå in på posten också och köpa frimärken och posta mina vykort.

Anders Då får du skynda dig för det är ofta kö där. Jag måste gå till kontoret nu. Vi ses i kväll. Ha det så trevligt!

Robert Tack för hjälpen.

träffa *meet*
kafé (-et, -er) *café*
om *in* (time)
ligger *is* (lit. lies)
för att *(in order) to*
dit *there*
över *across*
ut ur *out of*
posten *the post office*
till höger *to the right*
igen *again*
övergångsställe (-t, -n) *pedestrian crossing*
trafikljus (-et, -en) *traffic light*
snett *diagonally*
fortsätt *continue*
ta till vänster *go left*
förbi *past*
busshållplats (-en, -er) *bus stop*
rakt fram *straight on*
bro (-n, -ar) *bridge*
kanal (-en, -er) *canal*
mitt emot *opposite*
park (-en, -er) *park*
tid (-en, -er) *time*
tar *takes*
bra *good*
hinner *have time to*
kanske *perhaps*
posta *post*
vykort (-et, -0) *postcard*
får *have to*
skynda dig *hurry up*
ofta *often*
för *because*
kö (-n, -er) (pronounced with hard **k**) *queue*
kontor (-et, -0) *office*
nu *now*
vi ses *see you*
ha det så trevligt *have a nice time*
tack för hjälpen *thanks for your help*

Rätt eller fel?

(*a*) Ulla och Jane ska träffa Robert på Kafé Continental.
(*b*) Anders säger att det är svårt att komma dit.
(*c*) Det tar en kvart att gå till kaféet från banken.
(*d*) Robert vill gå till posten och posta vykort.

Samtal

Jane and Robert have gone sightseeing on their own in a small town. They are looking for a **Turistbyrå** (Tourist Information Centre). Robert stops a man in the street.

Robert Ursäkta, kan ni tala om för oss om det finns en turistbyrå i den här staden?

Mannen Ja, det finns det. Den ligger vid järnvägsstationen. Gå runt hörnet och ta tredje tvärgatan till vänster. Då ser ni stationen. Turistbyrån ligger strax intill.

Robert Tack för hjälpen.

Mannen Ingen orsak. Jag hör att ni är utlänningar. Vad tycker ni om Sverige?

Robert Vi tycker om Sverige.

ursäkta *excuse me*
kan ni tala om för oss? *can you tell us?*
gå runt hörnet *go round the corner*
tredje *third*
tvärgat/a (-an, -or) *crossroad*
strax intill *right next to*
ingen orsak *don't mention it!*
hör *hear*
tycker om *think of*
tycker om *like*

Rätt eller fel?

(*a*) Det finns ingen turistbyrå i staden.
(*b*) Turistbyrån ligger på andra tvärgatan.
(*c*) Stationen ligger strax intill turistbyrån.

Vad ni behöver veta

Turistbyrå There is usually a **turistbyrå** in every town where there is something of interest to tourists. Outside there is a green sign with white lettering, in English, as in the illustration.

Streets As you already know, the word for a street is **gata**, but there are other words, too. The word that corresponds directly to *road* is **en väg**. **En aveny** is, not surprisingly, *avenue*, but **en allé** is not what you may have expected – it is a *tree-lined avenue*. The word that corresponds to the English *alley* or *lane* is **en gränd** or, sometimes, **en smalgata**. The Swedish word **tvärgata** is *crossroad*.

Förlåt (mig), Ursäkta (mig) When apologising you say either **förlåt (mig)** (*forgive me*) or **ursäkta (mig)** (*excuse me, I'm sorry,* *pardon*). They are normally interchangeable, though **förlåt** is stronger.

Ingen orsak When someone apologises to you, you should say **ingen orsak** (lit. no cause) or **det gör ingenting** (*it doesn't matter*) . . . provided, of course, that it doesn't!

Så här säger man

How to:

- ask for directions

Hur ska jag gå för att komma till . . .?	*How do I get to . . .?*
Hur kommer man till . . .?	*How do I get to . . .?*
Var ligger . . .?	*Where is . . .?*
Finns det någon (restaurang) här?	*Is there a (restaurant) here?*
Hur lång tid tar det?	*How long does it take?*
Var är toaletten?	*Where is the toilet?*
Kan ni hjälpa mig?	*Can you help me?*

- give directions

Gå rakt fram.	*Go straight on.*
Gå över gatan.	*Go across the street.*
Gå snett över . . .	*Go diagonally across . . .*
Gå till höger.	*Go to the right.*
Ta till vänster.	*Go to the left.*
Gå förbi (sjukhuset).	*Go past the (hospital).*
Gå längs (kanalen).	*Go along the (canal).*
Gå tillbaka.	*Go back.*
Gå genom (tunneln)	*Go through the (tunnel).*
Fortsätt till (busshållplatsen).	*Continue to the (bus stop).*
(Posten) ligger mitt emot . . .	*(The post office) is opposite . . .*
(Turistbyrån) ligger bredvid . . .	*(The tourist information centre) is right next to . . .*

Grammatik

1 Plural forms of Swedish nouns

Most of the nouns belonging to the fifth – and last – declension are **ett**- words that end in a consonant. They are unchanged in the plural, for example:

ett barn	*a child*	två barn	*two children*
ett hus	*a house*	två hus	*two houses*
ett kök	*a kitchen*	två kök	*two kitchens*

This is the second largest declension as around 26% of the Swedish nouns have no plural ending.

You will find that many words for *categories* belong to this group, although the individual animals/trees etc. are **en**- words which do have plural endings:

ett djur	två djur	*animal*
ett träd	två träd	*tree*

but

en hund	två hund**ar**	*dog*
en ek	två ek**ar**	*oak*

Apart from the **ett**- words ending in a consonant there are also some **en**- words that stay unchanged in the plural, i.e. the **en**- words ending in -**are**, -**ande** or -**er** denoting people, for example:

en arbetare	två arbetare	*worker*
en lärare	två lärare	*teacher*
en skådespelare	två skådespelare	*actor*
italienare	två italienare	*Italian*
en studerande	två studerande	*student*
en resande	två resande	*traveller*
en ordförande	två ordförande	*chairman*
en musiker	två musiker	*musician*
en tekniker	två tekniker	*technician*
en australier	två australier	*Australian*

To recapitulate: To find out the plural ending of a noun you first investigate from the surrounding words or the ending (**en/ett**, **den/det**, the definite singular or an adjective ending) if the noun is an **en**- word, in which case the plural form ends in an -**r** (either -**or**, -**ar**, -**er** or -**r**), or for the -**are**, -**ande**, -**er** words above: no plural ending.

If the noun is an **ett**- word, the plural ending is an -**n** for the **ett**- words ending in a vowel but there is no plural ending for the **ett**- words ending in a consonant, apart from the few **ett**- words ending in -**er** in the plural already mentioned in Unit 5. Below is a table showing the five different groups of nouns and their plural endings:

(1)	(2)	(3)	(3)	(4)	(5)
-or	**-ar**	**-er**	**-r**	**-n**	no ending
flick**or**	pojk**ar**	familj**er**	sko**r**	äpple**n**	barn

2 Flickorna *(the girls)*, barnen *(the children)*

The in plural is an ending in Swedish, as was *the* in the singular. For all **en**-words it is -**na**. The **ett**- words that end in a vowel in the singular and add an -**n** in the plural, have just an -**a** added in the definite form plural, so in effect they look like all the **en**- words. However, for the **ett**- words that end in a consonant in the basic form singular, and are identical in the plural, the definite form plural is -**en**.

Note that **en**- words ending in -**are** in the singular drop the final -**e** before -**na** is added.

Below is a table showing the various noun-endings.

	indef. sing.	def. sing.	indef. plural	def. plural
(1) **-or**	en flicka	-n	två flick**or**	flickor**na**
(2) **-ar**	en pojke	-n	två pojk**ar**	pojkar**na**
(3) **-er**	en famílj	-en	två famílj**er**	famílj**erna**
-r	en sko	-n	två sko**r**	skor**na**
(4) **-n**	ett äpple	-t	två äpple**n**	äpple**na**
(5) **-0**	ett barn	-et	två barn	barn**en**
	en arbetare	-n	två arbetare	arbetar**na**
	en ordförande	-n	två ordförande	ordförande**na**
	en polítiker	-n	två polítiker	polítiker**na**

Note that **-0** means that singular and plural are identical.

Please note the following irregular nouns:

indef. sing.	def. sing.	indef. plural	def. plural	
en man	mannen	två män	männen	*man*
ett öga	ögat	två ögon	ögonen	*eye*
ett öra	örat	två öron	öronen	*ear*

3 Tycka om

Note that the meaning changes if you change the stress between the words **tycka** and **om**. If **tycka** is stressed, the phrase means *What is your opinion of...?*, but if you stress **om** the phrase means *to like*, for example:

Vad *tycker* du om EU? — *What is your opinion of the EU?*
Alla barn tycker *om* choklad. — *All children like chocolate.*

4 Ligga

The verb **ligga** (lit. lie) is used about houses, streets, towns, lakes, islands, countries etc. where English would use *is*, *is situated*, *lies*, *stands,* for example:

Huset ligger på Storgatan.
Gatan ligger vid stationen.
Staden ligger vid havet.
Landet ligger i Europa.

5 På *(on/in/at/to)*

Examples of prepositions that you have already met are **i**, **till**, **på**, **från**, **av**, **över**.

As a rule **på** is used to translate *on* as a preposition of place, e.g. **på bordet** (*on the table*), **på golvet** (*on the floor*), but in some expressions **på** corresponds to *in*:

på Storgatan — *in the High Street*
på landet — *in the countryside*
på himlen — *in the sky*

Note: The Swedish word **himmel** means both *sky* and *heaven*. To distinguish between these two meanings different prepositions are used. Thus **på himlen** means *in the sky* but **i himlen** means *in heaven*.

In other expressions **på** corresponds to *at* or *to*, especially with public buildings, places of work or places of entertainment:

på banken	på operan
på kont*o*ret	på te*a*tern
på posten	på bio
på kaf*é*et	på restaur*a*ng
på varuhuset	på sjukhuset

6 Stanna! Gå! Fortsätt! Köp!

These verb forms are called the imperative forms. They are used when you want to tell, ask or order someone to do something. Like the present tense, the imperative is formed from the infinitive. The imperative of the verbs which end in **-ar** in the present tense is identical to the infinitive form, for example:

Infinitive	Present tense	Imperative	
stann**a**	stann**ar**	stann**a**!	*stop, stay*
tal**a**	tal**ar**	tal**a**!	*speak*
arbet**a**	arbet**ar**	arbet**a**!	*work*

However, those verbs which end in **-er** or just **-r** in the present tense, form their imperative by taking away the present tense ending, so the imperative is identical to the stem of the verb:

Infinitive	Present tense	Imperative	
fortsätt**a**	fortsätt**er**	fortsätt!	*continue*
köp**a**	köp**er**	köp!	*buy*
gå	gå**r**	gå!	*go*

Both the imperative and the present tense are identical with the stem in those verbs which have a stem that ends in **-r**, e.g. **göra**, **höra**, **lära**, **köra**.

Infinitive	Present tense	Imperative	
göra	gör	gör!	*do, make*
höra	hör	hör!	*hear*
lära	lär	lär!	*learn*
köra	kör	kör!	*drive*

Note: Swedish uses an exclamation mark at the end of a sentence with an imperative.

Note also the imperative forms in expressions such as:

Hjälp mig!	*Help me!*
Skynda dig!	*Hurry up!*
Ha det så trevligt!	*Have a nice time!*

Övningar

1 Fill in the missing words in their correct form with the help of the vocabulary below.

(*a*) Ulla har (*a kitchen*) .... med många (*cupboards*) ....
(*b*) I (*a cupboard*) .... har hon (*bread*) .... och i ett annat har hon (*flour*) .... och (*rice*) ....
(*c*) I (*the fridge*) .... har hon (*a dozen eggs*) ...., lite (*meat*) .... och (*half a kg of butter*) ....
(*d*) Anders vill ha (*a little sugar*) .... i (*the coffee*) .... men (*no sugar*) .... i (*the tea*) ....
(*e*) Ulla plockar många sorters vilda (*berries*) .... till exempel (*raspberries*) .... och (*bilberries*) ....
(*f*) Jane köper några (*postcards*) .... som visar svenska (*houses*) ....

skåp (-et, -0) *cupboard*
mjöl (-et, -0) *flour*
ris (-et, -0) *rice*
kylskåp (-et, -0) *fridge*
vild (vilt, vilda) *wild*
till exempel (abbrev: **t. ex.**) *for example* (e.g.)
hallon (-et, -0) *raspberry*
visar *show*

2 Write questions in response to the following statements.
Example: Jag kan inte se några flickor – Var är flickorna?

(*a*) Jag kan inte se några blommor.
(*b*) Vi har två hundar.
(*c*) Du måste läsa några böcker.
(*d*) Hon vill köpa nya skor.
(*e*) Du skulle be om kvitton.
(*f*) Han har flera lärare.
(*g*) De har många barn.
(*h*) Här finns inte några män.

3 Fill in the missing words. Remember that the adverbs (**inte**, **mycket**, **mest**) are placed between **tycka** and **om**.

Åke frågar John vad han (*thinks of*) .... sommarstugan. John svarar att han (*likes*) .... den, men han (*doesn't like*) .... vädret. Han (*likes very much*) .... maten, men han (*likes most*) .... musiken. Vad han (*thinks of*) .... priset på öl i Sverige vill han inte tala om, men han talar gärna om att han (*likes*) .... Sverige.

kart/a (-an, -or) *map, town plan*
bilverkstad (-en, -städer) *garage*
bensinstation (-en, -er) *petrol station*
parkeringsplats (-en, -er) *car park*
tunnel (-n, tunnlar) *tunnel*
järnvägsstation (-en, -er) *railway station*
SJ (Statens Järnvägar) *the State Railways*
polisstation (-en, -er) *police station*
hotell (-et, -0) *hotel*
Drottninggatan *Queen Street*
Kungsgatan *King Street*
kiosk (-en, -er) *kiosk*
torgstånd (-et, -0) *market stall*
restaurang (-en, -er) *restaurant*
bokhandel (-n) *book shop*
musikaffär (-en, -er) *music shop*
apotek (-et, -0) *pharmacy*
biograf (-en, -er) *cinema*
bio (-n) *cinema*
busshållplats (-en, -er) *bus stop*
kanal (-en, -er) *canal*
sjukhus (-et, -0) *hospital*
oper/a (-an, -or) *opera*

4 Study the vocabulary above and the map on page 109 and answer the following questions in Swedish. Be as precise as possible.
Example: Var är turistbyrån? – Den ligger på Järnvägsgatan mellan stationen och parkeringsplatsen mitt emot torget.

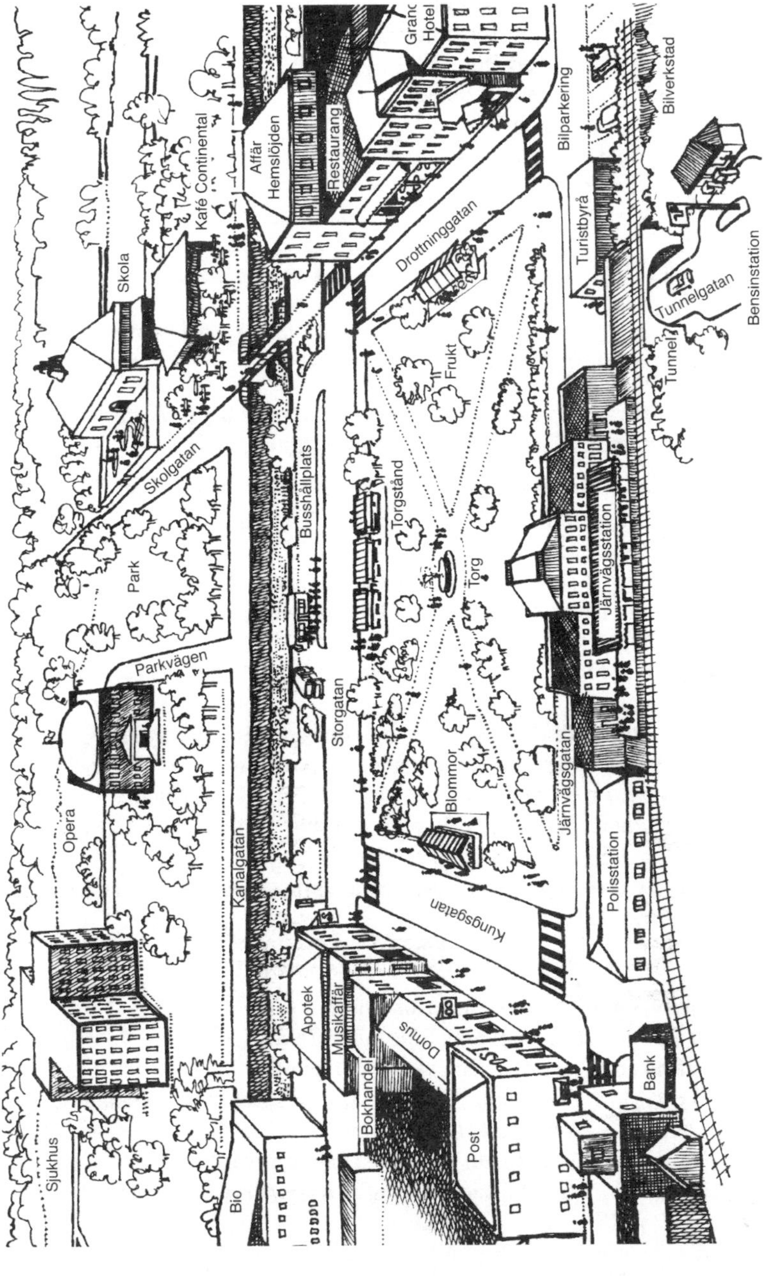
Sjukhus
Bio
Opera
Parkvägen
Park
Skolgatan
Skola
Kafé Continental
Kanalgatan
Apotek
Musikaffär
Bokhandel
Domus
Post
Bank
Storgatan
Busshållplats
Affär
Hemslöjden
Restaurang
Hotel
Kungsgatan
Blommor
Torg
Torgstånd
Frukt
Drottninggatan
Järnvägsgatan
Järnvägsstation
Polisstation
Turistbyrå
Bilparkering
Bilverkstad
Tunnel
Tunnelgatan
Bensinstation

(*a*) Var är busshållplatsen?
(*b*) Var är varuhuset Domus?
(*c*) Var är Grand Hotell?
(*d*) Var är bensinstationen?
(*e*) Var är operan?
(*f*) Var är järnvägsstaionen?
(*g*) Var är sjukhuset?
(*h*) Var är polisstationen?

till vänster/höger om *to the left/right of*
på andra sidan om *on the other side of*
i hörnet av *at the corner of*

5 You have been asked for directions by a stranger. With the help of the map and the vocabulary above tell him:

(*a*) how to find the post office when he is at the Grand Hotell.
(*b*) where to find the police station when his car has been broken into at the car park.
(*c*) how to find the bus stop when he is at the bank.
(*d*) where he can buy some CDs or videos. He is at the restaurant.
(*e*) where to find the department store when he is at the bus stop.
(*f*) how to find the school when he is at the railway station.
(*g*) where to go to buy medicine as he comes out of the hospital.
(*h*) where he can buy petrol when he is at Parkvägen.
(*i*) where he can buy flowers and then find the way to the hospital. He is at the railway station.
(*j*) where to go for a cup of coffee after a visit to the cinema. He wants to sit outdoors.

6 Complete the following dialogue.

Vännen Vad ska du göra i kväll?
You (*Say you are going out with a friend.*)
Vännen Vem då? Och vad ska ni göra?
You (*Say It's Kerstin. First, you'll go to the cinema and then you'll go to a café.*)
Vännen När ska du träffa Kerstin, och var?
You (*Say In half an hour at the cinema.*)

Vännen Hur ska du komma dit?
You (*Say you're taking the bus.*)
Vännen Du kan följa med oss i bilen. Vi ska gå på operan och vi ska parkera bilen vid stationen. Då behöver du bara gå över torget för att komma till bion.
You (*Say Thank you very much.*)

Förstår du?

Sverige har förmodligen den renaste luften i Europa utom i storstäderna, men svenskarna är nog mer bekymrade än några andra över miljöförstöringen. De tar verkligen problemet på allvar, och de gör mycket för att stoppa ytterligare förorening. De försöker övertala folk att använda kollektivtrafiken, så att antalet bilar i städernas centrum ska minska. De industrier eller personer som förorenar marken eller vattnet får betala höga böter, och de stänger daghem, som ligger vid gatukorsningar, eftersom bilarnas avgaser är särskilt farliga för små barn.

Det som upprör svenskarna mest är att mycket – kanske det mesta? – av föroreningen i Sverige har "importerats" från andra länder i Europa, och Sverige är maktlöst att förhindra det. Skogar och sjöar försuras, och Östersjön är nu ett av världens mest förorenade hav. Eftersom det bor 70 miljoner människor i länderna runt omkring Östersjön, och flera andra länder vid Östersjön har så stora ekonomiska svårigheter att de inte har råd med reningsverk o.d., är det ett mycket stort problem. Alla vill, men inte alla kan!

renaste *cleanest*
luft (-en) *air*
Europa (pronounced 'Eropa') *Europe*
utom *except*
storstad (-en, -städer) *big city*
svensk (-en, -ar) *Swede*
bekymrade *worried*
än *than*
miljöförstöring (-en) *environmental pollution*
problem (-et, -0) *problem*
på allvar *seriously*
stoppa *stop*
ytterligare *further*
förorening (-en, -ar) *pollution*
försöker *try*
övertala *persuade*
använda *use*
kollektivtrafik (-en) *public transport*

antal (-et, -0) *number*
centrum (-et, centra) *centre*
minska *decrease*
industri (-n, -er) *industry*
person (-en, -er) *person*
förorenar *pollute*
mark (-en, -er) *ground*
betala *pay*
böter (plural) *fines*
daghem (-met, -0) *day nursery*
gatukorsning (-en, -ar) *road junction*
eftersom *as*
avgas (-en, -er) *exhaust fume*
särskilt *particularly*
farlig *dangerous*
upprör *upset*
importerats *been imported*
maktlös *powerless*
förhindra *prevent*
försuras *are acified*
värld (-en, -ar) (**l** is mute) *world*
runt omkring *around*
ekonomisk *economic*
svårighet (-en, -er) *difficulty*
har råd med *can afford*
reningsverk (-et, -0) *sewage works*
o.d. (och dylikt) *etc.*
sur *acid*

Rätt eller fel?

(*a*) Luften i Sverige är inte så ren som luften i Europa.
(*b*) Svenskarna tar problemet med miljöförstöringen på allvar.
(*c*) Svenskarna kan stoppa det sura regnet.

8
FÅR JAG BE OM NOTAN?

May I have the bill, please?

In this unit you will learn

- how to order a meal at a restaurant
- how to state likes and dislikes concerning food and drink
- how to complain about the food or the service

Samtal

Anders and Ulla Svensson and Jane and Robert Taylor arrive at a restaurant.

Anders	Hovmästarn! Vi har beställt ett bord för fyra.
Hovmästaren	Välkomna! Hur var namnet?
Anders	Anders Svensson.
Hovmästaren	Vi har reserverat fönsterbordet där borta. Passar det?
Anders	Det är utmärkt. Kan vi få se på matsedeln, tack! Vad rekommenderar ni?
Hovmästaren	Idag rekommenderar jag vår kalvstek eller också rödspätta. Den är alldeles färsk.
Ulla	Jag tycker vi ska ha något riktigt svenskt. Vad säger ni om västkustsallad till att börja med? Och hjortron med glass till dessert?

Robert Vad är västkustsallad?

Ulla Det är räkor eller krabba med svamp, tomater, gurka, sallad och dill.

Robert Jag är inte så förtjust i fisk och skaldjur. Jag vill hellre ha sparrissoppa och kalvstek.

Jane Jag älskar skaldjur, så jag tar gärna västkustsallad. Och kalvstek för mig också. Jag tål inte fet mat.

Anders Jag tar gravad lax och fläskkotlett.

Ulla Jag tycker så mycket om deras västkustsallad, och jag vill ha något lätt efteråt. Deras svampomelett är alltid så lätt och luftig. Den blir bra för mig.

Anders Fröken, kan vi beställa? Västkustsallad för två, en sparrissoppa och en gravad lax. Sedan kalvstek för två, en svampomelett och en fläskkotlett. Till dessert vill vi alla ha hjortron med glass och kaffe efteråt, tack.

Servitrisen Tack. Något att dricka? Här är vår vinlista.

Anders Ja, tack. Ett par flaskor rödvin, och mineralvatten till min fru. Hon kör, så hon dricker inte något starkt.

hovmästare (-n, -0) (pron. 'hovmästarn') *head waiter*
har beställt *have booked*
bord (-et, -0) *table*
har reserverat *have reserved*
fönsterbord (-et, -0) *table by the window*
där borta *over there*
passar det? *will that suit you?*
utmärkt *excellent*
matsedel (-n, -sedlar) *menu*
rekommenderar *recommend*
kalvstek (-en, -ar) *roast veal*
eller också *or else*
rödspätt/a (-an, -or) *plaice*
tycker *think*
något riktigt svenskt *something really Swedish*
västkustsallad *west coast salad*
börja *begin*
underbar *wonderful*
hjortron (-et, -0) *cloudberry*
glass (-en) *ice cream*
dessert (-en, -er) (pron. 'dessär') *dessert*
krabb/a (-an, -or) *crab*
räk/a (-an, -or) *prawn*
jag är inte så förtjust i *I don't care for*
skaldjur (-et, -0) *shellfish*
sparrissopp/a (-an, -or) *asparagus soup*
älskar *love*
jag tål inte fet mat *fatty food disagrees with me*
gravad lax *marinated salmon*
fläskkotlett (-en, -er) *pork chop*
deras *their*
lätt *light*
efteråt *afterwards*
omelett (-en, -er) *omelet*
luftig *airy*
beställa *order*
servitris (-en, -er) *waitress*
vinlist/a (-an, -or) *wine list*
mineralvatten (-vattnet, -0) *mineral water*
kör (bil) *drives*
något starkt *any alcohol*

Rätt eller fel?

(*a*) Västkustsallad är en grönsakssallad.
(*b*) Robert tycker inte om skaldjur.
(*c*) Alla dricker rödvin till maten.

Samtal

A few minutes later.

Anders	(To the waitress:) Ursäkta, varför tar det så lång tid med varmrätten? Och det här vinet är för surt. Jag bad om Medoc. Det fattas ett glas också.
Servitrisen	Å, förlåt! Det var mitt fel. Jag ska genast hämta Medoc och ett glas till. Maten är strax klar.
Jane	Det här var verkligen underbart gott.
Ulla	Ja, min omelett var lika fin som vanligt. Och västkustsalladen var bättre än den brukar vara.
Anders	Min kotlett var inte så varm som den borde vara.
Ulla	Du pratar för mycket. Du skulle låta maten tysta mun.
Anders	Fröken, får jag be om notan?
Servitrisen	Varsågod.
Anders	Är det med eller utan dricks?
Servitrisen	Det är med 10%.
Anders	Varsågod. Det är jämnt.
Servitrisen	Tack så mycket. Välkomna tillbaka!

varmrätt (-en, -er) *main course*
för surt *too sour*
det fattas ett glas *a glass is missing*
fel (-et, -0) *fault*
genast *at once*
hämta *fetch*
klar *ready*
lika fin som vanligt *as good as usual*
bättre än den brukar vara *better than usual*
pratar *talk*
låta maten tysta mun (proverb) *keep silent while eating*
får jag be om notan? *may I have the bill, please?*
med eller utan dricks *with or without service charge*
det är jämnt *please, keep the change!*

Rätt eller fel?

(*a*) Maten tar lång tid.
(*b*) Vinet är mycket gott.
(*c*) Dricksen är med på notan.

MATSEDEL

Förrätter

Sparrissoppa
Leverpastej med rostat bröd
Gravad lax
Västkustsallad

Varmrätter

Svampomelett
Lövbiff med persiljesmör
Rödspätta med pommes frites
Fläskkotlett med inlagd gurka
Kalvstek med ärter och morötter

Desserter

Fruktsallad med grädde
Äppelkaka med vaniljsås
Glass med varm chokladsås
Jordgubbstårta
Hjortron med glass

DAGENS RÄTT

Köttbullar med lingon

Bröd, smör och sallad ingår i priset liksom en dryck (lättöl, mineralvatten eller kaffe)

leverpastej med rostat bröd *liver pâté with toast*
lövbiff (-en, -ar) *minute steak*
persiljesmör (-et) *parsley butter*
inlagd gurka *fresh cucumber in a vinegar dressing with parsley and dill*
ärter *peas*
fruktsallad (-en, -er) *fruit salad*
äppelkaka med vaniljsås *apple cake with vanilla custard*
varm chokladsås *hot chocolate sauce*
jordgubbstårta *strawberry gâteau*
dagens rätt *today's special*
köttbullar med lingon *meatballs with cranberries*
ingår *is included*
pris (-et, -0) *price*
liksom *like, as well as*
dryck (-en, -er) *drink*

Vad ni behöver veta

Hovmästaren A waiter is **en kypare** and a waitress is **en servitris**, but these words are not used when addressing them. You address them as **hovmästaren** (pronounced **hovmästarn**) or **vaktmästarn** to the waiter and **fröken** to the waitress.

Dagens rätt As in other countries, many Swedish restaurants offer a Dish of the day, **Dagens rätt**, at a special price. Sometimes bread, butter and a drink (milk, light beer, a soft drink or coffee) is included in the price.

Alkohol Be warned! The Swedish laws are very strict, forbidding almost all alcohol consumption by drivers. The stiff fines and the automatic loss of the driving licence are intended as a deterrent, so abstain from drinking any alcohol if you intend to drive.

The Swedish national strong drink is **snaps** or **brännvin** (*aquavit*) – and strong is the word! There are many varieties, of which **Skåne** and **Renat** are perhaps the favourites. **Snaps** cannot be ordered at the bar, only at the table, as it is not a drink to take without eating. Also, the first **snaps** should be swallowed in one gulp, with the next one you only swallow half a glass, afterwards a third or a quarter ... if you continue you'll most likely end up under the table! Swedes have many drinking songs which they sing before toasting each other and taking the **snaps** on special occasions.

Öl There are several classes of beer: **starköl**, also called **exportöl**, which is strongest, **pilsner**, of medium strength, and **folköl** and **lättöl**, which is hardly beer at all, and, unlike the others, can be bought in ordinary grocer's shops.

High taxes make most alcohol expensive – prohibitively expensive to order at a restaurant – but you can get just about any drink you like at **Systemet** (the State Liquor Shop). You can also buy imported beers, though they are more costly.

There are also a variety of soft drinks. **Ramlösa**, **Porla** and **Vårby** are natural sparkling mineral waters. Fresh fruit juices are sold everywhere.

Dricks Most restaurants add a 10% or 12.5% service charge to the bill, and it is usual to round it up.

Hjortron (*cloudberries*) is a very special Swedish delicacy. They only grow in the north in bogs or mires, so they are difficult to get hold of. When they ripen in August it is rumoured that some Norwegians come in by helicopter just to pick them. The big brown bears are also very partial to them. **Hjortron** look like big, yellow raspberries and have a unique and delicious flavour.

Så här säger man

How to:

- order food and drink

Kan jag få lite . . ., tack?	*Can I have some . . ., please?*
Jag tar . . ., tack.	*I'll take . . ., please.*
Var snäll och ge mig . . .	*Please, give me . . .*

- state likes and dislikes concerning food and drink

Jag älskar . . .	*I love . . .*
Jag tycker mycket om . . .	*I like . . . very much.*
Jag tycker inte om . . .	*I don't like . . .*
Jag är inte så förtjust i . . .	*I don't care for . . .*
Jag tål inte . . .	*. . . disagrees with me.*
Jag får inte äta/dricka . . .	*I'm not allowed to eat/drink . . .*
Jag vill hellre ha . . .	*I would rather have . . .*
Jag föredrar . . .	*I prefer . . .*
Det smakar gott.	*It tastes good.*

Det smakar mycket gott.	*It tastes very good*
Det smakar underbart	*It tastes wonderful.*
Det smakar illa.	*It tastes bad.*
Det smakar hemskt/förfärligt	*It tastes terrible/awful.*

- complain

Varför tar det så lång tid?	*Why does it take so long?*
Det fattas . . .	*. . . is missing*
Maten är kall.	*The food is cold.*
Vinet är surt/torrt.	*The wine is sour/dry.*
Notan stämmer inte.	*The bill is not correct.*

- **kött** *meat*

kalv *veal*
biff *beef*
oxkött *beef*
lamm *lamb*
får *mutton*
fläsk *pork*

- **charkvaror** *cooked meat*

skinka *ham*
pastej *pâté*
korv *sausage*

- **fisk** *fish*

lax *salmon*
torsk *cod*
rödspätta *plaice*

- **skaldjur** *shellfish*

räkor *prawns*
krabba *crab*
hummer *lobster*

- **frukt** *fruit*

apelsin *orange*
citron *lemon*
banan *banana*
persika *peach*
aprikos *apricot*
äpple *apple*
päron *pear*
plommon *plum*
melon *melon*

- **grönsaker** *vegetables*

potatis *potatoes*
ärter *peas*
morötter *carrots*
bönor *beans*
lök *onions*
purjolök *leeks*
vitkål *cabbage*
brysselkål *sprouts*
blomkål *cauliflower*
sallad *lettuce*
sparris *asparagus*
rädisor *radishes*

- **bär** *berries*

jordgubbar *strawberries*
körsbär *cherries*
krusbär *gooseberries*
björnbär *blackberries*
blåbär *bilberries*
hallon *raspberries*
lingon *cranberries*
nypon *rosehips*
hjortron *cloudberries*

kokt *boiled*
stekt *fried*
grillad *grilled*
ugnsbakad *roasted*
rostat (bröd) *toasted*
skär *cut*
skala *peel*
skiva *slice*
tillsätt *add*
smörj *grease*

Grammatik

1 Verbs: past tense of the first conjugation

There are four main groups of verbs, called the four conjugations. The first three conjugations contain the regular or weak verbs, and the strong or irregular verbs belong to the fourth conjugation. The difference between the regular and the irregular verbs is that the regular verbs form their past tense with endings, whereas the irregular verbs form their past tense by a change of stem vowel. The past tense (also called imperfect or preterite) is the verb form used to indicate that the action took place in the past, e.g. **spelade** (*played*), **var** (*was*).

The first conjugation is by far the largest. We have already had many examples of first conjugation verbs: **tala, bada, stanna, arbeta, börja, sluta, fråga, svara, titta, träffa**.

The first conjugation verbs form their past tense by adding **-ade** to the stem of the verb. Thus the past tense forms of the above verbs are:

tal**ade**	stann**ade**	börj**ade**	fråg**ade**	titt**ade**
bad**ade**	arbet**ade**	slut**ade**	svar**ade**	träff**ade**

Notice that all verbs ending in **-era** and **-na** in the infinitive take **-ade** as their past tense ending, as do all recently introduced verbs, e.g. **server*ade*, reserver*ade*, parker*ade*** (all verbs ending **-era** have the main stress on the **e** in **-era**), **vakn*ade*, öppn*ade*, regn*ade*, jogg*ade*, fik*ade*.**

2 Komma och bada, stå och äta

When English has an abbreviated clause consisting of an infinitive + a verb ending in **-ing**, as in *come jogging*, Swedish has two verbs in the same tense joined by **och**; for example:

Vill du komma och jogga?	*Do you want to come jogging?*
De står och äter varm korv.	*They stand eating hot dogs.*

3 God/gott, godare, godast

When talking about what food tastes like in a general sense, Swedes use the neuter form **gott** regardless of the gender of the noun that it refers to:

Glass är gott. *Ice-cream is nice.*

but

Glass**en** är god. ***The** ice-cream is nice.*

Note also that **god** is compared with endings instead of the usual comparative and superlative forms **bättre** and **bäst** when referring to how things taste; for example:

Fisk är gott.	*Fish is nice.*
Choklad är godare.	*Chocolate is nicer.*
Glass är godast.	*Ice-cream is nicest.*

The word **god** is not as common in Swedish as it is in English and it is used mainly about food or if someone or something is morally sound/righteous. In other cases, Swedish uses the word **bra**, which cannot take any endings at all. Thus **en god bok** would most likely be a book of sermons or similar. A book which is *a good read* is **en bra bok** in Swedish.

4 Min bok, mitt hus, mina pengar

You have already met most of the possessive adjectives or pronouns. They are the forms of the personal pronouns that correspond to the genitive of the noun. Thus they express that someone possesses something, hence the name.

In Swedish, possessive adjectives (when they occur before a noun) and possessive pronouns (when they occur independent of any noun) are identical:

Det är **min** bil.	*It is my car.*
Bilen är **min**.	*The car is mine.*

The following table shows the basic forms of the possessive adjectives or pronouns:

min	*my, mine*	
din	*your, yours*	singular
hans	*his*	
hennes	*her, hers*	non-reflexive forms
dess	*its*	
sin	*his, her, its*	reflexive form*
vår	*our, ours*	
er	*your, yours*	plural
deras	*their, theirs*	non-reflexive form
sin	*their, theirs*	reflexive form*

*more about the reflexive forms in Unit 15.

The possessives ending in **-s** (**hans, hennes, dess, deras**) cannot take any endings, but the others take endings similar to the adjective endings in the indefinite form according to the table below:

Singular		Plural
en- words	**ett**- words	both **en**- and **ett**- words
min	mitt	mina
din	ditt	dina
sin	sitt	sina
vår	vårt	våra
er	ert	era

5 Min lilla bil, hans dyra bil

As in English, nouns that are preceded by possessive adjectives must be in the indefinite form, i.e. no endings are added to the nouns. However, adjectives following a possessive word (nouns, adjectives or pronouns) **must** take the definitive ending -**a**; for example:

min lill**a** bil	*my little car*
ditt stor**a** hus	*your large house*
hans ung**a** fru	*his young wife*
pojkens fattig**a** mor	*the boy's poor mother*
våra fin**a** blommor	*our fine flowers*
era billig**a** klockor	*your cheap watches*
deras ny**a** våning	*their new flat*
pojkarnas dyr**a** cyklar	*the boys' expensive cycles*

6 Lika . . . som, samma . . . som, inte så . . . som, bättre . . . än

If you want to compare two things, and they are of the same quality, you should use **lika . . . som**. If they are identical, you use **samma . . . som**:

Omeletten är **lika** fin **som** vanligt.	*The omelet is as nice as usual.*
Det är **samma** pris **som** förra året.	*It is the same price as last year.*

If the compared things are *not* of the same quality, you use either **inte så . . . som** or **bättre/sämre/värre . . . än**, for example:

Han är **inte så** stor **som** sin bror.	*He isn't as tall as his brother.*
Hon är **bättre än** sin bror.	*She is better than her brother.*
Han är **värre än** sin syster.	*He is worse than his sister.*
Patienten är **sämre än** igår.	*The patient is worse than yesterday.*

7 Samma, nästa, följande, föregående

Note that the words **samma, nästa, följande, föregående** (*the same, next, the following, the previous*) never change their form, and the noun does not have an additional definite article, nor does the noun have any definite singular or definite plural endings. It can only take an indefinite plural ending:

Hon hade **samma hatt** som igår.	*She wore the same hat as yesterday.*
De hade **samma böcker** som vi hade.	*They had the same books as we had.*
Nästa år	*Next year*
Följande morgon	*The following morning*
Föregående dag	*The previous day*

Övningar

1 Complete the dialogue below using the menu on page 116.

Kyparen Goddag. Har ni beställt bord?
You *(Say you haven't. Ask if there is a free table.)*
Kyparen Jadå. Vill ni sitta vid fönstret eller i hörnet?
You *(Say you prefer the corner table. Ask for the menu.)*
Kyparen Vad får det lov att vara?
You *(Order liver pâté with toast, minute steak with parsley butter, strawberry gâteau and coffee.)*
Kyparen Vill ni ha något att dricka?
You *(Say that you only want a glass of water.)*
Kyparen Är det bra så?
You *(Say that you don't want fried potatoes. You want rice.)*

You *(Call the waiter and ask for the bill.)*
Kyparen Varsågod, här är växeln.
You *(Tell him to keep the change.)*

2 Change the verbs from present tense to past tense.

(*a*) John **talar** svenska med de svenska flickorna.
(*b*) Robert och Jane **stannar** bara en vecka i Sverige.
(*c*) Vinet **smakar** beskt.
(*d*) Anders **diskuterar** politik med sina partivänner.
(*e*) Åke **spelar** gitarr på tisdagarna.
(*f*) Ulla **parkerar** bilen på parkeringsplatsen.
(*g*) Åke **joggar** tidigt på morgonen.
(*h*) Det **regnar** hela året i England.

3 Complete the following sentences with the correct Swedish word for *good* – and in the last sentence *good, better* and *best.*

(*a*) Svenskar tycker att hjortron smakar . . . .
(*b*) Det är en . . . . film.
(*c*) Maten är alltid . . . . på englandsfärjorna.
(*d*) Svensk TV har . . . . barnprogram.
(*e*) Det är . . . . väder för segling.
(*f*) Mother Theresa är en . . . . människa.
(*g*) . . . . , vi börjar i morgon.
(*h*) Öl är . . . . , vin är . . . . , konjak är . . . .

4 You have ordered a **Kundens specialpizza** (a pizza with cheese, tomatoes and four other toppings of the customer's choice). You get a pizza with clams and egg.

Call the waitress and complain. Say you don't like clams or egg – you ordered ham, mushrooms, onions and peppers. Ask for a bottle of apple juice at the same time. Be as polite as you can be under the circumstances!

33. KUNDENS SPECIAL **(skinka, champ, råkor, bacon, lök, salami, oliver, paprika, tonfisk, musslor, feferoni, köttfärssås, ananas, banan, ägg, bearnaisesås)** **Tomat, ost och 4 valfria pålägg!**	**40:-**	**50:-**	**95:-**

valfria pålägg *toppings of the customer's choice*
mussl/a (-an, -or) *clam*
paprik/a (-an, -or) *(sweet) peppers*
äpplemust *apple juice*

5 Complete these sentences using the correct forms of the possessive adjectives and the missing nouns.

(*a*) Jag tycker om (*my daughter, my sons and my work*) . . .
(*b*) Han tycker också om (*your car, your home and your children*) . . .
(*c*) Vad tycker ni om (*his wife, his book and his boys*) . . .?
(*d*) Du tycker väl om (*her child, her husband and her clothes*) . . .?
(*e*) De tycker mycket om (*our town, our land and our houses*) . . .?
(*f*) Vi tycker mest om (*your food, your wine and your dinners*) . . .?
(*g*) Hon tycker inte om (*their dog, their house and their pictures*) . . .

6 Combine the two sentences to form one sentence.
Example: Det är min dotter. Hon är söt.
Det är min söta dotter.

(*a*) Det är din bok. Den är dyr.
(*b*) Det är hans byxor. De är billiga.
(*c*) Det är hennes klänning. Den är ny.
(*d*) Det är vårt hus. Det är litet.

(e) Det är era böcker. De är bra.
(f) Det är deras kök. Det är stort.

7 This pyramid shows what the Swedish Public Health Authority recommends people to eat to be in good health. The top shows what people are advised to eat least of, the middle shows what they ought to eat more of and the broad base shows what people should eat most of.

(*a*) With the help of the words in the table of food above, tell us in Swedish what people are recommended to eat least of.
(*b*) What ought people to eat more of?
(*c*) What should people eat most of?
(*d*) Some things mentioned in the previous units are conspicuous by their absence in the pyramid (for example most drinks), which means that they are not needed to maintain good health. What missing things can you spot?
(*e*) Which things are most expensive – the things at the bottom or the things at the top?

8 Insert the words which best fit the sentences. Choose from **inte så**

- som, lika - som, mindre än, samma - som, större - än. No jokes, please!

(*a*) Flickor är . . . . duktiga . . . . pojkar.
(*b*) Han är . . . . sin fru.
(*c*) Det är . . . . resultat . . . . igår.
(*d*) Den här soppan är . . . . god . . . . vanligt.
(*e*) Amerika är . . . . Storbritannien.

9 Here is a Swedish recipe. Unfortunately the instructions have got mixed up. Arrange them in the correct order again!

Janssons frestelse (Jansson's Temptation)

Ingredienser

5-6 potatisar
2 gula lökar
10 ansjovisar
2-3 dl grädde
50 g smör

Tillagning

(*a*) Lägg på smöret i klickar.
(*b*) Sätt in i ugnen i 225° i 45 minuter.
(*c*) Smörj en eldfast form.
(*d*) Tillsätt hälften av grädden.
(*e*) Tillsätt resten av grädden och sätt in i ugnen igen i ungefär 10 minuter.
(*f*) Skala och skiva potatis och lök.
(*g*) Lägg i ett lager potatis, sedan lök och ansjovis, sedan potatis igen.

gul *yellow*
klick (-en, -ar) *knob of butter*
ugn (-en, -ar) *oven*
eldfast form *ovenproof dish*
tillsätt *add*
rest (-en, -er) *rest*
lager (lagret, lager) *layer*

Förstår du?

Om du blir hungrig i Sverige finns det många restauranger att välja mellan, från lyxrestauranger – med motsvarande priser – till de verkligt billiga, där man får stå ute och äta. Det finns inga 'fish and chips shops' i Sverige. **Korvkioskerna** är den närmaste motsvarigheten. Där kan man få kokt eller grillad korv med senap och ketchup i bröd eller med potatismos.
Gatuköken har mer att välja på, t.ex. grillspett, hamburgare, läskedrycker och glass.

Om du bara vill ha kaffe eller te är ett **konditori** det bästa stället. De har läckra kakor och tårtor och oftast smörgåsar också.

Andra billiga ställen är **grillbarer** och **lunchrestaurangerna** i en del varuhus. Låt inte lura dig av ordet 'bar' – dessa har inte vin- och spriträttigheter, så du kan bara få lättöl och läskedrycker där. Ordet 'bar' står här för självservering.
En **kvarterskrog** är en liten restaurang med bra mat till rimliga priser, där du kan få öl och vin, men inte sprit.

Numera finns det också många etniska restauranger med t.ex. italiensk, kinesisk eller indisk mat. De har blivit mycket populära. Men **värdshusen** och **gästgivargårdarna** ute på landet, i synnerhet i södra Sverige, är de mest genuina svenska restaurangerna med oftast mycket hög standard på maten.

välja *choose*
lyxrestaurang (-en, -er) *luxury restaurant*
motsvarande *corresponding*
verkligt *really*
korvkiosk (-en, -er) *hot-dog stand*
den närmaste motsvarigheten *the closest equivalent*
senap (-en) *mustard*
potatismos (-et) *mashed potatoes*
gatukök (-et, -0) *'street kitchen'*
grillspett (-et, -0) *kebab*
läskedryck (-en, -er) *soft drink*
konditori (-et, -er) *café, patisserie*
läcker (läckert, läckra) *delicious*
oftast *in most cases*
lur/a (-ar, -ade, -at) *cheat*
vin- och spriträttigheter *fully licenced*
självservering *self service*
kvarterskrog (-en, -ar) *local restaurant*
sprit (-en) *spirits, alcohol*
numera *nowadays*
etnisk *ethnic*
italiensk *Italian*
kinesisk *Chinese*
indisk *Indian*
populär *popular*

värdshus (-et, -0) *country inn*
gästgivargård (-en, -ar) *old coaching inn*
i synnerhet *in particular*
genuin *genuine*
standard (-en) *standard*

Rätt eller fel?

(*a*) Man kan köpa 'fish and chips' i korvkioskerna.
(*b*) Det finns inga etniska restauranger i Sverige.
(*c*) Värdshusen och gästgivargårdarna serverar svenska specialiteter.

9

HAR DU KÖRT I HÖGERTRAFIK?

Have you ever driven on the right?

In this unit you will learn

- how to ask for permission to do something
- how to grant or refuse permission
- how to enquire about ability
- how to offer advice

Samtal

Åke and John have borrowed Ulla's car and have set out for Dalecarlia, where they are joining Kerstin for the Midsummer celebrations. The road is wide and straight, so John wants to have a go at driving.

John Vägen är ju bred och det är mycket lite trafik nu. Kan jag inte få köra här?

Åke Har du kört i högertrafik förut?

John Nej, men det är väl inte så svårt?

Åke Det kan vara besvärligt vid en rondell eller när man kommer till en vägkorsning. Det är särskilt farligt vid utfarten från bensinstationer t.ex. Om du vill köra så är det nog bäst att vi kör av motorvägen och in på en mindre väg, så du får vänja dig vid hur det känns att köra på högra sidan av vägen.

John Det är jag tacksam för.
Åke Har du körkortet med dig? Det måste man alltid ha med sig om man kör bil i Sverige.
John Ja, det hörde jag och jag läste också att man måste köra med halvljus på hela tiden, till och med mitt på dagen.
Åke Ja, det har faktiskt minskat trafikolyckorna avsevärt.

ju *you know, of course*
bred (brett, breda) *broad*
trafik (-en) *traffic*
har du kört i högertrafik? *have you driven on the right?*
förut *before*
väl *I suppose*
besvärligt *difficult*
rondell (-en, -er) *roundabout*
vägkorsning (-en, -ar) *crossroads*
särskilt *particularly*
farlig *dangerous*
utfart (-en, -er) *exit*
det är bäst att vi *we had better*
kör av vägen *drive off the road*
vänja dig *get used to*
hur det känns *what it feels like*
tacksam *grateful*
körkort (-et, -0) *driving licence*
hörde *heard*
läste *read*
halvljus *dipped headlights*
hela tiden *all the time*
mitt på dagen *in the middle of the day*
faktiskt *really, in fact*
minskat *decreased*
trafikolyck/a (-an, -or) *road traffic accident*
avsevärt *considerably*

Rätt eller fel?

(*a*) John har aldrig kört i högertrafik.
(*b*) John har inte körkortet med sig.
(*c*) Man måste inte köra med halvljus på dagen.

Samtal

After some time.

Åke Du körde mycket bra. Du får köra på motorvägen nu.
John Var är den? Vi skulle väl köra norrut, men jag tror vi körde åt öster. Jag har inte tittat på kartan, så nu har vi nog kört vilse. Det är väl bäst att vi kör tillbaka samma väg?
Åke Nej, stanna så frågar vi mannen där borta om vägen!

John Ursäkta! Hur kommer man till motorvägen?
Mannen Fortsätt genom byn till nästa vägskäl och ta till vänster

där.

John Tack för upplysningen.

norrut *northwards*	**by (-n, -ar)** *village*
åt öster *to the east*	**vägskäl (-et, -0)** *crossroads* (out of town)
vi har kört vilse *we have lost our way*	**upplysning (-en, -ar)** *information*
där borta *over there* (any direction)	

Rätt eller fel?

(*a*) De skulle köra österut men de körde nog norrut.
(*b*) John tror att de har kört vilse.
(*c*) De måste ta till vänster vid nästa vägskäl.

Samtal

A short while later.

John Vad är det som har hänt där framme?

Åke Det ser ut som om en bil har kolliderat med en älg. Det ser illa ut. Vi måste hjälpa dem. Släpp av mig! Kan du köra fram till nästa telefonautomat och ringa efter en ambulans och begära hjälp av polisen? Numret till jourtjänsten är 90 000.

John Jag ska skynda mig.

där framme *over there* (in front)	**ringa efter** *ring for*
det ser ut som om *it looks as if*	**amulans (-en, -er)** *ambulance*
har kolliderat med *has collided with*	**begära** *request*
det ser illa ut *it looks bad*	**polisen** *the police*
hjälpa *help*	**jourtjänsten** *emergency services*
släpp av mig *let me out*	**skynda sig** *hurry*
telefonautomat (-en, -er) *pay phone*	

Rätt eller fel?

(*a*) En älg har kolliderat med en bil.
(*b*) Åke och John kan inte hjälpa dem.

(*c*) Telefonnumret till polisen är 90 000.

Vad ni behöver veta

Älgar

Unfortunately, car accidents caused by elks are not as unusual as you might imagine, even though they have decreased considerably during the last few years. This is partly due to a decrease in the elk population because of a virus, and also as a result of the erection of roadside fences in areas where elks are common. It is estimated that 170 cars are written off each year because of collisions with elks. The warning signs should be taken seriously, especially at dawn and dusk when the elks are on the move.

Sevärdhet

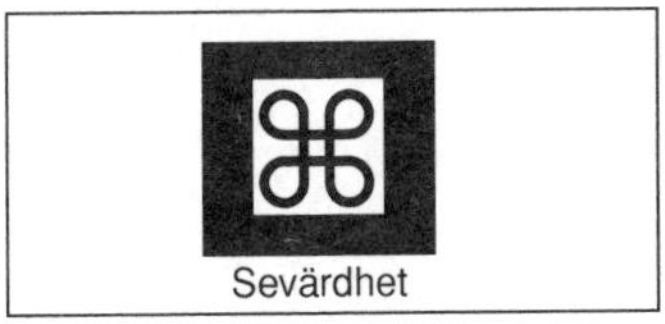

As you travel in the countryside you should look out for blue and white signs like the one shown here. It tells you that you are near a **sevärdhet** (place of interest) such as a rock carving, a picture stone, a castle or a historical site.

Rastplats

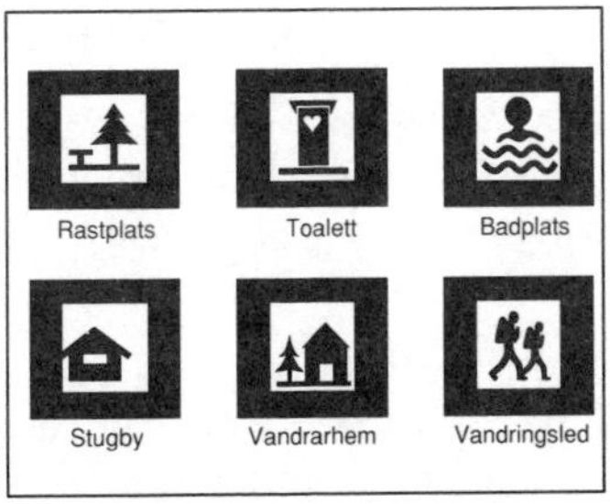

There are other blue and white signs which you may be unfamiiar with, for example **rastplats**, a lay-by with tables and seating where you can have your picnic. Usually there is a **toalett** (toilet) nearby. Other signs are: **stugby** (log cabins for hire), **vandrarhem** (youth hostel), **badplats** (bathing facilities), **vandringsled** (walking route).

Så här säger man

How to:

- ask for permission

Kan jag/inte/få . . .?	*Can I/can't I . . .?*
Skulle jag kunna få . . .?	*Could I . . .?*

- grant permission

Du får . . .	*You may . . .*
Du kan . . .	*You can . . .*

- refuse permission

Du får inte . . .	*You must not . . .*
Du kan inte . . .	*You can't . . .*

- enquire about ability

Kan du (köra bil)?	*Can you (drive)?*
Har du (kört i högertrafik)?	*Have you (experience of driving on the right)?*

- offer advice

Det är bäst att vi . . .	*We had better . . .*
Du borde . . .	*You ought to . . .*
Du skulle . . .	*You should . . .*

Grammatik

1 Verbs: past tense of the second conjugation

The present tense of second conjugation verbs ends in **-er** and the past tense has either **-de** (if the stem ends in a voiced consonant) or **-te** (if the stem ends in a voiceless consonant (f, k, p, s, t) added to the stem of the verb.

The voiced consonants are those where the vocal cords play a part in the formation of the sound. Put your fingers on the front of the neck. Pronounce **'d'** (voiced) and **'t'** (voiceless), and feel the difference.

You have already had a number of second conjugation verbs. Here follow their present and past tenses:

	Infinitive	Present tense	Past tense
IIa	stäng**a** *close*	stäng**er** *close/s*	stäng**de** *closed*
	ställ**a** *put*	ställ**er** *put/s*	ställ**de** *put*
	sväng**a** *turn*	sväng**er** *turn/s*	sväng**de** *turned*
	ring**a** *ring*	ring**er** *ring/s*	ring**de** *rang*
	behöv**a** *need*	behöv**er** *need/s*	behöv**de** *needed*
IIb	köp**a** *buy*	köp**er** *buy/s*	köp**te** *bought*
	läs**a** *read*	läs**er** *read/s*	läs**te** *read*
	åk**a** *go*	åk**er** *go/es*	åk**te** *went*
	tyck**a** *think*	tyck**er** *think/s*	tyck**te** *thought*
	hjälp**a** *help*	hjälp**er** *help/s*	hjälp**te** *helped*

Please note that verbs whose stem ends in an **-r** have no added present tense ending – the stem serves as the present tense – and verbs whose stem ends in **-nd** drop the **'d'** before endings starting with **'d'** or **'t'**. A verb containing a double **'m'** or **'n'** drops one **'m'** or **'n'** before an ending starting with **'d'** or **'t'**:

Infinitive	Present tense	Past tense
kör**a** *drive*	kör *drive/s*	kör**de** *drove*
hör**a** *hear*	hör *hear/s*	hör**de** *heard*
lär**a** *learn*	lär *learn/s*	lär**de** *learnt*
vänd**a** *turn*	vänd**er** *turn/s*	vän**de** *turned*
händ**a** *happen*	händ**er** *happen/s*	hän**de** *happened*
glömm**a** *forget*	glömm**er** *forget/s*	glöm**de** *forgot*
känn**a** *feel*	känn**er** *feel/s*	kän**de** *felt*

2 The past tense of the third conjugation

The past tense of the third conjugation verbs (those verbs where the infinitive ends in a vowel other than **-a**, and the present tense ending is only **-r**) ends in **-dde**, so you see that the past tense endings of the regular verbs are very similar. Here are the present and past tenses of some common third conjugation verbs:

bo *live*	**bor** *live/s*	bo**dde** *lived*
tro *believe*	**tror** *believe/s*	tro**dde** *believed*
klä *dress*	**klär** *dress/es*	klä**dde** *dressed*

3 Måste *(must)*

The Swedish verb **måste** and the English verb *must* correspond to each other if there is no negation in the same clause. The English *must not* is rendered **får inte** in Swedish, and the Swedish **måste inte** means *need not, don't have to.*

The same difference exists of course in the past tense: **fick inte** means *wasn't allowed to*, whereas *didn't need to* should be translated as **måste inte**, since the same form – **måste** – is used for present tense (*must*), past tense (*had to*) and future tense (*shall/will have to*).

Jag **måste** gå nu.	*I **must** leave now.*
Man **får inte** röka här.	*One **must not** smoke here.*
Polisen sade, att han **måste** legitimera sig.	*The police said that he **had to** show proof of identity.*
Vi **måste** resa hem snart.	*We **shall have to** go home soon.*
Du **måste inte** vara där förrän klockan fem.	*You **don't have to** be there until five o'clock*

4 Väl – ju – nog

These are very common adverbs. **Väl** expresses what the speaker thinks, guesses or hopes. It is best translated by *I suppose* or a 'tag question', for example:

Du är **väl** inte sjuk?	*You aren't ill, **are you?***
Han är **väl** duktig?	***I suppose** he is clever?*

When stressed **väl** means *well*, e.g. ***väl* betald** (*well-paid*). It can also mean *too much* when stressed, e.g. **det är *väl* dyrt** (*it is rather expensive*).

So-called 'tag questions' are also translated by **eller hur**:

Hon är gift, **eller hur**?	*She is married, **isn't she**?*

Ju appeals to the listener, expecting him/her to agree with you. It means *you know, of course, to be sure*:

Det vet du **ju**.	*You know that,* ***of course****.*

Unstressed **nog** means *probably, I expect*, though the speaker is not quite sure:

Det blir **nog** regn i morgon.	*It will* ***probably*** *rain tomorrow.*
Hon är **nog** hemma idag.	*She is* ***probably*** *at home today.*

When stressed **nog** means *enough*: **det är *nog*** (*that is enough*).

5 O-

O- is a negation (corresponding to *un-*, *in-*, or *dis-*) when it is prefixed to an adjective, an adverb or a verb, for example:

vanlig	*usual*	**o**vanlig	*unusual*
lycklig	*happy*	**o**lycklig	*unhappy*
lydig	*obedient*	**o**lydig	*disobedient*
känd	*well known*	**o**känd	*unknown*
giltig	*valid*	**o**giltig	*invalid*
gift	*married*	**o**gift	*unmarried*
bekvämt	*comfortably*	**o**bekvämt	*uncomfortably*
frivilligt	*voluntarily*	**o**frivilligt	*involuntarily*
gilla	*like*	**o**gilla	*dislike*

However, the meaning changes altogether in certain words when **o-** is prefixed to it:

lycka	*happiness, luck*	**o**lycka	*accident*
gräs	*grass*	**o**gräs	*weed*
väder	*weather*	**o**väder	*storm*
djur	*animal*	**o**djur	*monster*

6 Väderstrecken *(points of the compass)*

Study the figure on the next page and note the words for the points of the compass.

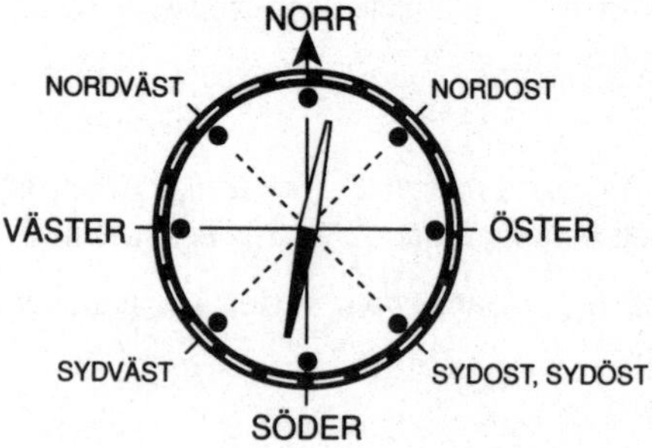

There are various methods of indicating directions.

(*a*) You can use a noun:

i norr	*in the north*	mot/åt norr	*to the north*
i söder	*in the south*	mot/åt söder	*to the south*
i öster	*in the east*	mot/åt öster	*to the east*
i väster	*in the west*	mot/åt väster	*to the west*

Solen går upp i öster och ner i väster. — *The sun rises in the east and sets in the west.*

(*b*) You can make an adverb from the noun by adding the suffix **-ut**:

norrut	*northwards*	but	norr om	*north of*
söderut	*southwards*		söder om	*south of*
österut	*eastwards*		öster om	*east of*
västerut	*westwards*		väster om	*west of*

Kiruna ligger norrut, norr om polcirkeln. — *Kiruna lies northwards, north of the Arctic circle.*

Notice that with other adverbs indicating direction the suffix is **-åt**:

bakåt	*backward/s*	inåt	*inward/s*
framåt	*forward/s*	neråt	*downward/s*
utåt	*outward/s*	uppåt	*upward/s*

(*c*) You can use an adjective: **norra, södra, östra, västra,** for example:

Skåne ligger i södra Sverige. — *Skåne lies in southern Sweden.*

(*d*) You can use the suffix **-lig**:

nordlig	*northerly, northern*
sydlig	*southerly, southern*

västlig *westerly, western*
ostlig or **östlig** *easterly, eastern*

Renarna lever i de nordliga delarna av Sverige. *The reindeer live in the northern parts of Sweden.*

(e) You can use a prefix: **nord-**, **syd-**, **öst-**, **väst-**:

Sydafrika *South Africa*
Östeuropa *Eastern Europe*

Övningar

1 You have left the motorway for a picnic. Afterwards you have difficulties finding your way back. You decide to ask a Swede for help.

You (*Apologise and say you have lost your way. Ask if he can help you.*)
The man Vart ska ni åka, norrut eller söderut?
You (*Say you are going to Stockholm, northwards.*)
The man Då är det bäst att ni vänder och kör tillbaka. När ni kommer ut ur skogen kommer ni till ett vägskäl. Där finns det skyltar. Ni ska svänga till höger där.
You (*Ask if it is far.*)
The man Nej då, det är bara någon kilometer.
You (*Ask if there is a petrol station nearby. Say you are short of petrol.*)
The man Ja, i byn, men då får ni köra rakt fram en halv kilometer. Det finns inga bensinstationer på motorvägen.
You (*Say you had better go to the petrol station first. Thank him for his help.*)
The man Ingen orsak. Lycklig resa!

nearby **i närheten**
to be short of petrol **ha ont om bensin**

2 Fill in the missing verb forms. Use the verbs **byta**, **glömma**, **hjälpa**, **hända**, **köpa**, **stänga**, **tycka**, **åka**. All the verbs follow the patterns given in this unit. Use each verb only once.

Den tredje september 1967 .... svenskarna från vänstertrafik till högertrafik. Man ordnade en folkomröstning då regeringen frågade folket om de ville köra på högra eller vänstra sidan av vägen. Folket sade att de ville fortsätta att köra på vänstra sidan, men majoriteten för vänstertrafik var inte så stor. Då .... regeringen att det var bäst att gå över till högertrafik så snart som möjligt, för ju längre man väntade, desto dyrare skulle det bli. Före omläggningen .... det så många olyckor på vägarna när svenskar .... utomlands och när utlänningar kom till Sverige.

Folk .... vilken sida de skulle köra på, och då råkade de ut för frontalkrockar. Men man .... skolorna, för skolbarnen .... till med att dirigera trafiken under de första dagarna och staten .... nya bussar med dörren på höger sida. Tack vare skolbarnen och den omsorgsfulla organisationen blev omläggningen en stor framgång, även om elaka människor sade att det inte gjort någon skillnad – svenskarna fortsatte att köra mitt på vägen, som de alltid gjort!

ordn/a (-ar, -ade, -at) *arrange*
folkomröstning (-en, -ar) *referendum*
regering (-en, -ar) *government*
majoritet (-en, -er) *majority*
gå över till *change (over) to*
så snart som möjligt *as soon as possible*
ju . . . desto *the . . . the*
omläggning (-en) *change-over*
utomlands *abroad*
råka ut för *be involved in, meet with*
frontalkrock (-en, -ar) *head-on collision*
stat (-en, -er) *state*
diriger/a (-ar, -ade, -at) *direct*
dörr (-en, -ar) *door*
tack vare *thanks to*
den omsorgsfulla organisationen *the careful organisation*
framgång (-en, -ar) *success*
även om *even if*
elak *malicious*
gjort någon skillnad *made any difference*
gjort *done*

3 Fill in the most appropriate word – **får, fick, måste/inte** – in the sentences below.

(*a*) Du (*may*) .... komma om du vill.
(*b*) Jag (*must*) .... åka hem i morgon.
(*c*) Hon (*was allowed to*) .... börja skolan i år.
(*d*) Du (*must not*) .... dricka sprit när du kör bil.
(*e*) John (*had to*) .... lära sig svenska innan han (*was allowed to*) .... arbeta i Sverige.
(*f*) Du (*don't have to*) .... klä om dig till middagen.

4 Complete the dialogue below by inserting **väl/ju/nog** in the appropriate places.

John Det händer .... inte så ofta att bilar kolliderar med älgar?

Åke Jo, det gör det faktiskt. Det är .... inte många utlänningar som vet hur ofta det händer. Älgar är .... mycket stora djur, så det är allvarliga olyckor. Varje år är det .... några människor som dör.

John Man kan .... sätta upp flera viltstängsel längs vägarna?

Åke Det skulle .... bli mycket dyrt, för stängslen måste vara så höga. Älgarna vandrar .... också omkring, så det är svårt att veta var man skulle sätta upp stängslen.

John Det är .... bäst att vi saktar farten när vi ser varningsmärkena.

Åke Absolut.

vet *know*
allvarlig *serious*
dör *die*
sätta upp *put up*
viltstängsel (-stängslet, -o) *game fences*
vandr/a (-ar, -ade, -at) omkring *wander around*
saktar farten *slow down*
varningsmärke (-t, -n) *warning sign*
absolut *definitely*

5 Answer the questions in Swedish, as prompted.
Example: Är vargar vanliga i Sverige? – Nej, de är ovanliga.
(*Are wolves common in Sweden? – No, they are unusual.*)

(*a*) Är han gift? Nej, . . .
(*b*) Var Eva alltid lydig? Nej, . . .
(*c*) Gillade drottning Victoria Mrs Pankhurst? Nej, . . .
(*d*) Är de nya skorna bekväma? Nej, . . .
(*e*) Är det vackert väder när det stormar? Nej, . . .
(*f*) Var dinosaurierna trevliga djur? Nej, . . .

6 Fill in the missing words.

(*a*) *The light comes from the east.*
Ljuset kommer från ....

(*b*) *The Arctic Circle cuts through northern Norrland.*
Polcirkeln går genom .... Norrland.

(*c*) *The Norwegian Amundsen reached the South Pole in 1911.*
Norrmannen Amundsen nådde .... år 1911.

(*d*) *Oslo is situated northwest of Stockholm.*
Oslo ligger .... om Stockholm.

(*e*) *Stockholm is situated southeast of Oslo.*
Stockholm ligger .... om Oslo.

(*f*) *Columbus sailed westwards.*
Columbus seglade ....

(*g*) *The wall between East and West Berlin was demolished in 1989.*
Muren mellan .... och .... revs år 1989.

(*h*) *There are more Indians in South America than in North America.*
Det finns fler indianer i .... än i ....

(*i*) *The Swede Nordenskiöld discovered the North East Passage north of Europe and Asia to the Pacific.*
Svensken Nordenskiöld upptäckte .... -passagen .... om Europa och Asien till Stilla havet.

(*j*) *The southeasterly winds over southern Sweden came from East Europe.*
De .... vindarna över .... Sverige kom från ....

7 Study these weather charts for early January and answer the questions according to the forecast.

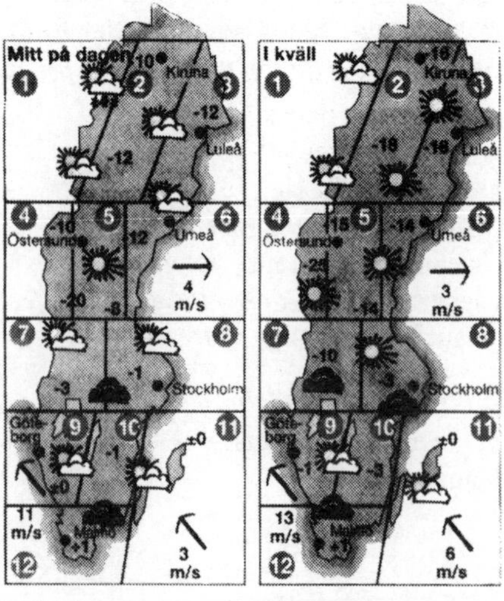

(*a*) Hur stor är skillnaden (*the difference*) i temperatur mellan de nordligaste och sydligaste delarna av Sverige mitt på dagen?
(*b*) Hur stor är den maximala skillnaden i temperatur på kvällen.
(*c*) Vilken stad har mest solsken den här januaridagen?
(*d*) Vad för slags (*What sort of*) väder är det i Stockholm?
(*e*) Beskriv vädret i Göteborg.
(*f*) Var snöar det på dagen?
(*g*) I vilken del av Sverige är det kallast på kvällen?

alternating	**omväxlande**

Förstår du?

Från midnattssol till midvintermörker

Sverige ligger högt uppe i norr. Sydspetsen ligger på samma breddgrad som Alaska, Edinburgh och Moskva. Polcirkeln går genom Lappland, det nordligaste landskapet. Norr om polcirkeln är solen uppe hela dygnet under några veckor i juni och juli och det blir inte riktigt mörkt på flera månader. Därför kallas norra Sverige ofta för Midnattssolens land. Men under de mörkaste vintermånaderna visar solen sig inte alls ovanför polcirkeln, även om man har lite ljus mitt på dagen även där.

Svenskarna klagar ofta på sitt klimat, men det är faktiskt förvånansvärt bra. Tack vare Golfströmmen är klimatet mycket mildare än på andra platser som ligger lika långt norrut, fast naturligtvis varierar klimatet mycket mellan de norra och de södra delarna. På sommaren är dagarna långa med mycket solsken – enligt statistiken har en av Sveriges regnigaste städer, Göteborg, en timme mer solsken om året än Paris! – och det regnar mycket mindre än i Storbritannien. Nederbörden i Stockholm i form av regn eller snö är i medeltal 539 mm om året, men bara 442 mm i Karesuando i norr. Men vintern är kall – mycket kall i norr – och lång. Fast solen skiner ofta på vintern också. Om man rör sig så märker man inte kylan utomhus så mycket. Och naturligtvis har man centralvärme, så inomhus behöver man inte frysa.

midnattssol (-en) *Midnight sun*
midvintermörker *Midwinter darkness*
klimat (-et, -0) *climate*
sydspetsen *the southernmost point*
breddgrad (-en, -er) *latitude*
Moskva *Moscow*
polcirkeln *the Arctic circle*
landskap (-et, -0) *province*
dygn (-et, -0) *the 24 hour day*
riktigt *really, properly*
mörk *dark*
visa sig *appear*
inte alls *not at all*
ovanför *above*
klagar på *complain about*
faktiskt *actually*
förvånansvärt *surprisingly*
Golfströmmen *the Gulf Stream*
mild *mild*
plats (-en, -er) *place*
lika långt *as far*
naturligtvis *of course, naturally*
varierar *varies*
del (-en, -ar) *part*
enligt statistiken *according to the statistics*
regnig *rainy*
om året *per year*
Storbritannien *Great Britain*
nederbörd (-en) *precipitation, rainfall*
i form av *in the state of*
i medeltal *on average*
rör sig *keeps moving*
märker *notices*
kyla (-n) *cold*
utomhus *outdoors*
centralvärme (-n) *central heating*
frysa *be/feel cold*
inomhus *indoors*

Rätt eller fel?

(*a*) Södra Sverige ligger på samma breddgrad som Alaskas sydspets.
(*b*) Polcirkeln går mitt igenom centrala Sverige.
(*c*) Det är ofta solsken på vintern i Sverige.
(*d*) Klimatet varierar mycket mellan de södra och norra delarna av Sverige.

10

MIDSOMMAR I DALARNA

Midsummer in Dalecarlia

In this unit you will learn

- how to say where you/others come from and what languages you speak
- how to express ability and inability
- how to request others to do something and offer assistance
- how to tell others not to do something

Samtal

Åke and John discuss where to stay the night.

Åke Det var tur att vi tog med oss tältet och sovsäckarna. Kerstin har ringt runt och det finns inte ett enda rum att hyra någonstans. Alla hotell och stugbyar är fulla över midsommar och vandrarhemmet och campingplatsen är också fulla.

John Om campingplatsen är full kan vi väl inte tälta?

Åke Jodå. I Sverige får man lov att slå upp ett tält en natt var som helst utom nära någon annans hus. Men Kerstins föräldrar har sagt att vi gärna får tälta på deras tomt.

John Det var bra.

det var tur *it was lucky*	**man får lov att** *one is allowed to*
tog med oss *brought*	**slå upp ett tält** *pitch a tent*
tält (-et, -0) *tent*	**var som helst** *anywhere*
sovsäck (-en, -ar) *sleeping bag*	**natt (-en, nätter)** *night*
ring/a (-er, -de, -t) *ring*	**utom** *except*
enda *single*	**någon annans** *somebody else's*
rum (-met, -0) *room*	**har sagt** *have said*
hyr/a (hyr -de, -t) *rent*	**tält/a (-ar, -ade, -at)** *camp*
någonstans *anywhere, somewhere*	**tomt (-en, -er)** *private plot*
full *full*	**det var bra** *that's nice*

Rätt eller fel?

(*a*) Åke och John har inte tagit med sig något tält.
(*b*) Det finns inte ett enda rum att hyra över midsommar.
(*c*) Alla får tälta en natt var som helst i Sverige utom nära någon annans hus.
(*d*) Åke och John får tälta på Kerstins föräldrars tomt.

Samtal

Kerstin introduces Åke and John to her relatives.

Kerstin Åke och John, kom och hälsa på våra släktingar från Amerika, faster Lisa och farbror Sam. Och det här är mina kusiner, Karin och Martin. De talar också svenska.
Åke Goddag.
Farbror Sam Goddag, goddag.
Faster Lisa Roligt att träffas.
Kusinerna Hej, hej.

They shake hands.

John Hur har ni lärt er svenska?
Karin Vi har alltid talat svenska hemma. Vår farfarsfar kom till Minnesota i slutet på 1800-talet. Där finns det många svenskamerikaner som fortfarande talar svenska och läser svenska tidningar. Mamma är född i Sverige. Hon kom till USA för att hälsa på

släktingar och då förälskade pappa sig i henne. De förlovade sig samma år och nästa år gifte de sig. Jag har varit i Sverige flera gånger, men det här är första gången jag firar midsommar i Sverige.

Kerstin Var snäll och hjälp oss att klä majstången! Karin, vill du vara snäll och plocka blommor på ängen! Ni pojkar får hämta björkkvistar, men ni får inte bryta kvistar från levande träd utanför vår tomt. Kransarna har vi redan bundit, men alla måste hjälpa till att resa majstången. Det har kommit mycket folk från många länder som vill vara med och dansa kring majstången i kväll.

hälsa på *greet, say 'how do you do' to*
släkting (-en, -ar) *relative*
faster (-n, fastrar) (lit. **fars syster**) *aunt* (father's sister)
farbror (-n, farbröder) (lit. **fars bror**) *uncle* (father's brother)
kusin (-en, -er) *cousin*
lär/a (lär, -de, -t) sig *learn*
kurs (-en, -er) *course, class*
hemma *at home*
farfarsfar *great-grandfather*
i slutet på *at the end of*
fortfarande *still*
läs/a (-er, -te, -t) *read*
tidning (-en, -ar) *newspaper*
är född *was born*
hälsa på *visit*
förälska sig i *fall in love with*
förlova sig *get engaged*
gifta sig *get married*
flera gånger *several times*
första gången *the first time*
fir/a (-ar, -ade, -at) *celebrate*
klä majstången *decorate the maypole*
äng (-en, -ar) *meadow*
hämt/a (-ar, -ade, -at) *fetch*
björkkvist (-en, -ar) *birch branch*
bryt/a (-er, bröt, brutit) *break off*
levande *living, growing*
krans (-en, -ar) *wreath*
har bundit *have made*
hjälpa till *help with*
res/a (-er, -te, -t) *erect*
folk (-et, -0) *people*
vara med *take part*
kring *around*

Rätt eller fel?

(*a*) Kerstin ber Åke och John att hälsa på faster Lisa och farbror Sam.
(*b*) Faster Lisa är född i Minnesota.
(*c*) Åke och John får bryta kvistar till majstången var som helst.
(*d*) Både svenskar och utlänningar åker till Dalarna för att fira midsommar där.

Vad ni behöver veta

Midsommar The Midsummer celebrations are about the return of summer. At this time it is only dark for a few hours in the south of Sweden, and above the Arctic circle the sun doesn't set at all – the Midnight sun shines both day and night. Most people try to leave the city and go out into the countryside, where they dance around a maypole, an old fertility symbol.

Midsummer Eve used to be celebrated on the 23rd of June, but it was decided that it should be celebrated on the Friday that comes nearest to June 24th in order to give people a long weekend.

Så här säger man

How to:

- give factual information

Farbror Sam kommer från Amerika.	*Uncle Sam comes from America.*
Mamma är född i Sverige.	*Mum was born in Sweden.*

- express ability and inability

De talar svenska.	*They speak Swedish.*
Hon kan spanska också.	*She knows Spanish, too.*
Åke kan spela gitarr.	*Åke can play the guitar.*
Han kan inte spela fotboll.	*He cannot play football.*

- offer assistance

Vi vill gärna hjälpa er.	*We'll be glad to help you.*

- tell others not to do something

Du får inte tälta nära någons hus.	*You mustn't camp close to someone's house.*
Ni får inte bryta kvistar från levande träd.	*You mustn't break off branches from growing trees.*

Grammatik

1 Verbs: present perfect and pluperfect tense

In English the past participle has three functions:

- to form the present perfect and the pluperfect tense
- to form the passive voice
- it can also be used as an adjective.

Swedish uses a special verb form, *the supine*, where English uses the past participle, after **har** to form the present perfect and after **hade** to form the pluperfect tense. The supine always ends in **-t** and it never changes. It is only used in this position.

The supine is formed by adding **-at** to the stem of first conjugation verbs, but only **-t** is added to the stem of both groups of second conjugation verbs. In the third conjugation **-tt** is added, and the strong verbs normally form supine by adding **-it** to the stem (with vowel change, if applicable). The strong verbs are dealt with in more detail in Unit 11.

	Present perfect tense		Pluperfect tense	
Conj. I	har tal**at**	*have spoken*	hade tal**at**	*had spoken*
Conj. IIa	har ring**t**	*has rung*	hade ring**t**	*had rung*
	har glöm**t**	*has forgotten*	hade glöm**t**	*had forgotten*
	har kän**t**	*has known*	hade kän**t**	*had known*
Conj. IIb	har res**t**	*has travelled*	hade res**t**	*had travelled*
Conj. III	har bo**tt**	*has lived*	hade bo**tt**	*had lived*
Conj. IV	har var**it**	*has been*	hade var**it**	*had been*
	har tag**it**	*has taken*	hade tag**it**	*had taken*
	har komm**it**	*has come*	hade komm**it**	*had come*
	har bund**it**	*has bound*	hade bund**it**	*had bound*

Note that the clauses in a sentence should have the same time, either present or past time. If two things happen simultaneously or directly after each other, you should use the same tense in both clauses.

2 Man, en, ens

Man is a very common pronoun in Swedish. It can be used to mean *one, you, they, people* or *we*. It is used when you are not thinking of any particular person or when you are talking about something that concerns everybody, for example:

Man får lov att plocka bär var som helst i Sverige.	*One is allowed to pick berries anywhere in Sweden.*

The object form is **en** (see grammar point 9 in this unit for the reflexive form), and the possessive form is **ens**:

Man vet inte alltid vad **ens** vänner tycker om **en.**	*You don't always know what your friends think of you.*

3 Full, fullt, fulla

Be careful when using the adjective **full**. Normally it means *full*, as in **hotellet var fullt** (*the hotel was fully booked*) or **det var fullt med folk i rummet** (*the room was full of people*), but if used about people it means drunk:

Han var full igår.	*He was drunk yesterday.*

4 Var som helst

Note the common expressions:

var som helst	*anywhere, wherever*
vem som helst	*anybody, whoever*
när som helst	*at any time, whenever*
vad som helst	*anything, whatever*
hur som helst	*in any way, just anyhow*
någon som helst	*anybody, any whatsoever*
ingen som helst	*none whatsoever*
vilken som helst	*whichever, whoever, anyone*

5 Släkt, släkting

Släkt means *extended family* and **släkting/ar** means *relative/s*. From Swedish words for relatives you can tell precisely how people are related, as is obvious from the family tree on the next page.

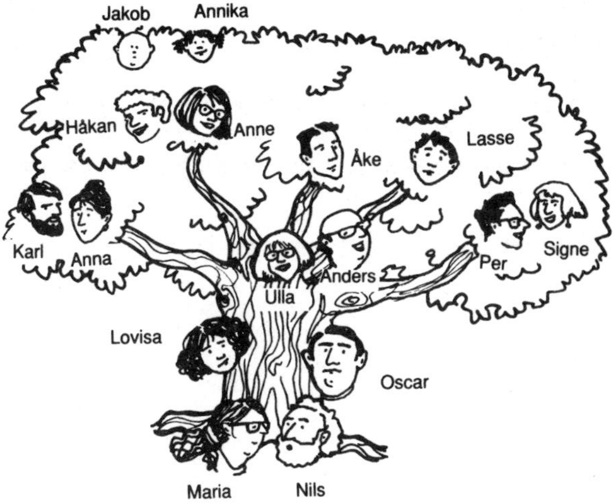

The tree is drawn from the perspective of Åke, his brother Lasse and his married sister Anna.

Blood relations are given in bold in the table. The tree is drawn from the perspective of Åke, his brother Lasse and his married sister Anne.

Additional vocabulary for relations

farmorsmor	*great-grandmother on father's side*
moster (lit. mors syster)	*aunt* (mother's sister)
morbror (lit. mors bror)	*uncle* (mother's brother)
sonson	*grandson* (son's son)
dotterdotter	*granddaughter* (daughter's daughter)
barnbarn	*grandchild*
systerson	*nephew* (sister's son)
brorson	*nephew* (brother's son)
systerdotter	*niece* (sister's daughter)
brorsdotter	*niece* (brother's daughter)
svärmor	*mother-in-law*
svärfar	*father-in-law*
svärdotter	*daughter-in-law*
svärson	*son-in-law*
svägerska	*sister-in-law*
svåger	*brother-in-law*
syssling/nästkusin	*second cousin*
sambo	*live-in partner*

6 Hälsa på

Pay special attention to which word is stressed in the expression **hälsa på**. If you stress **hälsa** the phrase means *to greet* or to say *how do you do*, but it means *to visit* if the preposition **på** is stressed.

7 Differences in the use of tenses

Unlike English, Swedish uses the present tense in the phrase **jag/han/hon/är född** about people who are still alive. When talking about people who are no longer alive, past tense is used:

Jag **är** född i Sverige.	*I was born in Sweden.*
Strindberg föddes år 1849.	*Strindberg was born in 1849.*

On the other hand Swedish often uses past tense in some common phrases where English has present tense:

Det var bra.	*That's nice.*
Det var roligt att höra.	*I'm glad to hear it.*
Det var tråkigt att höra.	*I'm sorry to hear it.*
Det var synd.	*It's a pity.*
Det var snällt av dig.	*It's kind of you.*
Det var dyrt.	*That's expensive.*
Hur var namnet?	*What's your name, please?*

8 Folk *(people/persons – peoples)*

The word **folk** presents special difficulties. When used in the singular it means *people/persons*, but in the plural it means *peoples.* Since it has the same form in the singular and in the plural in Swedish you should look at the accompanying words to find out what it means in a particular sentence, for example:

Det kom mycket lite folk till konserten.	*Very few people came to the concert.*
Drottning Victoria regerade över många folk.	*Queen Victoria ruled over many peoples.*

9 Reflexive verbs and pronouns

Reflexive verbs consist of a verb and a reflexive pronoun. The reflexive pronoun denotes the same person as the subject:

Hon lär sig svenska. *She is teaching herself Swedish.*

The reflexive pronouns are identical with the object forms of the personal pronouns, except for the third person which has a special form **sig**, which is used both in the singular and in the plural:

mig	*myself*
dig	*yourself*
sig	*himself/herself/itself/oneself*
oss	*ourselves*
er	*yourselves*
sig	*themselves*

Sig also corresponds to *him*, *her*, *it*, *them* when these words refer back to the subject without the verb being reflexive, e.g. when they are preceded by a preposition.

Han såg en bil bakom sig. *He saw a car behind him.*

There are a number of verbs which are reflexive in Swedish but not in English. The most common of these are those to do with personal hygiene, e.g. **tvätta sig** (*wash*), **kamma sig** (*comb*), **raka sig** (*shave*), **klä sig** (*dress*), **klä av sig** (*undress*). Others are: **känna sig** (*feel*), **sätta sig** (*sit down*), **bestämma sig** (*make up one's mind*), **skynda sig** (*hurry*), **ta med sig** (*bring*), **bry sig om** (*care about*), **lära sig** (*learn/teach yourself*).

Note also the verbs **förälska sig** (*fall in love*), **förlova sig** (*get engaged*), **gifta sig** (*marry*), **skilja sig** (*divorce*).

Övningar

1 Link the correct responses to the questions below.

(*a*) John, har du rest till Sverige ensam?
(*b*) Åke, har du ringt hem?
(*c*) Hade du lärt dig svenska innan du träffade Åke, John?
(*d*) Har du kört hela vägen till Dalarna själv, Åke?
(*e*) Har ni träffat många ungdomar i kväll?
(*f*) Har ni hjälpt Kerstin att binda kransarna?
(*g*) Karin, har du hittat några blommor på ängen?
(*h*) Hade du firat midsommar förut, John?

(i) Ja, jag har talat om att vi har kommit hit.
(ii) Ja, jag har hittat en massa blommor.
(iii) Ja, vi har dansat med både svenskar och utlänningar.
(iv) Nej, mina föräldrar har också kommit till Sverige.
(v) Ja, men sedan har Åke pratat svenska med mig hela tiden.
(vi) Nej, Kerstin hade redan bundit kransarna när vi kom.
(vii) Nej, jag har inte hört att man firar midsommar i England nuförtiden.
(viii) Nej, John och jag har turats om (*taken turns*) att köra.

2 Fill in the correct form of the word **full** in the following sentences.

(*a*) Flaskan var .... i morse.
(*b*) Alla affärerna är .... med folk.
(*c*) Glaset är ....
(*d*) .... människor är tråkiga.
(*e*) Det är ....-måne i kväll.
(*f*) Det var .... hus på teatern.
(*g*) På midsommarafton är det tyvärr många som dricker sig ....

3 Fill in the missing words **när som helst, vad som helst, var som helst, vem som helst**.

Man får inte dricka sprit (*hard liquor*) .... i Sverige. Det är t.ex. inte tillåtet (*permitted*) att dricka starksprit på allmänna platser (*public places*). ....kan inte heller köpa sprit på systemet. Bara när man är 20 år kan man köpa .... där, men inte .... Systemet är alltid stängt på lördagar, söndagar och allmänna helgdagar (*public holidays*).

4 With the help of the table and the vocabulary of relations above, work out how the various people are related.
Example: Nils är släkt med Ulla. Nils är Ullas **morfar**.

(*a*) Ulla är släkt med Annika. Ulla är Annikas . . .
(*b*) Annika är släkt med Ulla. Annika är Ullas . . .
(*c*) Anna är släkt med Lasse. Anna är Lasses . . .
(*d*) Håkan är släkt med Anders. Håkan är Anders . . .
(*e*) Jakob är släkt med Anders. Jakob är Anders . . .
(*f*) Signe är släkt med Ulla. Signe är Ullas . . .
(*g*) Annika är släkt med Maria. Annika är Marias . . .
(*h*) Lasse är släkt med Annika. Lasse är Annikas . . .

(*i*) Karl är släkt med Ulla. Karl är Ullas . . .
(*j*) Ulla är släkt med Håkan. Ulla är Håkans . . .

5 Select the most suitable word from the following list to complete the sentences below: **alla/allt/hela/mycket/många**.

(*a*) I Afrika bor det . . . . olika folk.
(*b*) . . . . folk går på fotbollsmatcher i Sverige.
(*c*) . . . . folket hurrade (*cheered*) när Sverige vann.
(*d*) . . . . folk talar engelska som första språk.
(*e*) . . . . folket gick hem.
(*f*) Det var inte . . . . folk i kyrkan.
(*g*) . . . . folk vill ha fred (*peace*).

6 Insert an appropriate reflexive verb in the following sentences. Make sure that they are in the correct tense.

(*a*) Lennart har . . . . i Eva. (*fall in love*)
(*b*) Eva och Lennart . . . . på midsommarafton. (*got engaged*)
(*c*) De ska . . . . nästa sommar. (*get married*)
(*d*) Hur . . . . du . . . . idag, bättre eller sämre? (*feel*)
(*e*) Du måste . . . . för tåget går snart. (*hurry*)
(*f*) Det är bara män som behöver . . . . (*shave*)

7 Somebody would like to dance with you. Complete the following dialogue.

X Hej! Vill du dansa?
You (*Say that you would be pleased to.*)
X Var kommer du ifrån?
You (*Tell him/her where you come from.*)
X Har du alltid bott där?
You (*Tell him/her whether you have or haven't.*)
X Vad gör du här?
You (*Say that you are a tourist.*)
X Är du törstig? Ska vi gå till restaurangen och få något att dricka?
You (*Say that you would love a cold beer.*)
X Nu spelar de en vals. Ska vi dansa igen?
You (*Say Yes, please, I would love to.*)
X Tack för dansen.
You (*Say Thank you, it was very nice.*)

Förstår du?

Allemansrätten

Enligt allemansrätten är naturen tillgänglig för alla i Sverige. Det betyder att vem som helst får gå, cykla, jogga eller åka skidor i skog och över fält och ängar, t.o.m. på annans mark, men naturligtvis **inte** vid någons privata hus. Där har de som bor där rätt att få vara i fred. Man får plocka vilda bär (t.ex. hallon, björnbär, lingon, blåbär, hjortron) och svamp för eget bruk, och blommor också, men naturligtvis inte fridlysta blommor. Man får inte heller bryta kvistar från levande träd.

Man får **inte** jaga eller störa de vilda djuren, och det är absolut förbjudet att ta fågelägg.

Man får bara göra upp eld om det inte är minsta risk för att elden ska sprida sig, och man får aldrig elda på klipphällar eftersom de kan spricka.

Man måste städa efter sig och ta med sig skräpet hem om sopsäckarna är fulla.

Huvudregeln är: **Inte störa och inte förstöra!**

allemansrätten *the right of public access*
enligt *according to*
natur (-en, -er) *nature*
tillgänglig *accessible, available*
fält (-et, -0) *field*
naturligtvis *of course*
rätt (-en, -er) *right*
i fred *in peace*
för eget bruk *for your own consumption*
fridlyst *specially protected*
jag/a (-ar, -ade, -at) *hunt*
stör/a (stör, -de, -t) *disturb*
göra upp eld *light a camp fire*
minsta *slightest*
far/a (-an, -or) *danger*
sprida sig *spread*
klipphäll (-en, -ar) *bare rock*
spricka *crack and split*
skad/a (-an, -or) *damage*
skrämm/a (-er, -de, -t) *frighten*
städ/a (-ar, -ade, -at) *tidy up*
skräp (-et) *rubbish*
sopsäck (-en) *dustbin*
huvudregel (-n, -regler) *the main rule*
förstör/a (förstör, -de, -t) *destroy*

Rätt eller fel?

(*a*) Man får aldrig gå över någon annans mark.
(*b*) Man får bara plocka fridlysta blommor.
(*c*) Man får alltid göra upp eld.
(*d*) Alla måste städa efter sig.

11

VART ÄR NI PÅ VÄG?

Where are you going?

In this unit you will learn

- how to make suggestions
- how to accept an offer
- how to ask if someone speaks a language
- how to ask somebody to speak slowly
- how to deal with car breakdowns
- how to express displeasure

Samtal

When Åke and John set off in their car to go home, they see Sirkka and Ilona waiting at the bus stop. They haven't seen them since the Midsummer Eve dance. They decide to offer them a lift.

Åke Hej igen, Sirkka! Vart är ni på väg?

Sirkka Vi ska till Skåne. Vi tänkte ta bussen till Falun och sedan tåget.

Åke Vill ni följa med till Göteborg? Det är mer än halvvägs och därifrån går det många tåg till Skåne.

Sirkka Ja, tack, mycket gärna! Det är jättesnällt av er.

John Vad ska ni göra i Skåne?

Sirkka Vi ska måla på Österlen. Vi känner några konstnärer där och landskapet är så annorlunda i Skåne.

John Var kommer du ifrån, Ilona?

Ilona Jag förstår inte. Var snäll och tala långsamt, för jag kan bara lite svenska.

John V a r i f r å n . . . ä r . . . d u?

Ilona Jag kommer från Ungern. Jag har bara varit här en månad.

Åke Du talar flytande svenska, Sirkka, men du är finska. Hur har du lärt dig svenska?

Sirkka Jag kommer från södra Finland. Där talar vi både finska och svenska.

John Talar du ungerska också, Sirkka?

Sirkka Nej, men jag förstår en del ord, för finska och ungerska är besläktade.

John Ni kan alla flera språk. Vilka språk lär ni er i skolan här i Sverige?

Åke Engelska, förstås, men många väljer att läsa ett språk till. Franska och tyska är vanligast, men man kan också läsa t.ex. spanska, italienska eller ryska. Barn till invandrare får också undervisning i sitt hemspråk.

vart är ni på väg? *where are you going?*
vi ska till *we are going to*
tänk/a (-er, -te, -t) *think, plan to*
jättesnällt *very kind*
mål/a (-ar, -ade, -at) *paint*
känn/a (-er, kände, känt) *know*
konstnär (-en, -er) *artist*
landskap (-et, -0) *scenery*
annorlunda *different*
förstå (-r, förstod, förstått) *understand*
långsamt *slowly*
kunna (kan, kunde, kunnat) *know*
flytande *fluent*
finska (-n, -or) *Finnish woman*
finska (-n) *Finnish language*
både . . . och *both . . . and*
ungerska (-n) *Hungarian language*
en del *some*
besläktade *related*
språk (-et, -0) *language*
förstås *of course*
välj/a (-er, valde, valt) *choose*
läs/a (-er, -te, -t) *read, study*
franska (-n) *French language*
tyska (-n) *German language*
vanligast *most common*
spanska (-n) *Spanish language*
italienska (-n) *Italian language*
ryska (-n) *Russian language*
undervisning (-en) *tuition*
hemspråk (-et, -0) *mother tongue*

Rätt eller fel?

(*a*) Sirkka kommer från Skåne.
(*b*) I södra Finland talar många både finska och svenska.
(*c*) Ungerska och finska är besläktade.
(*d*) Alla svenska barn lär sig franska i skolan.

Samtal

After a few hours driving, Åke feels hungry.

Åke Är ni inte hungriga? Jag tycker det är dags att fika.
Sirkka Kan vi inte stanna vid något snabbköp och köpa nybakade bullar och pålägg och äta i det gröna? Det är en sådan vacker dag.
John Det var en bra idé. Vi har kaffe på termosen, men vi kan väl köpa lite läsk också för det är så varmt. Vi kör av vägen så kan vi njuta av utsikten där uppe.

det är dags *it is time*
snabbköp (-et, -0) *self-service shop, supermarket*
nybakade *freshly baked*
bull/e (-en, -ar) *roll*
pålägg (-et, -0) *things to put on the rolls*
i det gröna *in the open air*
termos (-en, -ar) *thermos*
läsk(edrycker) *soft drinks*
njut/a (-er, njöt, njutit) *enjoy*

Samtal

After the picnic they continue their journey.

John Det var väldigt vad det skramlar!
Åke Det är något fel . . . kanske punktering. Det är bäst vi stannar och ser efter vad som har hänt.
Åke Vi har tappat avgasröret. Vi måste köra till närmaste verkstad. Och vi måste fylla på vatten i kylaren för motorn har gått varm. Det var tur att det inte var något värre. En mekaniker kan fixa ett nytt avgasrör medan vi äter middag.

det var väldigt vad det skramlar *there is a tremendous rattle*
det är något fel *something is wrong*
punktering (-en, -ar) *puncture*
tapp/a (-ar, -ade, -at) *lose*
avgasrör (-et, -0) *exhaust pipe*
närmaste verkstad *nearest garage*
fyll/a (-er, -de, -t) på *fill up with*
kylar/e (-en, -0) *radiator*
motor (-n, motorer) *motor*
motorn har gått varm *the engine is overheating*
mekaniker (-n, -0) *mechanic*
fix/a (-ar, -ade, -at) *fix*

After another stop they return but cannot find the car.

Sirkka Var är bilen?
John Den är försvunnen.
Åke Någon har lånat den. Biltjuvar är det värsta jag vet! Vi måste genast anmäla stölden för polisen. Det ser ut som om vi måste ta tåget allesamman. Vad ska mamma säga om vi kommer hem utan hennes bil . . .

försvinn/a (--er, försvann, försvunnit) *disappear*
lån/a (-ar, -ade, -at) (borrow; euphemism for) *steal*
biltjuv (-en, -ar) *car thief*
det värsta jag vet *I can't stand it*
genast *at once*
anmäl/a (-er, -de, -t) *report*
stöld (-en, -er) *theft*
det ser ut som om *it looks like*
allesamman *all of us*

Rätt eller fel?

(*a*) Att dricka kaffe kallas att 'fika'.
(*b*) Pojkarna kan själva fixa avgasröret.
(*c*) Billånare är inga tjuvar.

Vad ni behöver veta

Bilverkstad A garage where repairs and services are carried out is called **en bilverkstad**. The word **garage** (pronounced **garash**) is only used to refer to the garage where you keep a car. **Bilverkstäder** are found in all towns and large villages.

Vägar It has been said that happiness is driving on a Swedish road.

There are more than 700 miles of toll-free motorways and around 50 000 miles of trunk roads. All main roads are very good with little traffic in comparison with other countries.

Så här säger man

How to:

- make suggestions

Jag tycker det är dags att . . .	*I think it's time to . . .*
Vi kan väl . . .?	*We can . . ., can't we?*
Kan vi inte . . .?	*Can't we . . .?*
Har ni lust att . . .?	*Do you feel like . . .?*

- accept an offer

Ja, tack, gärna.	*Yes please, I would love it.*
Det var en bra idé!	*That was a good idea!*
Ja, det gör vi.	*Yes, we'll do that.*

- overcome language problems

Talar du engelska?	*Do you speak English?*
Var snäll och tala långsamt.	*Please speak slowly.*
Jag förstår inte.	*I don't understand.*
Kan du säga det en gång till.	*Please say it again.*
Tala inte så fort!	*Don't speak so fast!*

- deal with car emergencies

Det är något fel på bilen.	*There's something wrong with the car.*
Vi måste köra till närmaste verkstad.	*We must drive to the nearest garage.*
Vi måste anmäla det för polisen.	*We must report it to the police.*

- express displeasure

Jag tycker inte om . . .	*I don't like . . .*
Jag hatar . . .	*I hate . . .*
Det värsta jag vet är . . .	*I can't stand . . .!*

Grammatik

1 Verbs: the fourth conjugation

As mentioned before, the main characteristic of the fourth conjugation (the irregular or strong verbs, as they are also called) is that they form the past tense by a change of stem vowel instead of by endings. Often the stem vowel is changed in the supine as well. The present tense ends in **-er** just like the second conjugation.

You have already met a large number of irregular verbs. There are not as many irregular verbs in Swedish as in English, and most of them conform to one of the patterns below.

Here are the main patterns. Notice that the present and the imperative tenses are formed from the infinitive, so the first vowel in the vowel change pattern is the stem vowel of the infinitive, present and imperative forms. The second vowel refers exclusively to the past tense. The third vowel is the stem vowel of both the supine and the past participle, as the only difference between them is that the normal supine ending is **-it** and the past participle ending is **-en** in the fourth conjugation.

i-a-u	fourth conjugation verbs with a short **i** as stem vowel (the **i** is followed by two consonants) follow this pattern:				
	Infinitive	Present	Past	Supine	Past Part.
find	finn**a**	finn**er**	fann	funn**it**	funn**en**
sit	sitt**a**	sitt**er**	satt	sutt**it**	sutt**en**
drink	drick**a**	drick**er**	drack	druck**it**	druck**en**
win	vinn**a**	vinn**er**	vann	vunn**it**	vunn**en**
I-e-i	fourth conjugation verbs with a long **i** as stem vowel (the **i** is followed by only one consonant) follow this pattern:				
write	skriv**a**	skriv**er**	skrev	skriv**it**	skriv**en**
shine	skin**a**	skin**er**	sken	skin**it**	–
rise	stig**a**	stig**er**	steg	stig**it**	stig**en**
u/y-ö-u					
invite	bjud**a**	bjud**er**	bjöd	bjud**it**	bjud**en**
enjoy	njut**a**	njut**er**	njöt	njut**it**	njut**en**
fly	flyg**a**	flyg**er**	flög	flug**it**	flug**en**

a-o-a					
travel	far**a**	far	for	far**it**	far**en**
take	ta(**ga**)	tar	tog	tag**it**	tag**en**
ä-a-u					
carry	bär**a**	bär	bar	bur**it**	bur**en**
starve	svält**a**	svält**er**	svalt	svult**it**	svult**en**

Unfortunately some of the irregular verbs are doubly irregular – some of their forms may be 'strong' but other forms comply with the regular verbs.

Examples of common verbs which are doubly irregular are:

do, make	gör**a**	gör	**gjorde**	**gjort**	**gjord**
go	gå	går	**gick**	gått	**gången**
see	se	ser	**såg**	sett	se**dd**
be	var**a**	**är**	**var**	var**it**	–
have	ha	har	**hade**	**haft**	**-havd**
say	säg**a**	säg**er**	**sa/de**	**sagt**	**sagd**
know	vet**a**	**vet**	**visste**	**vetat**	–
get	få	får	**fick**	**fått**	–
give	ge	ger	**gav**	**gett**	**given**
see	se	ser	**såg**	**sett**	**sedd**
stand	stå	står	**stod**	**stått**	**-stådd**

From now on only the infinitive, present, past and supine forms of the irregular verbs will be given in the vocabularies (unless the verb is doubly irregular, in which case all the forms will be given), as the remaining forms can easily be constructed if you follow the rules given above.

You will find a list of all the important irregular verbs and the auxiliary verbs on page 283.

2 Nationality nouns and adjectives

Here are four lists of countries, men, women and languages spoken in the respective countries.

	Country	Man	Woman	Language
America	Amerika	amerikan	amerikanska	engelska
Australia	Australien	australier	australiska	engelska
Denmark	Danmark	dansk	danska	danska
England	England	engelsman	engelska	engelska
France	Frankrike	fransman	fransyska	franska
Ireland	Irland	irländare	irländska	engelska/iriska
Iceland	Island	isländning	isländska	isländska
Italy	Italien	italienare	italienska	italienska
Norway	Norge	norrman	norska	norska
Portugal	Portugal	portugis	portugisiska	portugisiska
Russia	Ryssland	ryss	ryska	ryska
Scotland	Skottland	skotte	skotska	engelska
Spain	Spanien	spanjor	spanjorska	spanska
Germany	Tyskland	tysk	tyska	tyska
China	Kina	kines	kinesiska	kinesiska

The respective adjectives are: **amerikansk, australisk, dansk, engelsk, fransk, irländsk, isländsk, italiensk, norsk, portugisisk, rysk, skotsk, spansk, tysk, kinesisk**.

Note that only the name of the country is written with a capital. Nationality adjectives as well as the words for the people and the languages spoken in the respective countries are spelt with small letters. Usually the word for a woman is identical with the word for the language spoken in her country. Also remember that there is no separate **g-** sound, just a single **ng-** sound, in **England, engelsman, engelska** and **engelsk**.

3 Difficult pronunciation of loan-words

A number of (usually French) loan-words do not follow Swedish pronunciation rules, as they in part have kept their original pronunciation. Thus the stress is normally on the last syllable, and the **-e** is not pronounced after the **g**, so the **-ge** is pronounced like English voiceless *sh*. Examples of such words are: **garage, bagage** (*luggage*), **massage, sergeant**.

In the following words the **g** is again pronounced like an English *sh* but the following **e** or **i** is pronounced: **geni** (*genius*), **regi** (*film or theatre direction*), **energi** (*energy*), **regissör** (*film director*), **generös** (*generous*), **generad** (*embarrassed*), **ingenjör, passagerare** (*passenger*), **tragedi** (*tragedy*).

Likewise, the **j** is pronounced in the same way as English *sh* in the words **journal*i*st** and **just*e*ra** (*adjust*), and so is **sk** in the very common word **människa**.

4 Mekaniker, australier

Words ending in **-er** denoting men, either their job description or their nationality, have no plural ending as such, but they still take the normal **-na** ending in the definite form plural:

Det fanns många mek*a*niker i verkstaden.	*There were many mechanics in the garage.*
M*u*sikerna spelade en vals.	*The musicians played a waltz.*
Vi behöver fler t*e*kniker.	*We need more technicians.*
Indierna är mycket stolta.	*The Indians are very proud.*

5 Veta/känna/kunna *(know)*

The English verb *know* corresponds to three different verbs in Swedish, and they are not interchangeable.

(*a*) **veta** when it is a question of knowing *facts*:

Vet du vad det är?	*Do you know what it is?*

(*b*) **känna** when it is a question of knowing *people*:

Känner du Robert Redford?	*Do you know Robert Redford?*

(c) **kunna** is used about *skills*, for example being able to play musical instruments, sports or knowing languages.

Kan du spela fiol?	*Do you know how to play the violin?*
De kan spela fotboll.	*They know how to play soccer.*
Kan du finska?	*Do you know Finnish?*

6 Läsa - plugga *(read/study)*

The Swedish verb **läsa** is used both in the meaning *to read* and *to study*. A very common slang word for *swot* is **plugga**:

Vilken tidning läser du?	*Which newspaper do you read?*

Vi läste ryska i skolan. *We studied Russian at school.*
Alla pluggade på en examen. *All were swotting for an examination.*

7 Bilens delar *(car parts)*

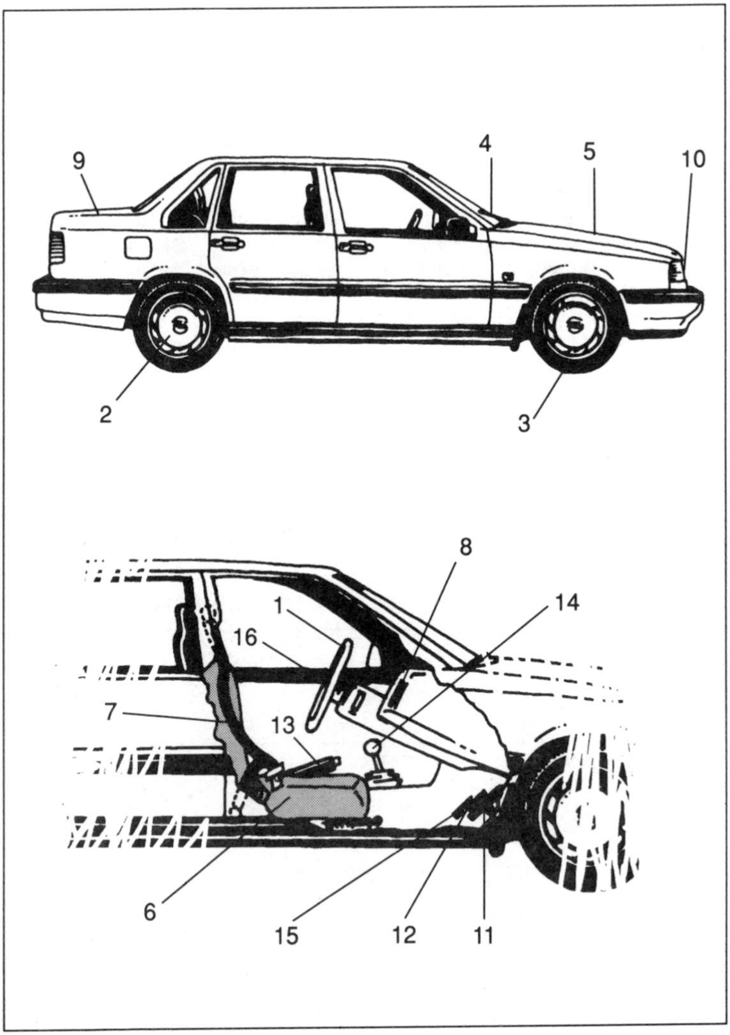

1 **ratt (-en, -ar)** *steering wheel*
2 **hjul (-et, -0)** *wheel*
3 **däck (-et, -0)** *tyre*
4 **vindrutetorkare (-n, -0)** *windscreen wiper*
5 **motor (-n, motorer)** *engine*
6 **framsäte (-t, -n)** *front seat*
7 **bilbälte (-t, -n)** *seat belt*
8 **hastighetsmätare (-n, -0)** *speedometer*
9 **bagageluck/a (-an, -or)** *boot*
10 **lykt/a (-an, -or)** *headlight*

11 **gaspedal (-en, -er)** *accelerator, throttle*
12 **fotbroms (-en, -ar)** *brake pedal*
13 **handbroms (-en, -ar)** *hand brake*
14 **växelspak (-en, -ar)** *gear lever*
15 **koppling (-en, -ar)** *clutch pedal*
16 **signalhorn (-et, -0) (tuta)** *horn*
helljus (-et, -0) *full beam*
bensin (-en) *petrol*
bensinmack (-en, -ar) *petrol station*
blyfri *unleaded*
tank/a (-ar, -ade, -at) *fill up with petrol*
broms/a (-ar, -ade, -at) *brake*
tut/a (-ar, -ade, -at) *hoot*
lägga in ettan *get into first gear*
lägga in backen *get into reverse gear*
bärgningsbil (-en, -ar) *breakdown van*
körfält (-et, -0) *lane*
försäkring (-en, -ar) *insurance*

Övningar

1 Below are some yellow and red **förbudsmärken** (restriction signs) and some **varningsmärken** (warning signs) and also some blue and white **påbudsmärken** (command signs). Try to link the signs to the correct explanations.

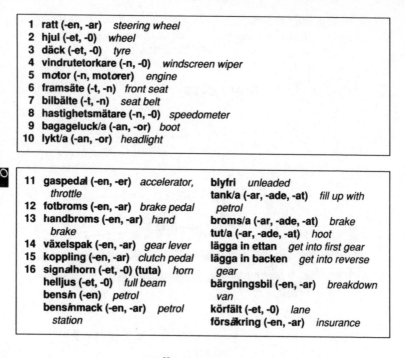

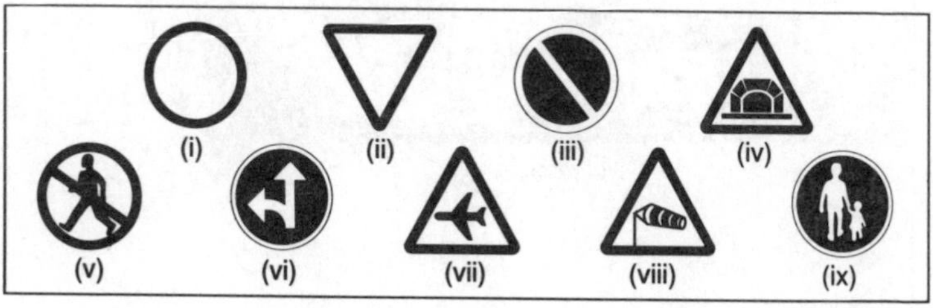

(*a*) Förbud mot gångtrafik.
(*b*) Lågt flygande flygplan.
(*c*) Påbjuden gångbana.
(*d*) Förbud mot fordonstrafik.
(*e*) Tunnel.
(*f*) Väjningsplikt.
(*g*) Farlig sidvind.
(*h*) Förbud att parkera fordon.
(*i*) Rakt fram eller vänstersväng.

fordon (-et, -0) *vehicle*
väjningsplikt *give way*

2 Fill in the correct past tense form of the following verbs in the sentences below: **bjuda, bryta, fara, flyga, gå, njuta, skina, stiga, svälta, vinna**.

(*a*) Solen .... hela dagen.
(*b*) Hon .... upp tidigt efersom färjan .... kl. sju.
(*c*) De .... oss på middag.
(*d*) Vi .... kvistar för att klä majstången.
(*e*) De .... till Finland förra året.
(*f*) Han .... till Nya Zeeland.
(*g*) Barnen i Afrika .... hela sommaren.
(*h*) De .... av utsikten.
(*i*) Brasilien .... fotbollsmatchen.

3 Complete the following sentences.
Example: En man från USA är **amerikan**.

(*a*) En man som talar iriska hemma är nog . . .
(*b*) Snorre Sturlasson var från Island. Han var . . .
(*c*) Hamish MacIntosh från Skottland är förstås . . .
(*d*) Lenin var den . . . som ledde den . . . revolutionen.
(*e*) Thor Heyerdahl talar norska eftersom han är . . .
(*f*) En man från Portugal kallas . . .
(*g*) Eftersom Mao-Tse-Tung var . . . talade han . . .
(*h*) Är Brigitte Bardot fransman? Nej, hon är . . .

4 Fill in the correct verb **veta**, **känna**, **kunna** in the sentences below. Use the present tense.

(*a*) .... du när man firar midsommar i Sverige?

(*b*) .... du många svenskar?
(*c*) .... du räkna från 1 till 100 på svenska?
(*d*) En mekaniker .... allt om motorer.
(*e*) Ingen .... vad som hände.
(*f*) Sirkka .... flera språk.
(*g*) Jag .... att jag inte .... sjunga.
(*h*) Hon .... inte någon som kan hjälpa henne.
(*i*) Barnet .... inte tala ännu.

5 Here is a list of descriptions of some parts of a car. Match each description with the correct word for the part.

(*a*) Fyra stycken sådana sitter under bilen.
(*b*) Man sitter på det när man kör.
(*c*) Man lägger sina väskor där.
(*d*) Man styr bilen med den.
(*e*) Den får bilen att gå.
(*f*) Man kan stoppa bilen med den.
(*g*) Den tar bort regn och snö från fönstret.
(*h*) Den visar hur fort man kör.
(*i*) Man spänner fast sig med det.
(*j*) De måste lysa både dag och natt när man kör i Sverige.
(*k*) En vätska som driver apparaten som driver bilen.

lägg/a (-er, la(de), lagt) *lay*
väsk/a (-an, -or) *bag, suitcase*
styr/a (styr, -de, -t) *steer*
vis/a (-ar, -ade, -at) *show*
fort *fast*
spänna fast *fasten*
lys/a (-er, -te, -t) *shine, be on*
vätsk/a (-an, -or) *liquid*
apparat (-en, -er) *device, apparatus*

Förstår du?

Svenska skolor

Obligatorisk skolutbildning för alla barn infördes mycket tidigt i Sverige, redan år 1842. Alla skolor är **samskolor**, dvs både pojkar och flickor går i samma skola och de får samma utbildning. Nu måste alla gå i skolan i nio år (skolplikt). Barnen kan få börja skolan redan när de är sex år gamla, men många väntar tills de är sju år.

Under de första fem åren är alla ämnen obligatoriska och man tar ingen examen. I de högre klasserna är vissa ämnen obligatoriska, men man kan också välja andra ämnen – ekonomi, konst, språk, teknik etc – efter sina intressen. Man får bara betyg under de sista åren. I en del skolor börjar man läsa engelska redan första året, men oftast börjar man med engelska under tredje eller fjärde året.

Omkring 92 % av eleverna fortsätter att studera i **gymnasieskolan** (*corresponds roughly to the sixth form*). Den har många olika studieprogram. Efter gymnasieskolan kan man fortsätta vid **universitet** eller **högskola** om man kommer in – konkurrensen är hård.

De som slutar skolan efter de obligatoriska nio åren kan börja studera igen på **komvux**, en skola för vuxna, eller på **folkhögskola**, ett slags internatskola. Folkhögskolorna är typiska för Skandinavien och mycket populära, men man kan inte komma in där förrän man är arton år.

I Sverige får alla flera chanser att studera, om och när de vill.

obligatorisk *compulsory*
utbildning (-en, -ar) *education*
inför/as (införs, infördes, införts) *be introduced*
tidig *early*
redan *already*
dvs (det vill säga) *that is to say*
skolplikt (-en) *compulsory schooling*
vänt/a (-ar, -ade, -at) *wait*
ämne (-t, -n) *subject*
examen (pl. **examina**) *exam*
vissa *certain*
välj/a (-er, valde, valt) *choose*
ekonomi (-n, -er) *economy*
konst (-en, -er) *art*
teknik (-en, -er) *technology*
intresse (-t, -n) *interest*
betyg (-et, -0) *grade*
tredje *third*
fjärde *fourth*
elev (-en, -er) *pupil*
konkurrens (-en) *competition*
vuxen (vuxna) *adult*
ett slags *a kind of*
internatskola *boarding school*
typisk *typical*
inte . . . förrän *not until*

Rätt eller fel?

(*a*) Man behöver inte börja skolan i Sverige förrän man är 7 år.
(*b*) Inga ämnen är obligatoriska i skolan.
(*c*) Det är obligatoriskt att läsa engelska i svenska skolor.
(*d*) Folkhögskolorna är ett slags universitet.

12

PÅ FJÄLLVANDRING I LAPPLAND

Walking in Lapland

In this unit you will learn

- how to ask for information
- how to express preference
- how to ascertain and state requirements when booking railway tickets
- to name the months of the year

Samtal

Åke and John discuss their journey to Lapland.

John Vad ska vi göra nu i juli?

Åke Vi ska åka upp till Lappland och se midnattssolen och lappar och renar också förstås, och sedan ska vi vandra i fjällen. Naturen där med de stora vidderna, skogarna, älvarna och de höga fjällen är unik.

John Hur ska vi komma dit? Ska vi köra?

Åke Vi kan naturligtvis köra, men det tar tre dagar om vi ska hinna se något på vägen, och då är vi trötta när vi kommer fram. Bilen kommer också att vara på fel ställe efter fjällvandringen och det är besvärligt.

John Kan vi inte flyga då?

Åke Det är snabbt och bekvämt förstås, och vi kan få ungdomsrabatt eller studeranderabatt, och då är det inte så dyrt, men man ser inte så mycket. Jag föredrar nog tåget, men vi kan ju flyga hem.

John Tar inte tåget väldigt lång tid?

Åke Jo, ungefär 24 timmar från Göteborg till Abisko över Stockholm, men det är mycket bekvämt och man ser mycket mera än när man flyger. På fjärrtåget från Stockholm finns det också en bistro och biovagn, så vi kan se tre stycken filmer på kvällen om vi har lust. Först visar de en barnvänlig film, sedan en familjefilm och sist en barnförbjuden äventyrsfilm. På dagen tittar man förstås hellre på naturen utanför tågfönstret.

John Blir det inte dyrt?

Åke Inte om vi köper reslustkort. Då betalar man rött pris på röda avgångar. Det är bara ungefär hälften så dyrt.

John Du har säkert rätt. Vi tar tåget dit, men jag vill hellre flyga hem.

juli *July*
förstås *of course*
natur (-en, -er) *nature, scenery*
vidd (-en, -er) *vast expanse, wide open space*
unik *unique*
det tar *it takes*
hinn/a (-er, hann, hunnit) *have time to*
trött (trött, trötta) *tired*
komma fram *arrive*
besvärlig *difficult, awkward*
flyg/a (-er, flög, flugit) *fly*
snabb *fast*
bekväm *comfortable*
ungdomsrabatt (-en, -er) *youth discount*
studeranderabatt (-en, -er) *student discount*
före/dra (-drar, -drog, -dragit) *prefer*
väldigt *tremendously*
över *via*
fjärrtåg (-et, -0) *long distance train*
biovagn (-en, -ar) *railway carriage with a cinema*
om vi har lust *if we feel like it*
barnvänlig *suitable for children*
barnförbjuden *for adults only*
äventyrsfilm (-en, -er) *thriller*
fönster (fönstret, fönster) *window*
reslustkort (-et, -0) *discount travelcard*
rött pris *reduced price*
röd avgång (-en, -ar) *reduced price departure*

Rätt eller fel?

(*a*) Man kan se midnattssolen i hela Sverige.
(*b*) Det tar ungefär tre dagar att köra från Göteborg till Abisko om man vill se något på vägen.
(*c*) Det finns biovagnar på alla svenska tåg.
(*d*) Rött pris är extra dyrt.

Samtal

Åke and John are at the booking office at the railway station.

Åke Två reslustkort och två biljetter Göteborg-Abisko turiststation över Stockholm med avresa på lördag, röd avgång. Kan man få ungdomsrabatt på rött pris också? Här är mitt leg.

Biljettförsäljaren Det går bra. Enkel eller tur och retur, rökare eller icke-rökare, sovvagn, liggvagn eller sittvagn?

Åke Enkla biljetter, icke-rökare, liggvagn, tack.

Biljettförsäljaren Varsågod, här är biljetterna. Avgång kl. 13.10 och ankomst kl. 12.34. Tiderna och vagn och platsnumret står på platsbiljetten. Tåget går från plattform 1, spår 2. Trevlig resa!

Åke Tack så mycket.

biljett (-en, -er) *ticket*
avres/a (-an, -or) *departure*
det går bra *that's O.K.*
enkel *single*
tur och retur (abbrev. **T o R**) *return tickets*
rökare *smoker*
icke-rökare *non-smoker*
sovvagn (-en, -ar) *sleeper*
liggvagn (-en, -ar) *couchette*
sittvagn (-en, -ar) *ordinary seat*
ankomst (-en, -er) *arrival*
vagn (-en, -ar) *coach*
platsnummer (-numret, -nummer) *seat number*
platsbiljett (-en, -er) *seat reservation ticket*
plattform (-en, -ar) *platform*
spår (-et, -0) *track, line*
trevlig resa *have a nice journey*

Rätt eller fel?

(*a*) Man kan inte få någon rabatt på rött pris.
(*b*) Sovvagn och liggvagn är samma sak.
(*c*) Avgångstid och ankomsttid står på platsbiljetten.

Vad ni behöver veta

Getting around

Flyg Transport in Sweden is very good. Because of the great distances, flying is popular for long distance journeys. If you don't need to travel during the rush hours (before 09.15 or between 14.30 and 19.15 weekdays) you can get a ticket at budget price, and your partner and children pay only a fraction of the price. The ticket must be booked four days ahead of travel.

Tåg Trains are run by **SJ** – **Statens Järnvägar** (the State Railways). They are modern and extremely comfortable. Some trains have special compartments for families (marked **Fam**) and access to showers in sleepers. Tickets are valid for one month. Second class travel is the norm. There is a high-speed train – X2000 – between Stockholm and Gothenburg and on some other lines – with fax, cordless telephone, photocopier, shop, bistro, radio and music programmes, and so on.

Bussar There are plenty of short distance local buses, but not as many long distance coaches. However, during the summer some long distance buses are laid on for tourists and there are also coaches to ski resorts during the winter. In the north, postal buses carry passengers as well as post.

Lappland Lapland, especially the part that lies north of the Arctic circle, is the most unspoilt wilderness in Europe. Here lovers of nature and adventure can find all they want – fishing, river rafting, mountain hiking in summer, skiing and dog sledge tours in winter.

Kungsleden The most popular hiking route is **Kungsleden** (the Royal Trail) which takes you through 135 miles of the mountain world from Abisko to Kvikkjokk, but there are many other trails as well. The trails in Jämtland or south of Stockholm and in Skåne are becoming increasingly popular.

Så här säger man

How to:

- ask for information

Vad ska vi göra?	*What shall we do?*
Hur ska vi komma dit?	*How shall we get there?*
Ska vi (inte) köra?	*Shall we (not) drive?*
Kan vi (inte) flyga?	*Can we (not) fly?*
Tar inte tåget lång tid?	*Doesn't the train take a long time?*
Blir det (inte) dyrt?	*Will it (not) be expensive?*
Kan man få någon rabatt?	*Can we get any discount?*

- express a preference

Vi kan naturligtvis . . . men det är svårt/dyrt	*We can of course . . . but it is difficult/expensive.*
Det är snabbt och bekvämt förstås, men . . .	*It is fast and comfortable, of course, but . . .*
Jag föredrar nog tåget.	*I probably prefer the train.*
Jag vill hellre flyga.	*I prefer flying.*

- book railway tickets

En enkel biljett Göteborg-Stockholm med X2000, tack.	*A single ticket Gothenburg-Stockholm by the X2000, please.*
En tur och retur Stockholm-Malmö rött pris, tack.	*A return ticket Stockholm-Malmö at the discounted price, please.*
När går tåget?	*When does the train leave?*
När är vi framme?	*When do we arrive?*
Från vilken plattform går tåget?	*From which platform does the train leave?*

Grammatik

1 Verbs: the future tense

The future tense naturally indicates that something is going to happen in the future. There are three ways of expressing the future in Swedish:

(*a*) **ska** + an infinitive without '**att**' is probably the least common way. It is used when the subject has decided to do – or not to do – something:

Jag ska lära mig svenska.	*I shall teach myself Swedish.*
Jag ska inte ge upp.	*I shall not give up.*

As an alternative it is also possible to use **tänka** + an infinitive without '**att**' with the meaning of *planning or intending to do something*:

De tänker lära sig svenska.	*They intend to teach themselves Swedish.*

(*b*) **kommer att** + an infinitive expresses an assumption about what is going to happen in the future:

Om du inte slutar röka kommer du att få cancer.	*If you don't stop smoking you'll get cancer.*

This is a very common way of expressing the future tense, in particular when **det** is the subject:

Det kommer att regna i morgon.	*It will rain tomorrow.*

(*c*) the present tense is probably the most common way if there is a time expression indicating future or if it is obvious from the context that the action is taking place in the future:

De åker till Lappland i juli.	*They will go to Lapland in July.*
Blir det inte dyrt?	*Won't it be expensive?*

2 The names of the months

The names of the months are as follows:

januari	juli
februari	augusti
mars	september
april	oktober
maj	november
juni	december

Note that Swedish does not use capital letters for the names of the months.

3 Då/sedan *(then)*

The English adverb *then* is ambiguous. Sometimes it means *at that particular time* or *in that case*, and then it corresponds to **då** in Swedish, but at other times it means *afterwards*, and then it must be translated by **sedan** in Swedish.

Vi ska åka till Lappland efter midsommer. **Då** ska vi se midnattssolen.	*We shall be going to Lapland after Midsummer.* ***Then*** *we'll see the midnight sun.*
Har du engelskt körkort? **Då** får du köra i Sverige också.	*Have you got an English driving licence?* ***Then*** *you are allowed to drive in Sweden as well.*
Vi ska åka till Lappland. **Sedan** ska vi åka till Skåne.	*We are going to Lapland.* ***Then*** *we'll be going to Skåne.*

The Swedish words **då** and **sedan** are also ambiguous. **Då** can also be a conjunction, meaning either *when* or *as*, though this is normally found in more formal language, for example in business letters. **Sedan** can be a conjunction or a preposition meaning *after*, *since*, as well as an adverb, for example:

Vi kommer att möta er **då** planet anländer.	*We are going to meet you* ***when*** *the plane arrives.*
Då vi inte hört från er antar vi att ni inte är intresserade.	***As*** *we haven't heard from you we assume that you are not interested.*
Sedan han slutade skolan har han inte haft något arbete.	***Since*** *he finished school he has not had any work.*
Han har inte haft något arbete **sedan** jul.	*He hasn't had any job* ***since*** *Christmas.*

4 Fjäll, älv

Fjäll is a word that is only used about high mountains in Scandinavia. Mountains in the rest of the world are called **berg**:

Fjällen i Lappland är mycket gamla.	*The mountains in Lapland are very old.*
Det högsta berget i världen är Mount Everest.	*The highest mountain in the world is Mount Everest.*

Similarly, **älv** is only used about large, fast-flowing rivers in Scandinavia. Smaller, slow-flowing rivers are called **å**. The general word for large rivers, and for rivers in other parts of the world, is **flod**:

Vindelälven är kanske den vackraste älven i Sverige.	*Vindelälven is perhaps the most beautiful river in Sweden.*
Flera små åar i Sverige kallas Svartån.	*Several small rivers in Sweden are called Svartån.*
Den mest kända floden i England är Temsen.	*The best known river in England is the Thames.*

5 Ankomma/anlända *(arrive)*, avgå *(depart)*

Ankomma and **avgå** are only used about means of transport in timetables and on notice boards in stations etc. and there you normally see them in the forms **ankommande** and **avgående**. **Anlända** can be used about people as well as planes, trains, buses, boats etc. though in everyday speech **komma/fram** and **gå** are the most commonly used words for *arrive* and *depart*, for example:

Var är listan på ankommande och avgående tåg?	*Where is the list of train arrivals and departures?*
Vi anländer med morgonplanet.	*We'll arrive on the morning flight.*
Jag kom fram precis kl. 11.	*I arrived exactly at 11 o'clock.*
Bussen går om en kvart.	*The bus departs in a quarter of an hour.*

6 Du har rätt/fel *(you are right/wrong)*

Note the difference between English and Swedish in the phrase *you*

are *right/wrong*, which corresponds to **du** ***har*** **rätt/fel** in Swedish.

Övningar

30 Luleå-Boden-Kiruna-Narvik

12 jun 1994 - 8 jan 1995

		Tågnummer	(buss)	3588 R	3588 R	994 R	904 R	980 R	971 R	901 R	3552 R	992 R
				2 kl	2 kl	2 kl	2 kl	2 kl	2 kl	2 kl	2 kl	2 kl
		Period	**12/6-14/8**	**12/6-14/8**	**15/8-19/9**							
		Måndag-Fredag	**M-F**		**M-F**	**M-F**	**M-F**	**M-F**	**M-F**	**M-F**	**M-F**	**M-F**
		Lördag		**L**	**L**	**L**	**L**	**L**	**L**	**L**	**L**	**L**
		Sön- o Helgdag		**SoH**	**SoH**	**SoH**	**SoH**	**SoH**	**SoH**	**SoH**	**SoH**	**SoH**
		Går ej				25/6, 25/12, 1/1	25/6, 25/12, 1/1		24/12, 31/12	24/12, 31/12	24/6, 25/6, 5/11, 24/12, 25/12, 31/12	24/6, 24/12, 31/12
0	fr	**Luleå C**				A 6.48		F 10.00	U 16.35	U 16.54	F 17.16	U 19.46
36	t	**Boden C**				7.11	→	10.31	16.58	17.20	17.41	20.09
	fr	*Malmö*					*11.17*	*13.17* 14				
	fr	*Göteborg*					*13.10*	*16.27* 14				
	fr	*Stockholm C 40*					17.40 13	*20.10* 14				
36	fr	**Boden C**					A 7.35	F 10.43			F 17.44	
123	fr	Murjek					A 8.30	F 11.41			F 18.39	
156	fr	Nattavaara					|	|			F 19.08	
204	t	**Gällivare**					9.36	12.42			19.43	
204	fr	**Gällivare**					A 9.50	F 12.47			F 19.43	
262	fr	Fjällåsen					|	|			20.26	
265	fr	Kaitum					|	|			20.29	
276	fr	Sjisjka					|	|			20.38	
304	t	**Kiruna C**					10.59	14.08			21.00	
304	fr	**Kiruna C**	B 7.15	B 7.15	B 7.15		A 11.15	F 14.23				
315	fr	Krokvik	B 7.23	B 7.23	B 7.23		|	|				
325	fr	Rautas	B 7.30	B 7.32	B 7.32		|	|				
336	fr	Rensjön	B 7.35	B 7.41	B 7.41		|	|				
345	fr	Bergfors	B 7.45	B 7.49	B 7.49		|	|				
355	fr	Torneträsk	B 7.55 9	B 7.58	B 7.58		|	|				
365	fr	Stenbacken	B 8.00 9	B 8.07	B 8.07		|	|				
375	fr	Kaisepakte	8.10 9	8.16	8.16		|	|				
387	fr	Stordalen	8.15 9	8.25	8.25		|	|				
397	fr	Abisko Östra	8.25	8.35	8.35		12.27	15.34				
399	fr	**Abisko turiststn**	8.35	8.43	8.43		12.34	15.43				
406	fr	**Björkliden**	8.50	8.50	8.50		12.43	15.56				
411	fr	Tornehamn	8.54 9	9.01	9.01		|	|				
416	fr	Kopparåsen	8.57 9	9.06	9.06		|	|				
423	fr	Låktatjåkka	9.07 9	9.13	9.13		|	|				
426	fr	Vassijaure	9.09 9	9.18	9.18		13.06	16.18				
430	fr	Katterjåkk	9.11 9	9.24	9.24		13.10	16.25				
433	fr	**Riksgränsen**	9.24	9.28	9.28		13.14	16.30				
435	fr	Bjørnfjell	|	9.35	9.35		13.22	16.38				
446	fr	Katterat	|	9.48	9.48		|	16.50				
455	fr	Rombakk	|	10.00	10.00		|	16.59				
463	fr	Straumsnes	|	10.11	10.11		|	17.08				
473	t	**Narvik**	10.10	10.25	10.25		14.03	17.20				

Anmärkningar

9 Hållplats vid E10.

13 17.30 27/6-31/7.

14 **Dagl** dock ej 24/12, 31/12.

Reslustkort

ger **Reslustrabatt**
Ti, O, To, L samt 25/6, 5/11, 25/12
dock ej 23/6, 22/12, 5/1

ger **Rött pris** på **Röda avgångar**

A **L** samt 5/11, 6/1 dock ej 7/1

B **M-To** dock ej 23/6, 5/1

F **Ti, O** dock ej 27/12

U **Ti, O** dock ej 27/12; gäller sitt-, sov- och liggvagn

Under perioden 27/6-15/8 ges Reslustrabatt alla dagar

1 Answer the following questions with the help of the timetable.

(*a*) Det finns två tåg som Åke och John kan åka med från Göteborg Central till Abisko turiststation. Vilka nummer har dessa tåg?
(*b*) När avgår de här tågen från Göteborg Central?
(*c*) När anländer de till Abisko turiststation?
(*d*) Vilka dagar går de här tågen?
(*e*) Vilka dagar kan man få reslustrabatt på sommaren?
(*f*) På det tåg som kallas Nordpilen (*the Northern Arrow*) kan man bara få rött pris på röda avgångar på lördagar. Vilket nummer har det och när avgår det från Stockholm under juli månad?

Dagl (dagligen)	daily
Helgdag	*public holiday*

Note! If any part of a journey entitles you to **rött pris** you will get a discount for the entire journey.
[R] indicates that seat reservation is obligatory.

2 Select the most suitable way of translating the future tense in the following sentences. Note that in some cases several ways are possible, depending on how you interpret the English text.

(*a*) Jag (*shall*) .... göra det.
(*b*) Vi (*shall*) .... få resultatet i morgon.
(*c*) (*Are you going to*) .... du köpa en Volvo?
(*d*) Nästa år (*will be*) .... mitt sista år här.
(*e*) Hon (*doesn't intend to*) .... hälsa på honom.
(*f*) Tror du att det (*will be*) .... vackert väder idag?
(*g*) Han (*is going to*) .... börja skolan i år.
(*h*) (*Will*) .... du stanna hemma ikväll?
(*i*) Du (*will*) .... bli gammal.

3 Answer the following questions in Swedish.

(*a*) Vilken månad är den kortaste månaden?
(*b*) Vilka månader är längst?
(*c*) Vilka månader har bara 30 dagar?
(*d*) I vilken månad firar svenskarna midsommar?
(*e*) I vilken månad firar vi jul?

(*f*) När är det vår i Sverige?
(*g*) När är det sommar i Sverige?
(*h*) När är det höst i Sverige?
(*i*) När är det vinter i Sverige?

4 Fill in the missing words, **då** or **sedan**, in the text below.

Svenskarna firar midsommar i slutet på juni. .... dansar de runt en majstång. .... brukar flickorna plocka sju sorters blommor. .... får de inte prata med varandra. .... ska de lägga blommorna under kudden. .... får de se den man som de ska gifta sig med i drömmen, om de har följt reglerna.

kudd/e (-en, -ar) *pillow*
dröm (drömmen, drömmar) *dream*
följt reglerna *followed the rules*

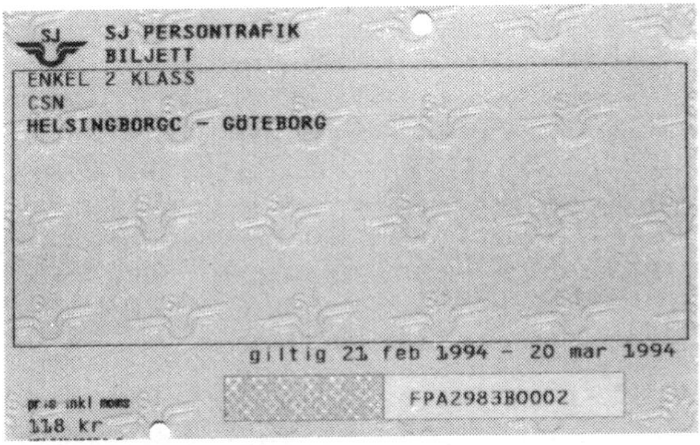
SJ PERSONTRAFIK
BILJETT
ENKEL 2 KLASS
CSN
HELSINGBORGC – GÖTEBORG
giltig 21 feb 1994 – 20 mar 1994
FPA2983B0002
pris inkl moms
118 kr

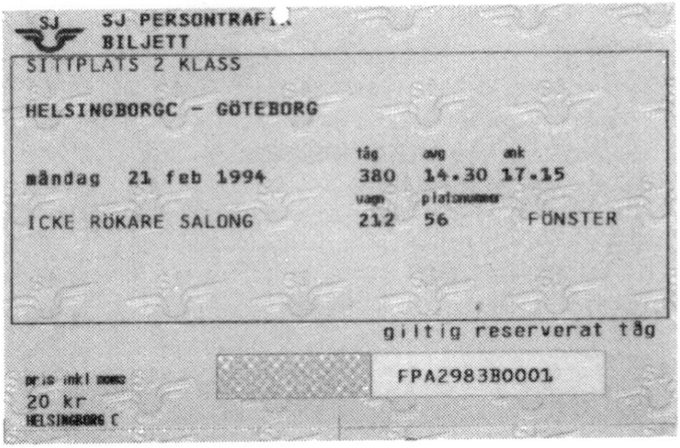
SJ PERSONTRAFIK
BILJETT
SITTPLATS 2 KLASS
HELSINGBORGC – GÖTEBORG

	tåg	avg	ank	
måndag 21 feb 1994	380	14.30	17.15	
	vagn	platsnummer		
ICKE RÖKARE SALONG	212	56		FÖNSTER

giltig reserverat tåg
FPA2983B0001
pris inkl moms
20 kr
HELSINGBORG C

5 Look at the railway ticket and seat reservation ticket on page 183. Study them and answer the following questions in English.

(*a*) Where does the journey start and where does it end?
(*b*) Is it a single or a return ticket?
(*c*) At what time does the train depart?
(*d*) At what time should the train arrive?
(*e*) In which coach will the passenger travel?
(*f*) Is it a smoker or non-smoker compartment?
(*g*) What is the seat number?
(*h*) Is it an aisle or window seat?

6 Fill in the correct form of the words **älv/å/flod** in the following sentences.

(*a*) Tillsammans är Klarälven och Göta älv Sveriges längsta ....
(*b*) Det finns inga stora .... söder om Göteborg.
(*c*) I den lilla .... i Skåne finns ett par små öar.
(*d*) Den längsta .... i världen är Nilen.
(*e*) De stora .... i norra Sverige rinner från nordväst till sydost.
(*f*) Mississippi och Missouri är de mest kända .... i Amerika.
(*g*) Man bör inte dricka vattnet i de små ....

7 Which word do you think fits best in the sentences below? Choose between **ankomma/anlända**, **komma (fram)**, **avgå/gå** and make sure that you use their correct form.

(*a*) Vi möter dig när du ....
(*b*) Postbussen .... varje dag mellan de små byarna.
(*c*) Jag hoppas att presenten .... i tid.
(*d*) När vi .... hade tåget redan ....
(*e*) Både .... och .... tåg är försenade (*late*).

8 Åke has sent a postcard to his parents. Read it and answer the questions below in English.

alldeles lagom *just right*
mygg (-en) (collective) *mosquitoes*
vi ses snart! *see you soon!*

Sweden. Lappland
Alesjaure d. 10/7 95
Hej!
Vi har kommit ungefär halvvägs och allt har gått bra.
Naturen är alldeles fantastisk och vi har haft fint väder nästan hela tiden. Det är ungefär 14° varmt på dagen och det är alldeles lagom när man vandrar. Vi har också träffat två trevliga flickor - de kommer från Göteborg! att hälsa på oss i Göteborg!
Det värsta har varit myggen - de är mycket besvärliga.
Vi ses snart!
Åke och John
1050/35
Familjen Svensson
Storgatan 7A III
395 84 GÖTEBORG
SVERIGE 30
SVERIGE 2,90
Brunbjörn Ursus arctos
Printed in Sweden

(*a*) How far had the boys come when they sent the postcard?
(*b*) What sort of weather have they had?
(*c*) What will the girls do in Gothenburg?
(*d*) What has been difficult for the boys?

Samtal

John and Åke are talking together when they are approached by two girls.

John Det är verkligen underligt att se solen vid midnatt.

Åke Ja, det är särskilt besvärligt för föräldrar att övertyga sina barn att det är natt när det inte är riktigt mörkt. Men det varar inte så länge, bara några veckor i juni och juli. Ju längre norrut man är ovanför polcirkeln, desto längre kan man se midnattssolen.

Jytte Ursäkta, vi hörde att ni ska vandra på Kungsleden. Jag heter Jytte och det här är min syster Jenny. Får vi följa med er för vi är lite rädda för att gå ensamma?

John Javisst. Ju fler desto bättre. Vad är ni rädda för?

Jytte För att gå vilse, och också för vargarna och björnarna.

Åke Kungsleden är mycket väl markerad, så där kan ni inte gå vilse. Det finns knappast några vargar kvar nu i Sverige, och björnarna ser man inte så ofta. Då är säkert myggen farligare.

underligt *curious*
övertyg/a (-ar, -ade, -at) *convince*
var/a (-ar, -ade, -at) *(to) last*
ju . . . desto *the . . . the*
rädd *afraid*
ensam (-t, ensamma) *alone, by ourselves*
varg (-en, -ar) *wolf*
björn (-en, -ar) *bear*
väl markerad *well-marked*
knappast *hardly*

Förstår du?

Lapparna

Lapparna eller samerna, som de själva föredrar att kalla sig, och som är det officiella namnet, har levt högst uppe i norr i de arktiska eller subarktiska regionerna i Norge, Sverige, Finland och Sibirien sedan urminnes tider. De har också kallats "Nordens indianer" eftersom deras historia har mycket gemensamt med indianernas historia.

Traditionellt var samerna nomader – de följde renarna när dessa vandrade från skogarna, där de var under vintern, upp till bergen, där de var under sommaren. Nu är det bara omkring 3 000 samer som ägnar sig åt renskötsel. De flesta lever som resten av svenskarna, men samerna får statligt stöd för att bevara sitt urgamla språk, samiskan, och sin kultur, som t. ex. de färgglada kläderna. Renskötseln har emellertid moderniserats. Nu använder man snöskoters, flygplan och radio.

Förut klarade samerna sig nästan helt och hållet med produkterna som de fick från sina renar. Därför blev Tjernobylolyckan 1986 en katastrof för dem. Både renarna och vad de åt blev smittade av radioaktiviteten. Till januari 1994 har 188 000 renar fått kasseras eftersom de innehöll för mycket cesium 137. Men det finns hopp – cesiumhalten har minskat snabbare än vad experterna räknade med, fast man tror att problemet med höga cesiumhalter kommer att finnas kvar åtminstone till år 2015.

same (-n, -r) *Lapp, Laplander*
officiell *official*
lev/a (-er, -de, -t) *live*
sedan urminnes tider *from time immemorial*
indian (-en, -er) *(American) Indian*
gemensamt med *in common with*
traditionellt *traditionally*
nomad (-en, -er) *nomad*
omkring (abbrev. **o**) *around*
ägnar sig åt *make their living from*
renskötsel *reindeer keeping*
emellertid *however*
statligt stöd *state subsidy*
bevar/a (-ar, -ade, -at) *preserve*
ur/gammal (-gammalt, -gamla) *ancient*
samiska (-n) *the language of the Lapps*
kultur (-en, -er) *culture*
färg/glad (-glatt, -glada) *brightly coloured*
moderniser/a (-ar, -ade, -at) *modernise*
använd/a (-er, använde, använt) *use*
snöskoter (-n, snöskotrar) *snow-mobile*

klarade sig *managed*	**fått kasseras** *had to be destroyed*
helt och hållet *entirely*	**innehåll/a (-er, innehöll, innehållit)** *contain*
produkt (-en, -er) *product*	**hopp (-et)** *hope*
Tjernobylolyck/a (-an, -or) *the accident at Chernobyl*	**cesiumhalt** *cesium content*
äta (äter, åt, ätit) *eat*	**minsk/a (-ar, -ade, -at)** *decrease*
katastrof (-en, -er) *catastrophe, disaster*	**expert (-en, -er)** *expert*
smittade *infected*	**räknade med** *calculated*
radioaktivitet (-en) *radioactivity*	**finnas kvar** *remain*
	åtminstone *at least*

Rätt eller fel?

(*a*) Samerna har inte bott i Sverige så länge.
(*b*) Majoriteten av samerna ägnar sig åt renskötsel.
(*c*) Samiskan är ett mycket gammalt språk.
(*d*) Det finns inget hopp om att cesiumhalten i renarna ska minska.

Lapland

13

HAR NI NÅGOT RUM LEDIGT?

Have you a room vacant?

In this unit you will learn

- how to book a room in a hotel
- how to enquire about meals and facilities
- how to ask for information about tourist attractions and events
- how to express satisfaction
- how to write dates

Samtal

Anders has been asked to book a room for an American business associate who has specified a first-class hotel in central Stockholm. Anders telephones the Hotell Diplomat.

Anders Goddag. Har ni något rum ledigt för tre nätter, den 26, 27 och 28 augusti?

Receptionisten Jadå. Önskar ni ett enkelrum eller dubbelrum, med bad eller dusch?

Anders Ett enkelrum med bad och toalett, tack. Ingår frukosten i priset och finns det telefon och TV på rummet?

Receptionisten Frukosten ingår i priset. Alla våra rum har telefon, färgteve och radio.

Anders Tack, det var bra. Kan jag få bekräftelse på bokningen. Rummet är för Mr Bill Stacey från USA, men var snäll och skicka bekräftelsen till mig, direktör Anders Svensson, Storgatan 7 A, 395 84 Göteborg.

Receptionisten Tack så mycket. Jag skickar bekräftelsen omgående.

ledig *vacant*	**toalett (-en, -er)** *toilet*
önsk/a (-ar, -ade, -at) *wish*	**ingå (-r, ingick, ingått)** *is included*
enkelrum (-met, -0) *single room*	**telefon (-en, -er)** *telephone*
dubbelrum (-met, -0) *double room*	**färgteve (-n)** *colour television*
bad (-et, -0) *bath*	**bekräftelse (-n, -r)** *confirmation*
dusch (-en, -ar) *shower*	**omgående** *by return*

Rätt eller fel?

(*a*) Det finns inga lediga rum på Hotell Diplomat.
(*b*) Mr Stacey vill inte ha ett dubbelrum.
(*c*) Anders kan snart få bekräftelse på bokningen.

Samtal

Mr Stacey arrives at Hotell Diplomat.

Mr Stacey Goddag. Jag har reserverat ett rum för tre nätter.

Portiern Välkommen. Hur var namnet?

Mr Stacey Mr Bill Stacey. Här är bekräftelsen.

Portiern Det stämmer. Rum nummer 307, på tredje våningen. Här är nyckeln. Pickolon visar er till ert rum och tar hand om bagaget.

Mr Stacey När serveras frukosten?

Portiern Mellan klockan 7 och 9.30. Ni kan också få mat på rummet när som helst.

Mr Stacey Jag skulle också vilja veta vad som händer i Stockholm just nu, och en karta över staden vore bra att ha.

Portiern Varsågod, här är en karta och 'Stockholm this week'. Broschyrer över de flesta attraktionerna ligger där borta. Det är bara att välja. Vi kan ordna biljetter om

	ni vill.
Mr Stacey	Tack, det var utmärkt.

reserver/a (-ar, -ade, -at) *reserve*
det stämmer *that's right*
nyckel (-n, nycklar) *key*
pickolo (-n) *bellboy, porter*
tar hand om *takes care of*
händ/a (-er, hände, hänt) *happen*
vore *would be*
broschyr (-en, -er) *pamphlet*
attraktion (-en, -er) *attraction, event*
det är bara att välja *please choose for yourself*
ordn/a (-ar, -ade, -at) *get, obtain*
utmärkt *excellent*

Rätt eller fel?

(*a*) Mr Staceys rum är reserverat för en natt.
(*b*) Rummet ligger på första våningen.
(*c*) Han kan få mat på rummet när som helst.

Samtal

John and Åke have decided to go to the famous Stockholm Water Festival. They have not booked any accommodation in advance and turn up at a small hotel.

John	Hej. Finns det några lediga rum?
Portiern	Tyvärr inte. Alla våra rum är upptagna under hela festivalen. Vilken prisklass ville ni ha?
John	Så billigt som möjligt, för vi är studerande.
Portiern	Då rekommenderar jag att ni går till Hotellcentralen på Centralstationen. De har uppgifter om tillgängliga rum.
John	Tack för rådet! Det var bra.

upptagen (upptaget, upptagna) *booked*
festival (-en, -er) *festival*
prisklass (-en, -er) *price category*
så . . . som möjligt *as . . . as possible*
studerande (-n, -0) *student*
uppgift (-en, -er) *detail, information*
tillgänglig *available*
råd (-et, -0) *advice*

Rätt eller fel?

(*a*) Det finns inget ledigt rum på hotellet.
(*b*) Priset på rummet är inte så viktigt för John och Åke.
(*c*) Hotellcentralen har uppgifter om lediga rum i Stockholm.

Vad ni behöver veta

Kräftskiva August is a very important month in the Swedish culinary calendar. Three major feasts take place. The crayfish season starts at midnight on the second Wednesday of that month and continues until early September. Swedes gather on verandahs and terraces all over the country under gaily coloured Chinese lanterns dressed in party hats and paper bibs for a moonlit feast called **Kräftskiva**. Nowadays Sweden has almost run out of crayfish, so most of them are imported, especially from Turkey – where incidentally they are considered inedible! The crayfish are boiled with salt and plenty of flowering dill and eaten cold accompanied by aquavit and beer, and with the August moon looking on, parties tend to be very jolly.

Surströmming Crayfish don't occur above Dalecarlia, so from the third Thursday of August people in Norrland have their own feast on **surströmming**, fermented Baltic herring. This is definitely an acquired taste, and most 'southerners' steer well clear of it. The smell says it all . . . !

Ålagille Late August is the season for **ålagille** in Skåne and Blekinge in the south of the country. Eels are the order of the day, prepared in ten or twelve different ways, and served with aquavit.

Så här säger man

How to:

- book a room in a hotel

Har ni något rum ledigt?	*Have you a room vacant?*
Jag skulle vilja ha ett enkel/dubbel rum.	*I would like a single/double room.*

Jag skulle vilja ha ett rum med bad/dusch/luftkonditionering/balkong. — *I would like a room with bath/shower/air conditioning/balcony.*
Jag vill vara nära stadens centrum. — *I want to be near the town centre.*
Vad kostar det? — *How much does it cost?*

- enquire about facilities

När serveras frukosten? — *When is breakfast served?*
Finns det telefon/TV/radio/på rummet? — *Is there a telephone/TV/radio in the room?*

- ask about tourist attractions and events

Jag skulle vilja veta vad som finns att se här. — *I would like to know what there is to see here.*
Kan ni tala om för mig . . .? — *Can you tell me . . .?*
Kan ni ordna biljetter till . . .? — *Could you get tickets to . . .?*

- express satisfaction

Det var utmärkt! — *That's excellent!*
Det var bra. — *That's good.*
Det var snällt. — *That's kind of you.*

Grammatik

1 Ordinal numbers: 1st – 1000th

The Swedish ordinals are as follows:

1	första/förste	11	elfte
2	andra/andre	12	tolfte
3	tredje	13	trettonde
4	fjärde	14	fjortonde
5	femte	15	femtonde
6	sjätte	16	sextonde
7	sjunde	17	sjuttonde
8	åttonde	18	artonde
9	nionde	19	nittonde
10	tionde	20	tjugonde

21	tjugoförsta	80	åttionde
22	tjugoandra etc.	90	nittionde
30	trettionde	100	hundrade
40	fyrtionde	101	(ett)hundraförsta
50	femtionde	172	(ett)hundrasjuttioandra
60	sextionde	500	femhundrade
70	sjuttionde	1000	tusende

The two first ordinals take the optional ending **-e** when they refer to males in the singular:

Min andre son är kemist.	*My second son is a chemist.*

As in English, the ordinal numbers are used as adjectives. **1:a**, **2:a**, **4:e** etc. are very common abbreviations for **första**, **andra**, **fjärde**, etc. but the number alone is usually sufficient to indicate an ordinal, for example in dates and in the names of kings and queens.

Rummet är på tredje våningen.	*The room is on the third floor.*
De olympiska spelen äger rum vart fjärde år.	*The Olympic Games take place every fourth year.*
Bussen går var femte minut.	*The bus goes every fifth minute.*
Norwich den 19 augusti 1995.	*Norwich, 19 August, 1995.*
Terminen börjar den 1 oktober.	*The term starts on October 1.*
Kung Carl XVI Gustaf	(pronounced Carl den sextonde Gustaf)
Drottning Elizabeth II	(pronounced Elizabeth den andra)

2 *Varje – var/vart – varenda/vartenda – var och en/vart och ett – varannan/vartannat*

Varje and **var/vart** mean *each*, *every*, but are not always interchangeable. **Varje** is the most common of them and, unlike the others, is unchanged, whether it refers to an **en-** word or an **ett-** word. Only **var/vart** can be used before an ordinal.

Varenda/vartenda (*every single one*) is used when the words are particularly stressed.
Var och en/vart och ett means *each one*.
Varannan/vartannat means *every second*.

varje/var gång	*every time*
varje/vart år	*every year*
var sjätte månad	*every sixth month*
vartenda hus	*every single house*
var och en av oss	*each one of us*
vartannat år	*every second year*

Note also the expressions **lite av varje** *all sorts of things* and **i varje fall** *in any case*.

3 The translation of English '-ing' forms

In English a word ending in *-ing* can be either a noun, an adjective or a verb, for example:

*Laugh**ing** is good for you.*	Att skratta är nyttigt.
*a laugh**ing** clown*	en skrattande clown
*He went away laugh**ing**.*	Han gick därifrån skrattande.
*The child is laugh**ing**.*	Barnet skrattar.

As a noun it is translated by an infinitive in Swedish.

In the last three examples, the *-ing* form is a present participle used as an adjective or a verb.

The Swedish present participle has two forms. If the infinitive form of a verb ends in an **-a** (as it does for most verbs) the present participle ends in **-ande**. If the infinitive ends in a vowel other than **-a** the present participle ending is **-ende**: **grå*tande*** (*crying*), **komm*ande*** (*coming*), **stig*ande*** (*rising*), **dö*ende*** (*dying*), **gå*ende*** (*walking*), **leende** (*smiling*).

In Swedish the present participle is seldom used as a verb. In practice this happens only after the verbs **komma**, **gå**, **bli** and verbs of motion, for example:

Han kom vissl**ande** på vägen.	*He came whistling along the road.*
Hon gick le**ende** till honom.	*She went smiling to him.*

The present participle is mainly used as an adjective or a noun in Swedish, or occasionally as an adverb:

en sjung**ande** flicka	*a singing girl*
De studer**ande** får rabatt.	*Students get a discount.*

Hon var påfall**ande** vacker.	*She was strikingly beautiful.*

Note that all present participles used as nouns denoting people are fifth declension **en-** nouns, so they don't have a plural ending. If the present participle nouns do not denote people, they are fourth declension **ett-** nouns, so they take **-n** as the plural ending:

Alla överlevande är sårade.	*All survivors are wounded.*
Hon gav honom många leenden.	*She gave him many smiles.*
Han fick flera erbjudanden om arbete.	*He got several offers of work.*

Present participles used as adjectives or adverbs do not take any endings. They must be compared with **mera** and **mest**:

Det mest lockande erbjudandet kom från Unilever.	*The most tempting offer came from Unilever.*

4 The spelling of words ending in -m *or* -n

Unfortunately, sometimes an **m** or **n** at the end of a word is not doubled even though the vowel is short. Thus these words break the normal pronunciation rules. Such words are: **rum** (*room*), **hem** (*home*), **dum** (*silly*), **kam** (*comb*), **kom** (*came*), **program** (*programme*), **min** (*my*), **din** (*your*), **sin** (*his/her/its/their*), **man** (*man*), **män** (*men*), **men** (*but*), **vän** (*friend*), **mun** (*mouth*), **kan** (*can*).

However, if an ending starting with a vowel is added, the **m** or **n** respectively is doubled. Thus the number of **m**s or **n**s varies between different forms of the same word, for example:

Noun	Indef. sing.	Def. sing.	Indef. plural	Def. plural
	rum	rummet	rum	rummen
	hem	hemmet	hem	hemmen
	man	mannen	män	männen
Verb	Infinitive	Present tense	Past tense	Supine
	komma	kommer	kom	kommit
Adjective	Basic	Neuter	Plural and def. form	
	dum	dumt	dumma	

5 Nummer, numret, nummer, numren

In contrast to the above, a word containing an **-mm** or **-nn** normally drops one **-m** or **-n** respectively when an ending starting with a consonant is added. This **must** be done if the ending starts with a **-d** or **-t**, for example:

Noun	nummer	numret	nummer	numren
Verb	glömma	glömmer	glömde	glömt *forget*
	känna	känner	kände	känt
	kunna	kan	kunde	kunnat
Adjective	sann	sant	sanna	

However, the double **-m** or **-n** is kept before **-s** endings (genitives and verbs ending in **-s**), before suffixes and in compound words:

ett lamms ull	*a lamb's wool*
Det känns bra.	*It feels good.*
kvinnlig	*female*
lammkotletter	*lamb chops*

6 *The subjunctive*

The subjunctive causes few problems in Swedish, as it is not used today in normal Swedish, apart from **vore** (from **vara**) and in a few set phrases. It is normally formed by adding **-e** to the stem of the verb. The subjunctive expresses wishful thinking or an unreal state, an hypothesis etc., for example:

Det **vore** roligt om du kom.	*It would be nice if you came.*
Lev**e** brudparet!	*Hooray for the bride and bridegroom!*
Tack var**e** dig.	*Thanks to you.*
Mått**e** han komma!	*I do hope he'll come!*
Gud välsign**e** dig!	*God bless you!*

The alternative to using the subjunctive is to use the ordinary **past tense** or **skulle + infinitive**, or **pluperfect** and **skulle + ha + supine**:

Om jag **var** rik, **skulle** jag **flyga** med Concorde.	*If I were rich, I would fly with Concorde.*

Om jag **hade varit** rik, **skulle** jag **ha flugit** med Concorde. — *If I had been rich, I would have flown with Concorde.*

Övningar

1 State the accommodation requirements of the following people. Example: Erik Johansson vill ha ett enkelrum med bad. Han behöver också garage för sin bil.

	Enkelrum	Dubbelrum	Bad	Dusch	Garage
Erik Johansson	✓		✓		✓
(*a*) Bertil och Siv Andersson		✓		✓	–
(*b*) Tore Olsson	✓			✓	✓
(*c*) Eva Sköld	✓		✓ eller	✓	–
(*d*) Familjen Vik		2 ✓	1 ✓ och	1 ✓	✓

2 Write the missing dates in words, as in the example.
Example: (4/7) I Amerika firar man **den fjärde juli**.

(*a*) *(6/6)* Sveriges nationaldag är . . .
(*b*) *(14/7)* Fransmännen firar . . .
(*c*) *(17/5)* I Norge firas . . .
(*d*) *(23/4)* S:t George firas . . .
(*e*) *(4)* Julen firas under det . . . kvartalet.
(*f*) *(6)* Det . . . budet (*commandment*).
(*g*) *(7)* Hon var i . . . himlen.

3 Insert the correct words in the following sentences:

(*a*) Vi åker buss (*every*) . . . . dag.
(*b*) Hon är ledig (*each*) . . . . tredje söndag.
(*c*) Han vann (*every single*) . . . . gång.
(*d*) Hon kommer till Sverige (*every*) . . . . fjärde år.
(*e*) (*Each one*) . . . . av barnen fick en present.
(*f*) Ett flygplan landar (*every second*) . . . . minut.

4 Form a present participle noun or adjective appropriate for the following sentences. Use the following verbs: **cykla, dö, falla** (*fall*), **gå, le, leva, stiga**.

(*a*) Trottoaren (*the pavement*) är bara för . . . .

(*b*) .... måste cykla på gatan.
(*c*) Det är svårt att se de .... barnen i Afrika på TV.
(*d*) Under 90-talet har vi haft .... matpriser men .... huspriser.
(*e*) Mona Lisas .... är berömt i hela världen.
(*f*) Ingen nu .... har sett en dinosaurie.

5 A tourist who doesn't know Swedish has asked you for information about some Stockholm hotels. Read the descriptions of the hotels below and summarise the information about each of the hotels in English for him.

Grand Hotell Unikt läge vid vattnet bredvid Kungliga Operan. Favoriserat av de kungliga, nobelpristagare och dignitärer. Medlem av 'The Leading Hotels of the World'. 319 rum.

Example: Grand Hotell is Stockholm's luxury hotel. It is large and beautifully situated in the centre by the water beside the Royal Opera House, but it is expensive.

(*a*) **Reso Hotell Reisen** Förstklassigt hotell i gammaldags stil. Läge i Gamla stan (*The Old Town*). Restaurang, barer, sauna. Utmärkta konferensrum. 113 rum.
(*b*) **Reso Hotell Amaranten** Modernt och bekvämt hotell. Läge vid City Air Terminal. Restaurang, barer, konferensrum. 410 rum.
(*c*) **Scandic Crown Hotel** Modernt hotell nära centrum. Med Scandic Holiday Card bor barn under 13 år gratis i föräldrarnas rum. Tonåringar får eget rum för 150:–. Frukost ingår i priset. Scandic Holiday Card kostar 100 :– men en presentcheck för 100 :– i Scandics restaurang + hundratals rabatter för Avis hyrbilar, bilfärjor, svenskt glas etc. ingår.
(*d*) **Welcome Hotell Barkarby** 15 minuter från centrum. Man betalar fullt pris första natten men halvt pris följande nätter. Frukost ingår i priset.
(*e*) **Sommarhotell** Moderna studentrum med dusch och toalett. Budgetpris. Utanför centrum. Särskilt lämpligt för konferenser och grupper.
(*f*) **af Chapman** Vandrarhem ombord på ett gammalt segelfartyg. Centralt läge vid Skeppsholmen. Billigt.

läge (-t, -n) *situation*	**tonåring (-en, -ar)** *teenager*
gammaldags *old fashioned*	**segelfartyg (-et, -0)** *windjammer*

6 Imagine you have been asked to book accommodation in Stockholm for the following people. Choose the most appropriate accommodation from the list above and explain your choice.

(*a*) A visiting President on an informal visit to Sweden.
(*b*) A family of five. Two children below 13, one son aged 17.
(*c*) Two teenagers on a restricted budget.
(*d*) A busy commercial traveller from abroad. He has to fly to the main Swedish cities, but wants to have Stockholm as his base.
(*e*) A young couple hoping to stay for a week, if their means allow it. A central situation is not essential, but privacy is.
(*f*) An elderly couple who emigrated from Sweden to America in their youth. They are particularly fond of everything old and quaint.
(*g*) A group of foreign students studying modern architecture.

Förstår du?

Stockholm

Man har kallat Sveriges huvudstad, Stockholm, för 'Nordens Venedig'. Den svenska författarinnan Selma Lagerlöf beskrev Stockholm som 'staden som flyter på vatten'. Stockholm ligger på fjorton öar mitt emellan Östersjön och Mälaren, Sveriges tredje största sjö. Vart man än går i Stockholm är man inte långt från vatten och båtar. Vattnet är så rent att man kan fiska lax och bada mitt i centrum. På vintern brukar vattnet frysa till is i ungefär en månad. Det är vattnet och öarna, bergen och åsarna som gör Stockholm till en så vacker stad. Ett annat namn som Stockholm har fått är 'Mälardrottningen'.

Enligt Erikskrönikan, som skrevs på 1300-talet, var det Birger Jarl som grundlade staden år 1252. Namnet Stockholm användes första gången officiellt i ett brev som är undertecknat av kung Valdemar och Birger Jarl. Namnet kommer från 'stock' (log) och 'holme' (islet). Enligt krönikan byggde Birger Jarl en fästning på den holme där hans stock flöt i land för att skydda hamnarna i Mälaren mot pirater. Staden växte långsamt, men har nu en och en halv miljon invånare.

huvudstad (-en, -städer) *capital*
Nordens Venedig *the Venice of the North*
författarinn/a (-an, -or) *authoress*
beskriv/a (-er, -skrev, -skrivit) *describe*
flyt/a (-er, flöt, flutit) *float*
vart . . . än *wherever*
ren *clean*
frysa till is *freeze over*
ås (-en, -ar) *ridge*
Mälardrottningen *The Queen of Lake Mälaren*
Erikskrönikan *the Eric Chronicle*
grundlägg/a (-er, -lade, -lagt) *lay the foundation of*
använd/a (-er, -vände, -vänt) *use*
brev (-et, -0) *letter*
underteckn/a (-ar, -ade, -at) *sign*
kung (-en, -ar) (from **konung)** *king*
fästning (-en, -ar) *fortress*
i land *ashore*
pirat (-en, -er) *pirate*
väx/a (-er, -te, -t) *grow*
långsamt *slowly*

Rätt eller fel?

(*a*) Man kan inte bada i Stockholm.
(*b*) Stockholm kallas också 'Mälardrottningen'.
(*c*) Stockholm grundlades för att skydda befolkningen runt Mälaren mot pirater.

14

VAR HAR DU VARIT?

Where have you been?

In this unit you will learn

- how to say if you like or do not like something
- how to ask where someone has been
- how to express disappointment

Samtal

John and Åke discuss their sightseeing programme in Stockholm.

John Vart ska vi gå först?

Åke Jag tycker vi ska börja med Stadshuset, för det har blivit en symbol för Stockholm. Blå hallen – som är röd! – och Gyllene salen med de fina mosaikerna, där festmiddagen för nobelpristagarna serveras är mycket vackra.

John Ja, dit måste vi gå.

Åke Före det stora ankracet kan vi väl också titta på slottet. Det har över 600 rum, och de flesta är tillgängliga för besökare. Vi kan ju inte se allt, men representationsvåningarna borde vi väl se. Det finns också sju museer på slottet. Av dem är väl skattkammaren med alla kronjuvelerna mest spännande.

John Jag tycker inte att det är så roligt med juveler. Våra kronjuveler i Towern är väl finare.

Åke I så fall kan vi titta på Gamla stan efteråt.

John Var ligger Gamla stan?

Åke Just bakom slottet. Det är den äldsta delen med gamla medeltida hus, smala gränder, trevliga butiker och mysiga restauranger. Vet du, att Stockholms domkyrka, Storkyrkan, har en berömd staty av S:t Göran och draken? Det är alltså S:t George.

John Nej, jag trodde att han bara var skyddshelgon hemma i England.

Stadshuset *City Hall*
symbol (-en, -er) *symbol*
blå (blått, blå(a)) *blue*
röd (rött, röda) *red*
gyllene *golden*
Gyllene salen *the Golden Hall*
mosaik (-en, -er) *mosaic*
festmiddag (-en, -ar) *banquet*
nobelpristagare (-n, -0) *Nobel prize winner*
serveras *is served*
ankrace (-t, -n) *duck race*
slott (-et, -0) *palace, castle*
tillgänglig *accessible, open*
besökare (-n, -0) *visitor*
skattkammare (-n, -0) *treasury*
kronjuvel (-en, -er) *crown jewel, state regalia*
spännande *thrilling*
i så fall *in that case*
efteråt *afterwards*
just bakom *just behind*
medeltida *medieval*
smala gränder *narrow lanes*
butik (-en, -er) *shop, boutique*
mysig (colloquial) *(nice and) cosy*
domkyrk/a (-an, -or) *cathedral*
drak/e (-en, -ar) *dragon*
alltså *that's to say, you know*
tro (-r, -dde, -tt) *believe*
skyddshelgon (-et, -0) *patron saint*

Rätt eller fel?

(*a*) Stadshuset har över 600 rum.
(*b*) Det finns sju olika museer på slottet.
(*c*) Det finns en staty av S:t George i Stockholms domkyrka.

Samtal

John and Åke split up as they have different interests. John then failed to turn up at Kungsträdgården, where they had agreed to meet.

Åke Var har du varit?

John Jag gick till Vasamuseet, för jag tycker inte om modern konst. Jag är mer intresserad av båtar.

Åke Jag blev besviken, för jag väntade på dig i Kungsan. Vi hade ju bestämt att vi skulle träffas där.

John Förlåt, men Vasa var så imponerande att jag inte kunde slita mig därifrån. Jag tänkte att jag inte skulle hitta dig i alla fall, för det var ju så fullt med folk i Kungsan, så jag tittade på en gratis teaterpjäs här i stället.

Åke Jag trodde du var intresserad av miljön. Jag lärde mig mycket om vattnet. Drygt 70% av jordens yta är täckt av vatten, men bara 1% går att dricka, så vi måste vara rädda om vattnet.

John Fick du biljetter till Paul McCartney?

Åke Nej, jag är ledsen men det var utsålt på Globen.

John Det var synd.

intresserad av *interested in*
besviken *disappointed*
Kungsan (colloquial) *Kungsträdgården* (a park)
imponerande *impressive*
slita mig därifrån *tear myself away from there*
hitt/a (-ar, -ade, -at) *find*
i alla fall *anyway*
fullt med folk *crowded*
miljö (-n, -er) *environment*
drygt *slightly more than*
yt/a (-an, -or) *surface*
vara rädd om *take care of*
jag är ledsen *I'm sorry*
utsålt *sold out*
det var synd *that's a pity*

Rätt eller fel?

(*a*) Man kan se modern konst på Vasamuseet.
(*b*) Det är aldrig fullt med folk i Kungsträdgården.
(*c*) Bara 1% av vattnet på jorden går att dricka.

Vad ni behöver veta

Vattenfestivalen For ten days in August Stockholm celebrates with a festival that has no equal. It is now one of the most well-attended events in Europe, with around 4 million visitors. The whole city is transformed by 1,500 different events, most of them free of charge, for example: music, theatre, dancing, samba carnival, and the world fireworks championships.

The water festival has a serious purpose, namely to protect the environment, and in particular water. The Stockholm Water Prize, introduced in 1991 and worth $150,000, is awarded to the person who has done most for the water environment anywhere in the world. There is also a junior prize, worth SEK 25 000 for a young person below 18 for an idea or a practical invention to safeguard the water.

Globen The largest spherical building in the world. Major sporting and cultural events take place there.

Vasa A Swedish warship which sank in Stockholm harbour on its maiden voyage in 1628. Now rescued and beautifully preserved, it is one of the main tourist attractions in Stockholm.

Så här säger man

How to:

- say that you like something

  Det är så vackert/intressant imponerande/spännande/kul. — *It's so beautiful/interesting/ impressive/thrilling/amusing.*

- say that you don't like something

  Jag tycker inte om modern konst. — *I don't like modern art.*
  Det är förskräckligt/hemskt/fult. — *It's terrible/awful/ugly.*

- ask where someone has been

  Var har du varit? — *Where have you been?*
  Vart tog du vägen? — *Where did you get to?*

- express disappointment

  Jag blev besviken. — *I was disappointed.*
  Jag är ledsen. — *I'm sorry.*
  Det var synd. — *That's a pity.*

Grammatik

1 Adverbs

Adverbs are words that modify the meaning of an adjective, a verb, another adverb or a whole clause. They can refer to place, time, quantity or manner. The most common adverbs are the negations **inte, aldrig, icke, ej**.

Many adverbs are identical with the neuter form of the adjective. These are compared in exactly the same way as the adjectives, for example:

sent	*late*	senare	*later*	senast	*latest*
gott	*good*	bättre	*better*	bäst	*best*
högt	*high*	högre	*higher*	högst	*highest*

However, there are also many adverbs not derived from adjectives. Apart from the negations there are the words ending in **-en**, such as **verkligen** (*really*), **troligen** (*probably*), **slutligen** (*finally*) and the words ending in **-vis** like **naturligtvis** (*of course*), **vanligtvis** (*usually*), **lyckligtvis** (*fortunately*). These can of course not be compared because of their meaning.

Please note that most of the place adverbs have two forms. One form is used with verbs indicating *rest or position at* a place, and the other

form is used with verbs indicating *movement towards or from* a place. English used to have the same distinction, e.g. *here/hither*, *there/thither* etc. Expressions of position answer the question **var?** (*where?*) and expressions of movement answer the question **vart?** (*where to?*). Below is a list of those adverbs with two forms.

Rest or position		Movement	
var	*where?*	vart	*where to?*
här	*here*	hit	*to here*
där	*there*	dit	*to there*
inne	*in(side)*	in	*in*
ute	*out(side)*	ut	*out*
uppe	*up*	upp	*up*
nere	*down*	ner	*down*
hemma	*at home*	hem	*(to) home*
borta	*away*	bort	*away*
framme	*in front, there, at one's destination*	fram	*forward*

Var har du varit?	***Where** have you been?*
Vi är **här**.	*We are **here**.*
Vart ska vi gå först?	***Where** shall we go first.*
Ni måste komma **hit**.	*You must come **here**.*
Åke och John stannade **inne** hela kvällen.	*Åke and John stayed **in**(doors) the whole evening.*

There are a few idiomatic phrases:

De bor tre trappor **upp**.	*They live on the third floor.*
Hon ringde **hem**.	*She phoned home.*
Jag längtar **dit**.	*I long to go there.*

2 Before

Before can be a conjunction, an adverb or a preposition.

As a conjunction (a word that links two clauses) it is translated by **innan**, unless it is preceded by a negative clause, in which case it is translated by **förrän**. Thus **inte . . . förrän** corresponds to *not . . . until.*

As an adverb it corresponds to *previously*, *earlier* and is translated by **förr**, **förut**, **tidigare**. These words are interchangeable.

As a preposition it is translated by **före** when it refers to *time*, but **framför** when it refers to *place*.

John körde på en mindre väg **innan** han körde på motorvägen.	*John drove on a minor road* ***before*** *he drove on the motorway.*
Åke vaknade **inte förrän** väckarklockan ringde.	*Åke* ***didn't*** *wake up* **until** *the alarm clock rang.*
John hade aldrig kört i högertrafik **förut**.	*John had never driven on the right* ***before.***
Du måste komma **före** klockan fem.	*You must come* ***before*** *five o'clock.*
Han satt **framför** mig på bion.	*He sat* ***in front of*** *me at the cinema.*

3 Tycka/tänka/tro *(think)*

The English verb *think* corresponds to three different verbs in Swedish. These verbs are rarely interchangeable.

(*a*) **Tycka** renders *think* when it means *to hold an opinion* or when it is a matter of *taste*:

Jag **tycker** vi ska börja med Stadshuset.	*I* ***think*** *we should start with the City Hall.*
John **tyckte** att Vasa var imponerande.	*John* ***thought*** *that Vasa was impressive.*
Åke **tycker** att modern konst är intressant.	*Åke* ***thinks*** *that modern art is interesting.*

(*b*) **Tänka** renders *think* when it means *ponder, use one's brain*. Note that *think of* is always translated by **tänka på**:

Tänk först och handla sedan.	***Think*** *before you act.*
Åke **tänker på** John.	*Åke* ***is thinking of*** *John.*

(*c*) **Tro** renders *think* when it means *believe*, i.e. you cannot be sure, but you believe something:

Jag **tror** att det blir vackert väder i morgon.	*I cannot be sure but I* ***think*** *it will be fine tomorrow.*
Vi **tror** på Gud.	*We believe in God.*

4 Intresserad av, intresse i, intresse för

The expression *interested in* (art, sport etc.) must be translated by **intresserad av** (**konst**, **sport** etc.):

Åke trodde att John var **intresserad** av miljön.	*Åke thought that John was* ***interested*** *in the environment.*

Of interest to or *an interest in* is translated by **intresse för**, unless it refers to having an economic interest (i.e. shares) in a company, in which case it is **intresse i**:

Den gamla damen fattade **intresse för** pojken.	*The old lady took* ***an interest in*** *the boy.*
Riksdagsledamöter måste tala om ifall de har **intressen i** de bolag som diskuteras.	*MPs must declare if they have an* ***interest in*** *the companies which are being discussed.*

5 *Adjectives without endings*

There are a number of adjectives which do not conform to the normal pattern with regard to endings. In this unit we had **gyllene, medeltida, gratis**. These are typical of the adjectives which do not take any endings whatsoever, namely adjectives ending in **-e**, **-a** or **-s** (though those adjectives ending in **-ös** like **graciös** (*graceful*), **skandalös** (*scandalous*), **nervös** (*nervous*) do take normal adjective endings). Examples of indeclinable adjectives are:

(*a*) Adjectives ending in **-e**, among them all present participles and adjectives in the comparative form: **leende** (*smiling*), **främmande** (*foreign, strange*), **äldre** (*older*), **mindre** (*smaller*), **öde** (*deserted*), **ordinarie** (*regular*), **ense** (*agreed*).

(*b*) Adjectives ending in **-a**: **bra** (*good*), **extra, äkta** (*genuine*), **sakta** (*slow*), **stilla** (*peaceful*), **samma** (*(the) same*), **nästa** (*(the) next*), **förra** (*(the) last*), **nutida** (*present day*), **dåtida** (*of that time*).

(*c*) Adjectives ending in -**s**: **stackars** (*poor*), **utrikes** (*foreign*), **gammaldags** (*old fashioned*), **medelålders** (*middle-aged*).

Some odd – but common – adjectives without endings are: **fel** (*wrong*), **slut** (*finished*), **fjärran** (*far-away*).

6 Adjectives with variations of the normal endings

Other adjectives with minor variations to the regular pattern of endings are:

(*a*) Adjectives ending in a **vowel** in the basic form:

ny	**nytt**	nya	*new*
fri	**fritt**	fria	*free*
blå	**blått**	**blå/a**	*blue*

(*b*) Adjectives ending in a **vowel + tt** in the basic form:

lätt	**lätt**	lätta	*easy, light*
trött	**trött**	trötta	*tired*

(*c*) Adjectives ending in a **consonant + t** in the basic form:

intelligent	**intelligent**	intelligenta	*intelligent*

(*d*) Adjectives ending in a **vowel + d** in the basic form:

god	**gott**	goda	*good*
röd	**rött**	röda	*red*

(*e*) Adjectives ending in a **consonant + d** in the basic form:

stängd	**stängt**	stängda	*closed*
berömd	**berömt**	berömda	*famous*

(*f*) Adjectives ending in **-ad** in the basic form:

älskad	**älskat**	**älskade**	*beloved*
öppnad	**öppnat**	**öppnade**	*opened*

(*g*) Adjectives ending in a **vowel + m** in the basic form:

dum	dumt	**dumma**	*silly*
tom	tomt	**tomma**	*empty*

(*h*) Adjectives ending in **-nn** in the basic form:

sann	**sant**	sanna	*true*
noggrann	**noggrant**	noggranna	*careful*

7 Rädd om, rädd för

Note the difference in meaning between **vara rädd om** (*be careful with, take care of*) and **vara rädd för** (*be afraid of*), for example:

Du borde vara **rädd om** din hälsa.	*You ought to take care of your health.*
Är du **rädd för** spindlar?	*Are you afraid of spiders?*

Övningar

1 Answer the following questions, using **dit/där/hit/här**.
Example: Var är bilen? Den är där.

(*a*) Vart körde Åke och John? (*to there*)
(*b*) Var ligger staden? (*there*)
(*c*) Var är du? (*here*)
(*d*) Vart cyklar Lasse? (*to here*)
(*e*) Var står skidorna? (*there*)

2 Construct suitable questions, using **var** or **vart**, to which the following statements could be the answers.
Example: John är i Sverige. – **Var** är han?

(*a*) Robert och Jane bor i London.
(*b*) Marco Polo reste österut.
(*c*) John träffade Kerstin i Göteborg.
(*d*) De körde till sommarstugan.
(*e*) John ringde hem.
(*f*) Robert och Jane ska resa hem.

3 Put the sentences in the right order to fit the pictures on the next page. Then insert the correct form of the place adverbs in the text. Choose from: **dit/där, fram/framme, hem/hemma, hit/här, in/inne, ner/nere, upp/uppe, ut/ute**. Some words are used several times, others are not used at all.

(*a*) .... bor familjen Svensson.
(*b*) Åke åker hiss .... till tredje våningen.
(*c*) Han går .... i huset.
(*d*) Han går (*out*) .... i köket.

(*e*) Han häller (*up*) .... ett glas öl åt sig.
(*f*) och tar .... en öl ur kylskåpet.

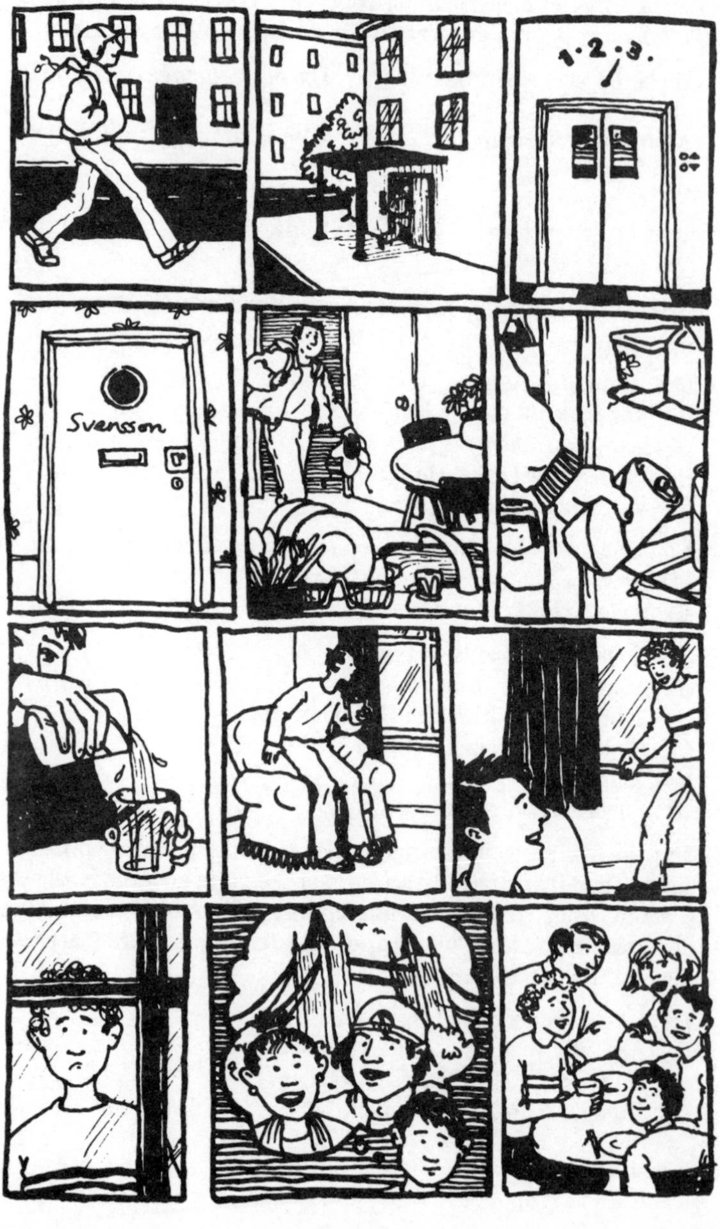

(*g*) men John säger att han tycker om att vara ....
(*h*) Sedan sätter han sig .... och väntar på John.
(*i*) När John kommer tittar Åke .... Då står John redan .... i rummet.
(*j*) Åke tänker att John kanske vill åka .... till London, för .... är alla hans vänner.
(*k*) Han står (*in front*) .... vid fönstret och tittar ....
(*l*) Åke är på väg .... Det är kallt .... Han går fort, så han är snart ....

Note. If you translated '*pours out*' as **häller ut** it would mean that Åke poured the beer down the drain . . . an awful waste!

4 Complete the text, using **före/framför, förr/förut/tidigare, innan, inte . . . förrän**.

.... jul är det skönt att sitta .... den öppna spisen och rosta äpplen. ...., när man inte hade centralvärme, hade alla en öppen spis i huset. Det var .... på 1900-talet, som det blev vanligt med centralvärme. .... dess var det kallt i husen om vintern.

centralvärme (-n)	*central heating*
dess	*then*

5 Choose the correct word – **tycka/tänka/tro** – and the correct form of the chosen word to fill the gaps in the sentences.

(*a*) Man .... bäst på morgonen.
(*b*) Alla .... att John talar flytande svenska.
(*c*) Många .... att det alltid regnar i England.
(*d*) Åke .... att John skulle komma till Kungsträdgården.
(*e*) Vad .... du om smörgåsbordet?
(*f*) Ingen .... att Danmark skulle vinna fotbollsmatchen.
(*g*) Vad .... du på?

6 Choose the appropriate preposition – **av/för/i** – to complete the sentences.

(*a*) Vad är du mest intresserad ...., film eller teater?
(*b*) Åke har fattat intresse .... miljön.
(*c*) Familjen Wallenberg har intressen .... många bolag.
(*d*) Flickorna är bara intresserade .... kläder.

(*e*) Artikeln är inte av något intresse .... mig.
(*f*) Mannen var av stort intresse .... polisen.

7 Complete the sentences with the correct form of the following adjectives: **dum/hård/ny/medelålders/sann/stackars/stängd/äkta.** Use each adjective only once.

(*a*) Den .... studenten hade inga pengar kvar.
(*b*) Jag behöver ett .... batteri till bilen.
(*c*) Hon fick ett halsband med .... pärlor.
(*d*) De fick svara på många .... frågor.
(*e*) Det gamla brödet var ....
(*f*) Han dansade med en .... dam.
(*g*) Det var ett .... ord.
(*h*) Kontoret var .... på söndagarna.

8 You are in Stockholm and you would like a night at the theatre. A Strindberg play is a must. Three Strindberg plays are advertised. Read the advertisements and answer the questions that follow.

(*a*) Vilka titlar har de tre Strindbergspjäserna?
(*b*) Vilken pjäs är den enda som du kan få biljetter till?
(*c*) Var spelas den här Strindbergspjäsen?
(*d*) Hur kan du köpa biljetter till den?
(*e*) Varför kan du inte få biljetter till de två andra föreställningarna?

föreställning (-en, -ar) *performance*

9 You decide you need some light relief after the Strindberg play. Three events have been recommended to you. Study the advertisements and answer the questions.

(*a*) Vad för slags föreställningar är de? (Dans, drama etc.)
(*b*) En av dem spelas bara en gång i veckan. Vilken är det?
(*c*) När spelas den och vem spelar huvudrollen?
(*d*) Du vill helst se den föreställningen. Hur kan du få biljetter till den?

Förstår du?

Alfred Nobel

Sverige har haft många uppfinnare och vetenskapsmän som har gjort landet känt i hela världen. Alfred Nobels många uppfinningar, av vilka dynamiten var den viktigaste, gjorde honom fantastiskt rik och berömd. Nobel var född i Stockholm av svenska föräldrar. När han var nio år gammal flyttade han med sin familj till S:t Petersburg, som var huvudstad i Ryssland vid den tiden. Han bodde i flera länder efteråt och kom till slut att betrakta sig som världsmedborgare, men han gav aldrig upp sitt svenska medborgarskap, och svenska är också språket i det testamente som han skrev i Paris år 1895.

Han testamenterade största delen av sin förmögenhet till en stiftelse, och räntan på inkomsten från den stiftelsen skulle delas upp varje år i fem lika stora delar och delas ut till dem som har gjort sig mest förtjänta inom områdena litteratur, fysik, kemi och medicin. Ett sjätte pris, i ekonomi, har tillkommit senare.

Nobel instiftade också ett fredspris, vilket kan verka ironiskt eftersom dynamit spelat så stor roll i krigen, men han ville ha fred i världen. Fredspriset delas ut i Norge, medan de andra prisen delas ut i Stockholm den 10 december varje år i närvaro av kungaparet.

uppfinnare (-n, -0) *inventor*
vetenskaps/man (-mannen, -män) *scientist*
uppfinning (-en, -ar) *invention*
dynamit (-en) *dynamite*
viktig *important*
flytt/a (-ar, -ade, -at) *move*
till slut *in the end*
betrakt/a (-ar, -ade, -at) sig *regard himself*
världsmedborgare (-n, -0) *world citizen*
ge (-r, gav, givit) upp *give up*
medborgarskap (-et, -0) *citizenship*
testamente (-t, -n) *will*
testamenter/a (-ar, -ade, -at) *bequeath*
förmögenhet (-en, -er) *wealth*
stiftelse (-n, -r) *foundation*
ränt/a (-an, -or) *interest*
inkomst (-en, -er) *income*
delas upp *be divided up*
delas ut *be shared out, awarded*
gjort sig förtjänt *distinguish oneself*
område (-t, -n) *area*
fysik (-en) *physics*
kemi (-n) *chemistry*
tillkomma (tillkommer, tilkom, tillkommit) *to be added*
instift/a (-ar, -ade, -at) *establish*
fredspris (-et, -0) *peace prize*
verk/a (-ar, -ade, -at) *seem*
ironisk *ironic*
krig (-et, -0) *war*
i närvaro av *in the presence of*
kungapar (-et, -en) *royal couple*

Rätt eller fel?

(*a*) Alfred Nobel uppfann dynamiten.
(*b*) Nobel skrev sitt testamente på franska i Paris år 1895.
(*c*) Nobelpriset i litteratur är större än de andra prisen.

15

VILKEN LINJE SKA JAG TA?

Which line should I take?

In this unit you will learn

- phrases used about public transport and hiring a car
- how to express surprise
- how to express hesitation
- about the political scene

Samtal

John is meeting Åke at Riksdagshuset but he doesn't know how to get there. He asks a man at S:t Eriksplan underground station for help.

John Var snäll och tala om för mig vilken linje jag ska ta för att komma till Riksdagshuset!
Mannen Det går bra att ta första tåg som kommer.
John Var ska jag gå av?
Mannen Vid Gamla stan eller T-centralen.
John Finns det ingen hållplats vid Riksdagshuset?
Mannen Nej, men det är inte alls långt att gå.
John Måste jag byta tåg?
Mannen Nej, alla tågen härifrån passerar de stationerna.

linje (-n, -r) *line*	**byta tåg** *change trains*
det går bra att ... *it is possible to ...*	**passer/a (-ar, -ade, -at)** *pass*
gå av *get off*	

Rätt eller fel?

(*a*) John kan inte åka med tunnelbanan.
(*b*) Det finns ingen hållplats vid Riksdagshuset.
(*c*) Inga tunnelbanetåg från S:t Eriksplan passerar Gamla stan.

Samtal

John and Åke have met up at Riksdagshuset and are waiting for the guided tour.

John Kan du berätta lite om den svenska riksdagen. Hur gammal är den?
Åke Det är svårt att säga. Vikingarna hade ju sina ting, där alla fria män fick rösta, men man brukar räkna år 1435 som det år då den första svenska riksdagen sammankallades av den svenske frihetshjälten Engelbrekt. Det unika med den var att folket representerades av fyra stånd: adel, präster, borgare och bönder. I andra länder var det inte vanligt att bönder fick vara med och bestämma, men i Sverige hade bönderna en mycket stark ställning till långt in på 1900-talet.
John Var de inte livegna?
Åke Nej, de flesta svenska bönderna ägde sin jord.
John Är det verkligen sant?
Åke Ja, nu är de bara 3,5% av befolkningen, men de producerar mer än vad landet behöver, så överskottet exporteras.
John När avskaffades ståndsriksdagen?
Åke År 1866. Den ersattes med en två-kammarriksdag ungefär som i England, men år 1970 infördes en en-kammarriksdag.
John Är det verkligen bättre?
Åke De flesta tycker nog det.

berätt/a (-ar, -ade, -at) *tell*
riksdag (-en, -ar) *parliament*
viking (-en, -ar) *viking*
ting (-et, -0) (hist.) *thing*
röst/a (-ar, -ade, -at) *vote*
sammankall/a (-ar, -ade, -at) *summon*
frihetshjält/e (-en, -ar) *champion of liberty*
unik *unique*
stånd (-et, -0) here: *estate*
adel *nobility*
präster *clergy*
borgare *burghers*
bönder *peasants*
vanligt *common, usual*
vara med och bestämma *take part in decision making*
ställning (-en, -ar) *position*
livegen (livegna) *serf, serfs*
äg/a (-er, -de, -t) *own*
överskott (-et) *surplus*
avskaffa (-ar, -ade, -at) *abolish*
ersätta (ersätter, ersatte, ersatt) *replace*
införa (inför, införde, infört) *introduce*

Rätt eller fel?

(*a*) Den svenska riksdagen är gammal.
(*b*) De flesta svenska bönder arbetade för andra.
(*c*) Sverige införde en två-kammarriksdag som i England år 1970.

Vad ni behöver veta

Tunnelbanan You can travel throughout Stockholm county for a fairly modest sum by means of **tunnelbanan** (the underground), buses, local trains and trams on the same ticket for one hour. The entrances to the underground stations are marked with a blue **T** on a white background. If you buy *cash coupons* at the start of your journey there are no discounts available, so it is advisable to buy *discount coupons*. Pensioners and young people under 18 get them at a reduced price. They can also purchase *tourist cards* at a discount. These are valid either for 24 or 72 hours for an unlimited number of journeys on all **SL**'s (**Storstockholms Lokaltrafik**) routes, throughout the whole of Greater Stockholm. The three-day card also includes free admission to some tourist attractions. Don't neglect to look at the world's longest art exhibition – the decorations in the underground stations in Stockholm!

Skansen The oldest open-air museum in the world, with old buildings from all over Sweden, old crafts, an aquarium, a Nordic zoo, etc. A favourite place for Stockholmers.

Kultur The arts are well supported in Sweden, both by the people and the state. You have the opportunity to see first class performances both of operas, plays, ballets and concerts. Sweden has produced such opera stars as Jenny Lind, Jussi Björling, Birgit Nilsson and Elisabeth Söderström. Actors like Greta Garbo, Ingrid Bergman and Max von Sydow need no introduction, and when it comes to direction Ingmar Bergman is in a class of his own.

Folkparker There are also performances of a less elitist kind. Stockholm has 30 open air stages for all kinds of popular events, like pop concerts or fringe theatre performances. There is also a large number of **folkparker** all over the country. People go there to dance and to enjoy performances of various kinds. Popular singers, musicians and other artists tour the country during the summer, performing light-hearted comedies rather than serious theatre. They are very dear to the people of Sweden.

Så här säger man

How to:

- enquire about things

Var snäll och tala om för mig . . .	*Please tell me . . .*
Kan du berätta lite om . . .?	*Can you tell me a little about . . .?*
Hur gammal/stor är . . .?	*How old/large is . . .?*

- express surprise

Är det verkligen sant?	*Is it really true?*
Säger du det!	*Is that so!*

- express uncertainty

Det är svårt att säga	*It's difficult to say.*
Är det inte besvärligt . . .?	*Isn't it difficult . . .?*
Är det verkligen bättre . . .?	*Is it really better . . .?*
Jag är inte så säker på det.	*I'm not so sure of that.*
Jag vet inte.	*I don't know.*

Grammatik

1 Verbs ending in -s

The most important group of verbs that end in **-s** are the ordinary verbs that have an **s** added to their endings to express the passive voice.

Compare the two sentences:

Active voice	**Tjuven** stal **bilen**. (subject) (object)	*The thief stole the car.*
Passive voice	**Bilen** stals av **tjuven**. (subject) (agent)	*The car was stolen by the thief.*
	Bilen stals	*The car was stolen.*

In the active voice, the subject is active and carries out the action that the verb describes. In the passive voice, the object of the active clause becomes the subject, and the active voice subject is not mentioned or, if the subject is known, the subject becomes the agent.

The preposition of the agent is **av** in Swedish (*by* in English). In Swedish there are three ways of expressing the passive voice. The **-s** passive is the most common. It is used both in the written and the spoken language, especially when the subject of the sentence is not known or it is not important to identify the person who carries out the action. In this unit we have had many examples of the **-s** passive, for example:

Riksdagen sammankallade**s** av Engelbrekt.	*The parliament was summoned by Engelbrekt.*
Folket representera**s** av valda män och kvinnor.	*The people are represented by elected men and women.*
De små partierna släpp**s** inte in i riksdagen.	*The small parties are not admitted into the parliament.*

Passive constructions are particularly common in instructions and notices:

Öppnas här!	*Open here!*
Bör tillagas inom 24 timmar.	*Should be cooked within 24 hours.*
Får ej vidröras!	*Must not be touched!*

A small number of verbs always end in **-s**. You have already met **fattas** in **det fattas ett glas** (*a glass is missing*) in Unit 8. Other common such verbs are: **andas** (*breathe*), **finnas** (*be, exist*), **hoppas** (*hope*), **lyckas** (*succeed, manage*), **minnas** (*remember*), **skämmas** (*feel ashamed*), **trivas** (*be/feel happy*).

A third group of verbs have an **-s** form which denotes reciprocal action, i.e. what two or more people do with or to each other:

De möttes i Paris.	*They met (each other) in Paris.*
Pojkarna slåss.	*The boys fight (with each other).*
De skildes.	*They parted (from each other).*

Normally – but not always – these verbs also have a form without the **-s**. Then the same thing can be expressed by the **verb** + **varandra**, for example:

De mötte varandra i Paris.	*They met each other in Paris.*
Pojkarna slår varandra.	*The boys fight with each other.*

Other reciprocal verbs are: **hjälpas åt** (*help each other*), **kramas** (*hug*), **kyssas** (*kiss*), **ses** (*met*), **träffas** (*meet*).

The **-s** forms are very simple to construct. You just add an **-s** to the other endings of the verb in the infinitive, past tense and supine. However, before adding the **-s** in the present tense you have to omit the **-r** in the **-ar** ending of the first conjugation verbs. In the second and fourth conjugations the **-er** is omitted. (In formal style, the **e** is kept, and only the **-r** is omitted.) In the third conjugation you omit the **-r** before adding the **-s** in the present tense. Study the table below.

Conjugation		Infinitive	Present	Past	Supine
I	*bake*	baka/**s**	baka/**s**	bakade/**s**	bakat/**s**
IIa	*turn*	vända/**s**	vänd/**s**	vände/**s**	vänt/**s**
IIb	*fry*	steka/**s**	stek/**s**	stekte/**s**	stekt/**s**
III	*sew*	sy/**s**	sy/**s**	sydde/**s**	sytt/**s**
IV	*write*	skriva/**s**	skriv/**s**	skrev/**s**	skrivit/**s**

2 *Sin, sitt, sina*

In Unit 8 we looked at possessive adjectives and pronouns, and in the third person singular and plural it was mentioned that Swedish also has a reflexive form, namely **sin** in front of **en-** nouns, **sitt** in front of **ett-** nouns and **sina** in front of plural nouns.

In English, the sentence *he kissed his wife* is ambiguous. It could mean *he kissed his own wife,* which is all very well, but it could also mean *he kissed another man's wife*, which could give rise to serious trouble, even though grammatically it is not objectionable! Like the other Scandinavian languages, Swedish has a subtle way of avoiding the risk of misunderstanding by using different words. **Hans, hennes, dess, deras** is used when the object belongs to some other person/s than the subject, whereas **sin, sitt, sina** means that the object is the subject's own.

Note that two conditions must be fulfilled when you use **sin/sitt/sina**:

- You can only use **sin/sitt/sina** in front of an object.
- The object must belong to the subject of that same clause.

From this it follows that you can never use **sin/sitt/sina** as part of the subject, however many words the subject consists of. Nor can you use **sin/sitt/sina** in front of an object if **det** was the subject of the clause (since **det** cannot own anything!), apart from in a few old idioms.

Note also that in abbreviated clauses without a subject it is the implied subject that counts. Study the examples below:

Lisa gick ut med **sin** hund.	*Lisa went out with her own dog.*
Lisa gick ut med **hennes** hund.	*Lisa went out with her (some other female's) dog.*
Han tycker om **sin** fru.	*He likes his wife.*
Hans fru är vacker.	*His wife is beautiful.*

(*Note:* **Hans fru** is the subject, and there is no object in the clause.)

Lisa och Eva hatar **sina** läxor.	*Lisa and Eva hate their homework.*
De tycker, att **deras** läxor är svåra.	*They think that their homework is difficult.*

(*Note:* **Deras läxor** is the subject of the subordinate clause.)

Det är **hans** far som har gett honom bilen.	*It is his father who has given him the car.*

(*Note:* **Det** is the subject of the clause.)

Han sa till henne att gå hem till **sin** mamma.	*He told her to go home to her mum.*

(*Note:* The implied subject of the abbreviated clause is **she**. The full clause would be: *He told her that* **she** *should go home to her mum.*)

3 Adjectives referring to males ending in -e

When referring to males the adjectives in the definite form singular (i.e. after **den**) sometimes ends in **e** (instead of the usual **a**), as it always did in the past. Nowadays the **-e** ending is used in more formal style, but it is normal – and more polite – to use it when addressing men in letters, e.g. **Käre John** (*Dear John*). It is compulsory when you use adjectives in the singular used as nouns referring to a male person: **Karl den store** (*Charlemagne*), **den döde** (*the dead man*), **den gamle** (*the old man*).

If the adjective had an **-a** ending, it could only refer to a female. Thus, **den döda** could only mean *the dead woman*.

4 Adjectives used as nouns

It is much more common to use adjectives as nouns in Swedish than in English, where you normally have to add a word like *one*, *man*, or *thing* in the singular. However, in the plural it is common in both English and Swedish to omit the noun:

den döve	*the deaf man*
den döva	*the deaf woman*
Det sorgliga är att . . .	*The sad thing is that . . .*
Rosorna är vackra. Vill du ha den röda eller den vita?	*The roses are beautiful. Do you want the red one or the white one?*
de gamla	*the old*
de få	*the few*
de duktiga	*the clever ones*

5 Själv, självt, själva

The pronouns **själv/självt/själva** are only used for emphasis. Thus they could be omitted without any change to the meaning of the sentence. Note that they are **not** reflexive. As you saw earlier in Unit 10, grammar point 9, the reflexive pronouns are identical with the object pronouns, apart from in the third person singular and plural where

Swedish has the special form **sig**. Look at the examples below:

Kungen delade /själv/ ut priserna.	*The King handed out the prizes (himself).*
Barnet gjorde det /alldeles självt/.	*The child did it (all by itself).*
Bönderna ägde /själva/ sin jord.	*The peasants owned their land (themselves).*

Swedish also has the adjective **själva** which does not take any endings except when it refers to a male person in the singular, when it can have the optional form **själve**. The colloquial form **självaste** can be used about both males and females. Note that these adjectives precede a noun in the definite form:

Själva drottningen kom till invigningen.	*The Queen herself came to the inauguration.*
Själva idén var sund.	*The idea itself was sound.*
Själve kungen sköt älgen.	*The King himself shot the elk.*

Övningar

1 Here are some famous sights in Stockholm that you want to visit. You approach a Stockholmer for advice about how to get to the various places. The best view over Stockholm is from Kaknästornet, the tallest building in Scandinavia.

You *(Ask politely how to get there from T-centralen.)*
Mannen Ta buss nummer 69.
You *(Ask what is the quickest way to get to Skansen from Norrmalmstorg.)*
Mannen Ta spårvagnen. Den stannar just utanför Skansen.
You *(Ask where Kulturhuset is.)*
Mannen Det ligger vid Sergels torg, där glasobelisken står mitt på torget.
You *(Ask what is the easiest way to get to Sergels torg from Kungsträdgården.)*
Mannen Det är lättast att gå. Det tar bara fem minuter om man går Hamngatan rakt fram.
You *(Ask how you can get to the theatre at Drottningholms slott.)*

1 The Royal Palace at Stockholm
2 below: The Drottningholm Court Theatre

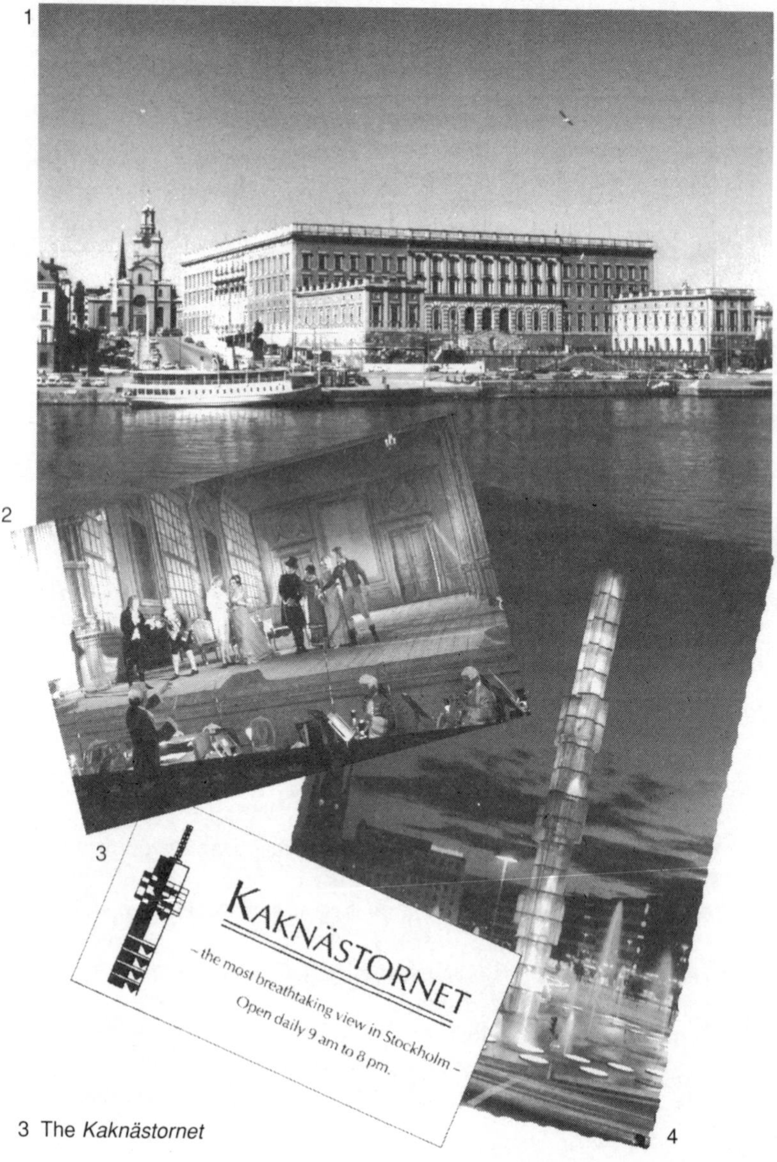

3 The *Kaknästornet*

4 The *Sergel's Torg* glass obelisk

Mannen Ta båten från stadshuset. Man kan komma dit med tunnelbanan till Brommaplan och sedan buss, men det är mycket trevligare med båten.

T-centralen (tunnelbanecentralen)	*underground station*
spårvagn (-en, -ar)	*tram*

2 You are interested in going to the Opera. You phone the Opera.

You	*(Ask which opera is on ('do you play').)*
Kassörskan	Vi spelar *Maskeradbalen, Un ballo in Maschera*, av Verdi.
You	*(Ask what the story is about* **(handlar om)**.*)*
Kassörskan	Den handlar om den svenske kungen Gustav III som blev skjuten här på operan i Stockholm år 1792.
You	*(Ask when the opera starts and ends.)*
Kassörskan	Den börjar klockan 19.30 och slutar 22.30.
You	*(You decide to go. Ask for two tickets.)*
Kassörskan	Tack. Det blir 500 kronor.
You	*(Ask if you can pay by credit card.)*
Kassörskan	Det går bra.

skjuten	*shot*

3 Mr Stacey has got a ticket to the famous Royal Opera. Study the

ticket and answer the following questions in English.

(*a*) Vilken opera och vilken dag har han fått biljett till?
(*b*) När börjar föreställningen?
(*c*) Vad kostar biljetten?
(*d*) Vilken dörr ska han gå igenom och var ska han sitta?
(*e*) Vad händer om han kommer för sent?
(*f*) Vad händer om han inte kan gå den kvällen?

dörr (-en, -ar) *door*	**insläpp** *admission*
parkett *stalls*	**återlöses** *is redeemed*
bänk (-en, -ar) *row*	

4 Insert the correct form of the most suitable **-s** verb in the sentences below. Make sure that you use the correct tense. Use the verbs below. To help you, the Roman numbers indicate the conjugations.
Example: (**vidröra**. II) De elektriska ledningarna får ej **vidröras**. (*The electric wires must not be touched.*)

förbruka, I (*consume*)
hoppas I
kyssa IIb
lyckas, I
minnas, IIa
träffa, I
skämmas, IIa
stryka, IV (*iron*)
sy, III (*sew*)
sälja, IV (*sell*)
vända, IIa (*turn*)

(*a*) Skjortan behöver ej ....
(*b*) Kotletterna måste .... efter halva tiden.
(*c*) Jag fick .... för jag kunde inte .... hans namn.
(*d*) De .... ofta när de gick i skolan.
(*e*) Cigaretter får ej .... till barn.
(*f*) Kläderna har .... i Indien.
(*g*) Medicinen bör .... före den 1.10.98.
(*h*) John .... att Åke skulle .... få biljetter.
(*i*) De .... när ingen såg dem.

Akalla
Husby
Kista
Hallonbergen
Näckrosen
Solna Centrum
Västra Skogen
Stadshagen
Hjulsta
Tensta
Rinkeby
Rissne
Duvbo
Sundbybergs Centrum
Vreten
Huvudsta
Mörby Centrum
Danderyds Sjukhus
Bergshamra
Universitetet
Tekniska Högskolan
Stadion
Ropsten
Gärdet
Karlaplan
Östermalmstorg
Kungsträdgården
Gamla Stan
Slussen
Medborgarplatsen
Skanstull
Gullmarsplan
Skärmarbrink
Hammarbyhöjden
Björkhagen
Kärrtorp
Bagarmossen
Blåsut
Sandsborg
Skogskyrkogården
Tallkrogen
Gubbängen
Hökarängen
Farsta
Farsta Strand
Globen
Enskede Gård
Sockenplan
Svedmyra
Stureby
Bandhagen
Högdalen
Rågsved
Hagsätra
Hässelby Strand
Hässelby Gård
Johannelund
Vällingby
Råcksta
Blackeberg
Islandstorget
Ängbyplan
Åkeshov
Brommaplan
Abrahamsberg
Stora Mossen
Alvik
Kristineberg
Thorildsplan
Fridhemsplan
Rådhuset
T-Centralen
Hornstull
Liljeholmen
Aspudden
Örnsberg
Axelsberg
Mälarhöjden
Bredäng
Midsommarkransen
Telefonplan
Hägerstensåsen
Västertorp
Fruängen
Zinkensdamm
Mariatorget
Sätra
Skärholmen
Vårberg
Vårby Gård
Masmo
Fittja
Norsborg
Hallunda
Alby

SL
Typ 1108
Serie 325
Helt pris
49997
KUPONG 6.50 kr
(inkl. lagst. moms 556013-0683)
för resa enligt
SLs taxebestämmelser

SL
Typ 1108
Serie 325
Helt pris
49998
KUPONG 6.50 kr
(inkl. lagst. moms 556013-0683)
för resa enligt
SLs taxebestämmelser

5 Åke and John have been visiting one of Åke's friends at Stockholm University. They have decided to go to a tennis match at Globen Arena in Stockholm. John has been sent ahead to buy a strip of 20 discount coupons for the Underground, as their three-day Tourist cards have run out, and they have only one day left. Study the underground plan and answer the questions that follow.

(*a*) Kan de åka direkt till Globen eller måste de byta tåg?
(*b*) Vid vilka stationer kan de byta tåg?
(*c*) Vilket är det tåg de måste ta först?
(*d*) Vilket är det tåg som går till Globen?
(*e*) SL har fem trafikzoner. Man behöver 2 kuponger per person för att resa i en zon, 3 kuponger för att resa i två zoner osv. Hur många kuponger per person måste pojkarna stämpla i biljettautomaten innan de går över den rutade spärrlinjen?

stämpla *stamp*
biljettautomaten *the ticket machine*
den rutade spärrlinjen *the chequered barrier line*

6 Complete the text using one of the following words: **hans/hennes/deras/sin/sitt/sina**.

Åke lånade .... mors bil när han skulle åka för att hälsa på .... vän Kerstin. .... mors bil är ganska gammal, men .... mor tycker mycket om .... bil. Hon köpte den för .... egna pengar, och den har varit .... stora förtjusning (*delight*). Hon använder den varje dag när hon kör till .... arbete och när hon kör pojkarna till .... idrottsklubb. Tyvärr blev .... mors bil stulen. Åke vet inte hur han ska tala om för .... mor att .... bil är stulen och att hon förmodligen aldrig får se .... bil igen.

7 Complete the sentences with the correct form of the adjectives used as nouns. The first three refer to males and the last two to females.

(*a*) (blind) Den . . . . hade en hund med sig.
(*b*) (rödhårig) Den . . . . kallades Erik Röde.
(*c*) (yngst) Den . . . . fick arbetet.
(*d*) (sjuk) Den . . . . blev sämre.
(*e*) (liten) Den . . . . var den trevligaste.

8 You have been invited to spend the weekend with friends at their summerhouse at Dalarö by the coast southeast of Stockholm. You have decided to hire a car and drive yourself so you can see something of the countryside. You go to a **biluthyrningsfirma**. Complete your part of the dialogue.

You *(Greet the manager and say that you would like to hire a car.)*

Föreståndaren Vill ni ha en liten, mellanstor eller stor bil?

You *(Say that you would like a medium-sized car with automatic gears.)*

Föreståndaren Hur länge vill ni ha bilen?

You *(Say you want it over the weekend and ask how much it is.)*

Föreståndaren Då kan ni få en SAAB 900. Vi har specialpris för veckoslut. Den kostar 500 kronor. Kan jag få se körkortet och passet, tack.

You *(Say you want comprehensive insurance and ask how much the deposit is.)*

Föreståndaren Helförsäkring ingår i priset. Om ni betalar med kreditkort behöver ni inte betala någon deponeringsavgift.

You *(Say Thank you, that's all right.)*

automatlåda *automatic gears*
veckoslut *weekend*
helförsäkring *comprehensive insurance*
deponeringsavgift *deposit*

Förstår du?

Sverige är en monarki, men kungen har inte längre någon makt. Han har bara ceremoniella funktioner. Han får inte delta i politiken. År 1979 bestämdes det att det äldsta barnet i kungafamiljen ska ärva tronen, så prinsessan Victoria kommer att efterträda kung Carl XVI Gustaf. Makten ligger hos riksdagen med dess 349 riksdagsledamöter.

Regeringen ska se till att vad riksdagen bestämmer blir gjort.

Statsministern är ledare för regeringen. Folket kallas till riksdagsval den tredje söndagen i september vart tredje år. Alla svenska medborgare som är 18 år eller äldre har rätt att rösta, och rösträtten utnyttjas vanligtvis av omkring 90% av befolkningen, ett mycket högt tal. Invandrare som har bott i Sverige i minst tre år får rösta i de lokala valen, men inte i riksdagsvalen förrän de blivit svenska medborgare.

Den första **ombudsmannen** utnämndes av riksdagen redan år 1809. Vem som helst kan vända sig till honom med ett klagomål. Han ska skydda individen mot orättvis behandling av någon statstjänsteman eller någon byråkratisk institution. Nuförtiden har Sverige många olika ombudsmän, t ex KO (Konsumentombudsmannen), PO (Pressombudsmannen), BO (Barnombudsmannen). Många länder har följt Sveriges exempel och utnämnt sina egna ombudsmän.

monarki (-n, -er) *monarchy*
makt (-en, -er) *power*
ceremoniella funktioner *ceremonial functions*
del/ta(ga) (-tar, -tog, -tagit) *take part*
politik (-en) *politics, policy*
ärv/a (-er, -de, -t) *inherit*
tron (-en, -er) *throne*
efterträd/a (-er, -de, efterträtt) *succeed*
riksdagsledamot (-en, -ledamöter) *member of parliament*
regering (-en, -ar) *government*
statsminister (-n, -ministrar) *prime minister*
ledare (-n, -0) *leader*
val (-et, -0) *election*
rätt att rösta *the right to vote*
utnyttj/a (-ar, -ade, -at) *exercise*
tal (-et, -0) *number*
ombudsman (-nen, ombudsmän) *representative of the people*
utnämn/a (-er, -de, -t) *appoint*
klagomål (-et, -0) *complaint*
skydd/a (-ar, -ade, -at) *protect*
individ (-en, -er) *individual*
orättvis behandling *unfair treatment*
statstjänsteman (-nen, statstjänstemän) *civil servant*
konsument (-en, -er) *consumer*

Rätt eller fel?

(*a*) Kungen spelar en viktig roll i politiken.
(*b*) Sverige har riksdagsval vart tredje år.
(*c*) Invandrare får rösta i de lokala valen efter tre år i Sverige.
(*d*) Ombudsmannen är en mycket modern institution.

16
VAD ÄR DET FÖR FEL PÅ ER?

What's the matter?

In this unit you will learn

- how to describe symptoms of illnesses and ailments
- how to persuade somebody to do something
- how to promise to do something
- how to express indifference

Samtal

John has got an upset stomach while in Stockholm. Åke takes him to a **vårdcentral** (*health centre*). The doctor's secretary asks for his **personnummer** (*social security number*) and his **patientkort** (patient's card). As he is British he hasn't got any of these, but he does have his passport and the E111 form, so he is all right.

The doctor comes in and examines John's tummy.

Doktor Ek	Har ni eller har ni haft någon allvarlig sjukdom?
John	Nej då, bara mässlingen för länge sedan.
Doktor Ek	Gör det ont?
John	Inte särskilt.
Doktor Ek	Det är i varje fall inte blindtarmsinflammation. Det är nog något ni har ätit. När började ni må illa?

John Igår kväll, ett par timmar efter middagen. Jag är också lös i magen.

Doktor Ek Vad åt ni?

John Fisk och glass till efterrätt.

Doktor Ek I den här värmen blir maten skämd mycket fort. Ta det här receptet till apoteket. Ta två teskedar av medicinen tre gånger om dagen och drick mycket, men inget sött och ingen mjölk. Kom ihåg, högst åtta teskedar om dygnet – det är farligt att överskrida dosen.

John Tack så mycket.

allvarlig *serious*
sjukdom (-en, -ar) *illness*
mässling (en) *(the) measles*
för . . . sedan *ago*
gör det ont? *does it hurt?*
i varje fall *in any case*
blindtarmsinflammation (-en, -er) *appendicitis*
må illa *feel sick*
jag är lös i magen *I have diarrhoea*
värme (-n) *heat*
maten blir skämd *the food goes off*
recept (-et, -0) *prescription, recipe*
apotek (-et, -0) *pharmacy, chemist*
tesked (-en, -ar) *teaspoon*
högst *at most*
att överskrida dosen *to exceed the dose*

Rätt eller fel?

(*a*) Doktorn tror att John har blindtarmsinflammation.
(*b*) John fick ont i magen några timmar efter middagen igår kväll.
(*c*) Mat blir fort skämd när det är varmt väder.

Samtal

Ulla is unwell and Anders is concerned.

Anders Är du sjuk? Du ser blek ut.

Ulla Usch, ja. Jag mår så illa.

Anders Gå till sängs och ta temperaturen så ska jag laga frukost åt dig.

Ulla Tack, men jag bryr mig inte om någon frukost. Jag vill bara ha något att dricka. - - -
O, jag har 39,2 i feber!

Anders Jag ringde efter doktorn. Han är upptagen just nu, men han kommer om ett par timmar.

After a couple of hours the doctor arrives.

Doktorn Goddag, fru Svensson. Vad är det för fel på er?
Ulla Jag har en förfärlig huvudvärk och det värker i hela kroppen. Jag har hosta och ont i halsen också.
Doktorn Jag måste lyssna på lungorna och titta i halsen. Säg ah!
Ulla Aaah.
Doktorn Det är inte lunginflammation. Det är nog inte så farligt. Ni har influensa, som så många andra just nu. Det går över om några dagar. Ta de här tabletterna fyra gånger om dagen. De ska lösas i ett glas kallt vatten. Här är lite hostmedicin också. Kom till min mottagning om en vecka.
Ulla Tack, doktorn.

sjuk *ill*
blek *pale*
usch *ugh, ooh*
jag mår så illa *I feel so sick*
gå till sängs *go to bed*
ta temperaturen *take one's temperature*
jag bryr mig inte om . . . *I don't care about . . .*
feber (-n) *fever*
upptagen *busy, engaged*
Vad är det för fel på er? *what's the matter?*
förfärlig *terrible*
huvudvärk (-en) *headache*
det värker i hela kroppen *my whole body aches*
host/a (-n) *cough*
ont i halsen *a sore throat*
lyssn/a (-ar, -ade, -at) *listen*
lung/a (-an, -or) *lung*
hals (-en, -ar) *throat*
lunginflammation (-en, -er) *pneumonia*
influensa (-n) *flu*
gå över *pass*
tablett (-en, -er) *tablet*
lös/a (-er, -te, -t) *dissolve*
mottagning (-en, -ar) *surgery*

Rätt eller fel?

(*a*) Ulla vill inte äta frukost.
(*b*) Doktorn kommer genast.
(*c*) Doktorn tror, att Ulla snart blir bra igen.

Samtal

Lasse has suddenly got a bad toothache. Ulla takes him to the dentist.

Lasse Aj, det gör ont!
Tandläkaren Vill du att jag ska dra ut tanden?
Lasse Det gör detsamma.
Tandläkaren Å nej, vi ska nog försöka rädda den. Men du borde sluta att äta så mycket godis, och du skulle borsta tänderna lite noggrannare. De tänderna som du vill behålla måste du borsta extra noggrant.
Lasse Jag lovar att borsta alla tänderna varje dag, och jag ska aldrig mera äta godis.

aj! *ow! ouch!*
det gör ont *it hurts*
dra (-r, drog, dragit) ut *extract*
tand (-en, tänder) *tooth*
det gör detsamma *it doesn't matter, I don't care*
rädd/a (-ar, -ade, -at) *save*
godis (-et) *sweets*
borst/a (-ar, -ade, -at) *brush*
noggrann (noggrant, noggranna) *careful*
behåll/a (-er, behöll, behållit) *keep*
lov/a (-ar, -ade, -at) *promise*

Rätt eller fel?

(*a*) Lasse bryr sig inte om om tandläkaren drar ut tanden.
(*b*) Tandläkaren vill inte rädda tanden.
(*c*) Lasse lovar att aldrig mera äta godis.

Vad ni behöver veta

Illness and injury

Försäkringskassan If you are taken ill in Sweden and are a British subject resident in the UK, you will be entitled to the same medical facilities as the Swedes. However, this agreement does not apply to citizens of the USA or the Commonwealth countries with the exception of Australia, so you should check your insurance cover before leaving home.

Hospital in-patient treatment is free, including medicines, and so is dental treatment for children. But if you have to visit a doctor, make sure that the doctor is affiliated to **Försäkringskassan** (the Swedish National Health Service). You can also go to the casualty ward at the hospital, the **Akutmottagning,** or **Vårdcentralen** (Health Care Centre). Don't forget your passport and an E111 form so that the doctor can recover the fee from **Försäkringskassan**.

The British Department of Health cannot refund any medical costs incurred abroad, so medical insurance is advisable.

Apotek Pharmacies or chemists' are called **Apotek**. They dispense prescriptions and stock over-the-counter medicines.

The welfare system

Swedes enjoy a social welfare system, **Välfärdsstaten**, that stretches from the cradle to the grave. When a baby is born, the parents are entitled to share a total of 12 months' paid leave from work, and it is the parents – not the employer – who decide who should take the leave. Thus the parents could decide to take six months each, either together or consecutively, or both parents stay at home with the baby for the first three months and then the mother or the father looks after the baby for the remaining months. The greater part of the costs of medical care and prescribed medicines is subsidised by the state. Old-age pensions are indexed to the cost of living. Average life expectancy is high and rising, about 75 years for men and 81 for women.

Så här säger man

How to:

- describe illnesses and ailments

Jag har ont i huvudet/ryggen.	*I've a pain in my head/back.*
Jag har tandvärk/öronvärk.	*I've got toothache/earache*
Det gör ont i benet.	*My leg hurts.*
Det värker i ryggen.	*My back aches.*
Jag är förkyld.	*I've got a cold.*

- persuade somebody to do something

Du skulle borsta tänderna noggrannare.	*You should brush your teeth more carefully.*
Du borde sluta äta godis.	*You ought to stop eating sweets.*

- promise to do something

Jag lovar att aldrig äta godis.	*I promise never to eat sweets.*
Jag lovar att sluta röka.	*I promise to stop smoking.*

- express indifference

Jag bryr mig inte om . . .	*I don't care about . . .*
Det gör detsamma.	*It doesn't matter.*

1	huvud (-et, -en)	**14**	bröst (-et, -0)
2	ansikte (-t, -n)	**15**	mag/e (-en, -ar)
3	pann/a (-an, -or)	**16**	stjärt (-en, -ar)
4	ög/a (-at, -on)	**17**	höft (-en, -er)
5	ör/a (-at, -on)	**18**	ben (-et, -0)
6	näs/a (-an, -or)	**19**	knä (- (e)t, -n)
7	mun (-nen, -nar)	**20**	fot (-en, fötter)
8	kind (-en, -er)	**21**	tå (-n, -r)
9	hak/a (-an, -or)	**22**	arm (-en, -ar)
10	hals (-en, -ar)	**23**	armbåg/e (-en, -ar)
11	nack/e (-en, -ar)	**24**	hand (-en, händer)
12	axel (-n, axlar)	**25**	finger (fingret, fingrar)
13	rygg (-en, -ar)	**26**	tumm/e (-en, -ar)

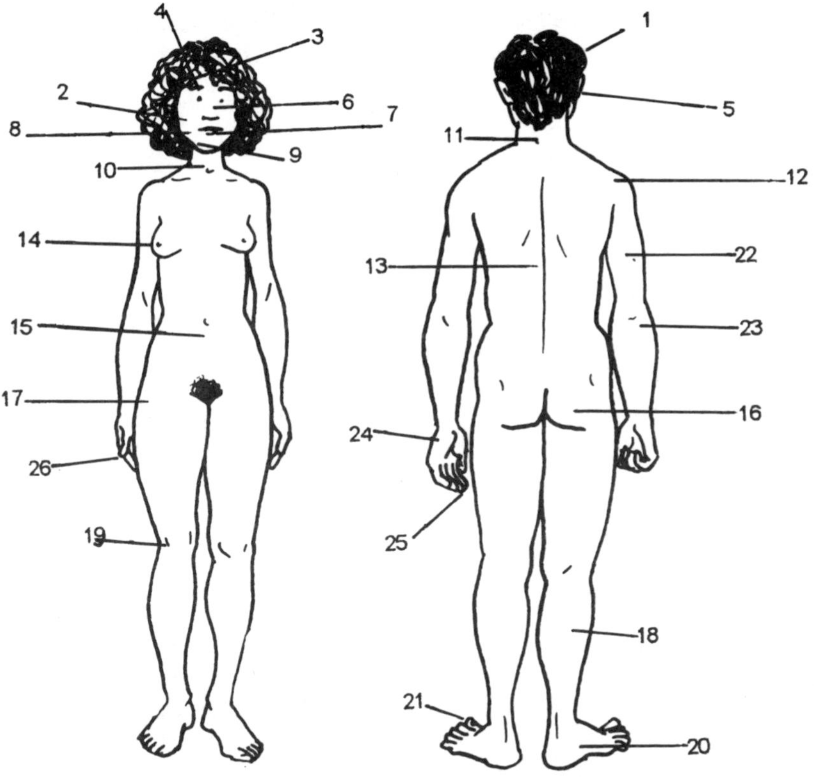

Some illnesses and ailments not mentioned in the dialogues are: **förkylning** (*cold*), **halsfluss** (*tonsillitis*), **migrän** (*migraine*), **hösnuva** (*hayfever*), **sockersjuka** (*diabetes*), **hjärtattack** (*heart attack*), **hjärnblödning** (*stroke*).

Some common phrases:

Jag har feber.	*I have a fever.*
Jag känner mig frisk/sjuk/yr/matt.	*I feel well/ill/dizzy/faint.*
Jag har högt/lågt/blodtryck.	*I have high/low blood pressure.*
Jag är allergisk mot fisk/ost.	*I am allergic to fish/cheese.*
Han är medvetslös.	*He is unconscious.*
Hon blöder.	*She is bleeding.*

Note: The word **ben** denotes both *leg* and *bone*, but it is always obvious from the context what the word means. **Bröst** denotes *chest* and *breast*. About women, **bröstet** refers to 'the chest', **brösten** to the breasts. **Hals** denotes *throat* (inside and outside) and **nacke** denotes *back of the neck*.

Grammatik

1 The past participle

The past participle has the same stem as the supine, but different endings. If you know what the supine form of a verb is, you can generally construct the basic past participle form. Therefore the past participle form is not mentioned in dictionaries or vocabularies, unless it deviates from the normal pattern.

Whereas the supine never changes its form, the past participle has different endings depending on which conjugation the verb belongs to. These endings change in a similar way to adjective endings, depending on whether the noun that it refers to is an **en-** word, an **ett-** word or a word in the plural or definite form. Study the table of endings below.

	Supine	Past Participles		
		en-words	**ett**- words	plural and def. forms
Conj.I *baked*	bak**at**	bak**ad**	bak**at**	bak**ade**
Conj.IIa *burnt*	brän**t**	brän**d**	brän**t**	bränd**a**
Conj.IIb *fried*	stek**t**	stek**t**	stek**t**	stekt**a**
Conj.III *believed*	tro**tt**	tro**dd**	tro**tt**	trod**da**
Conj.IV *stolen*	stul**it**	stul**en**	stul**et**	stul**na**

As you can see, it is mainly the plural and definite form of the first conjugation past participle that deviates by ending in an **e**. The other conjugations conform with the variations of the normal pattern for adjective endings. Look at the examples below:

en bak**ad** kaka	den bak**ade** kakan	kakan är bak**ad**
ett bak**at** bröd	det bak**ade** brödet	brödet är bak**at**
bak**ade** kakor	de bak**ade** kakorna	kakorna är bak**ade**
en brän**d** kaka	den brän**da** kakan	kakan är brän**d**
ett brän**t** bröd	det brän**da** brödet	brödet är brän**t**
brän**da** bröd	de brän**da** bröden	bröden är brän**da**
en stul**en** bil	den stul**na** bilen	bilen är stul**en**
ett stul**et** brev	det stul**na** brevet	brevet är stul**et**
stul**na** bilar	de stul**na** bilarna	bilarna är stul**na**

2 Compound verbs

A verb that has a syllable or another word attached to it is called a compound verb. These are of two kinds. Some are inseparable, e.g. those starting with **an-**, **be-**, **er-**, **för-**, **miss-**, **und-**, **van-** for example: ***be*tala** (*pay*). Others are separable, i.e. the attached word can stand apart from the verb, e.g. **känna *igen*** (*recognise*). However, in the present participle and past participle forms the separable verbs become inseparable, for example:

Alla tycker **om** henne.	*Everybody likes her.*
but	
Hon är **om**tyckt.	*She is well liked.*
Han blev **igen**känd.	*He was recognised.*
ett **igen**kännande leende	*a smile of recognition*

3 *Passive voice formed with* bli *or* vara

When talking about the **-s** passive in Unit 15, it was mentioned that there were two more ways of forming the passive voice in Swedish. For these the past participle is needed. As in English, the past participle can be used after a form of the verb *to be* to form the passive voice, for example:

Kotletten är grillad.	*The chop is grilled.*

However, the passive form with **vara** + past participle is not very common in Swedish. It is only used when no action takes place. It denotes a state, a condition or the result of an action, but not the happening itself.

As far as meaning is concerned, both the **-s** passive and the passive with **bli** + past participle describe an action, i.e. denote a change.

The difference between passive with **bli** and passive with **vara** is clearly visible in the following example. In English the sentence *the car was stolen* is ambiguous. It can be translated into Swedish in two ways:

• **Bilen *blev* stulen när jag var i London.**	(if it describes that the theft occured while I was away)
• **Bilen *var* stulen när jag kom hem.**	(if it describes that the theft had already occured by the time I returned)

4 Doktor/läkare – sjukhus/lasarett – hospital/ mentalsjukhus

There are two words for *doctor*: **doktor** and **läkare** as in **läkarmottagning** (*doctor's surgery*), **läkarundersökning** (*doctor's examination*), **jourhavande läkare** (*doctor on call*). However, you always address the doctor as **doktorn** or **doktor** + his surname, e.g. **doktor Ek**. A **sjuksköterska** (*nurse*) – even an **avdelningsföreståndare** (*sister*) – is addressed as **syster** + her first name, e.g. **syster Karin**.

There are also two words for *hospital*, **sjukhus** and **lasarett**, both denote *general hospital*. The old word **hospital** was only used about *mental hospitals* – nowadays called **mentalsjukhus** – so do make sure you end up in the right place should you have the misfortune to fall ill in Sweden!

5 Kvinna/doktorinna/lärarinna – studentska/ sjuksköterska – dansös

There are some endings which always denote females: **-inna**, **-*ska***, **-ös**:

kvinna	*woman*	studentska	*female student*
doktorinna	*doctor's wife*	skådespelerska	*actress*
kejsarinna	*empress*	städerska	*female cleaner*
lärarinna	*female teacher*	sångerska	*female singer*
författarinna	*authoress*	damfrisörska	*female hairdresser*

väninna	*female friend*	sjuksköterska	*nurse*
dansös	*female dancer*	massös	*masseuse*

These days it is not politically correct to use different words for males and females doing the same work, so a female teacher or author should be called **lärare** and **författare** respectively, though you will see the special female forms in texts written not too many years ago. A male nurse is called a **sjuksköterska**. Titles like **kejsarinna**, **hertiginna** (duchess) remain, but the words indicating wives of professional men are not used nowadays.

6 End article in Swedish – possessive adjective in English

A feature of the Scandinavian languages is that they use the definite form of nouns denoting parts of the body or clothing where English uses a possessive adjective, for example:

John har ont i mag**en.**	*John has a pain in **his** stomach.*
Doktorn tittar i hals**en**.	*The doctor examines **her** throat.*
Han skakade på huvud**et**.	*He shook **his** head.*
Hon tappade näsduk**en**.	*She lost **her** handkerchief.*
Han hade hand**en** i fick**an**	*He had **his** hand in **his** pocket.*

7 Till *followed by words ending in -s*

There are a number of set expressions with **till** where the following noun always ends in **-s**. These are expressions which have survived from the past:

Gå/ligga **till sängs**.	*Go to/Be in bed.*
Sitta **till bords**.	*Sit at the table.*
Gå **till sjöss/havs**.	*Go to sea.*
tillsammans	*together*

8 Interjections

Interjections are words that express strong emotion. Apart from the swearwords the following groups are particularly common:

Expressions of pain: Aj! O!
Aj, det gör ont! *Ow, that hurts!*
Expressions of surprise: Oj! O! *Oh dear!*
Expressions of pleasant surprise: Å!
Å, så vackert! *Oh, how nice!*
Expressions of disgust: Usch! Fy! Hu! Usch, så hemskt! *Ugh, how awful!*

9 Om dagen, i veckan

In expressions of frequency Swedish uses the preposition **om** without any equivalent in English in the following expressions denoting repeated actions:

en gång **om** dagen	*once a day*
fyra gånger **om** dygnet	*four times in 24 hours*
två gånger **om** året	*twice a year*

In all other expressions of repeated action the preposition **i** is used:

en gång i sekunden	*once a second*
tre gånger i timmen	*three times an hour*
sex gånger i månaden	*six times a month*

Övningar

1 What is wrong with these people? Match the people and the illnesses and ailments!

(*a*) hosta
(*b*) huvudvärk
(*c*) mässling
(*d*) ont i magen
(*e*) tandvärk
(*f*) ont i ryggen
(*g*) öronvärk
(*h*) feber

WHAT'S THE MATTER?

2 Fill in the missing past participle in the sentences below. To help you, the numbers indicate the verb conjugation. Example: Den **hemlagade** maten var skämd. (*The home-made food was bad.*)

(*a*) (grilla, I) Den .... kycklingen var god.
(*b*) (steka, IIb) Det fanns bara .... korvar.
(*c*) (bränna, IIa) Vikingaskeppet blev ....
(*d*) (försvinna, IV) Polisen fann de .... barnen.
(*e*) (bebo, III) Robinson Crusoe kom till en o- .... ö.
(*f*) (förlova, I) Det .... paret ska snart gifta sig.
(*g*) (stänga, IIa) Han kunde inte öppna det .... fönstret.
(*h*) (köpa, IIb) De .... kläderna var dyra.
(*i*) (dricka, IV) Den .... mannen kunde inte stå upp.

3 Complete the sentences with the correct form of the words given in brackets.

(*a*) (ansikte) Hon var röd i . . . .
(*b*) (skor) Sätt på dig . . . .
(*c*) (ben) Mannen bröt . . . . när han åkte skidor.
(*d*) (mun) Lasse stoppade chokladen i . . . .
(*e*) (hatt) Professorn glömde . . . .

4 The interjections in the following exclamations have been misplaced. Please put them in their appropriate places.

(*a*) Fy, vad det var roligt!
(*b*) Usch, så snäll du är!
(*c*) O, vad det luktar illa!
(*d*) Oj, ett sådant tråkigt väder!
(*e*) Å, vad tjock (fat) jag har blivit!

5 Answer the questions following the example.
Example: (2/dygn) Hur ofta slår klockan 12? Två gånger om dygnet.

(*a*) (1/år) Hur ofta firar du jul?
(*b*) (4/månad) Hur ofta åker du skidor?
(*c*) (2/dag) Hur ofta borstar du tänderna?
(*d*) (6/vecka) Hur ofta spelar han tennis?
(*e*) (80/minut) Hur ofta slår hjärtat?

6 You are in pain and you phone a doctor. Complete your part of the dialogue.

You (*Say that your back is aching.*)
Doktor Ek Hur länge har ni haft ont i ryggen?
You (*Say that it started last night.*)
Doktor Ek Kan ni komma till min mottagning?
You (*Say that you cannot. You are in bed.*)
Doktor Ek Har ni feber?
You (*Say that you haven't got a temperature, but you cannot sleep because your back is aching so much.*)
Doktor Ek Kan jag få namn och adress?
You (*Say that you are Siv Eriksson, and you are living at Strandvägen 59, Malmö.*)
Doktor Ek Jag kommer om ungefär en timme.
You (*Say thank you to the doctor.*)

Förstår du?

Carl Linnaeus

Carl von Linné, eller Carl Linnaeus som han hette före adlandet och som han fortfarande kallas utanför Sverige, är förmodligen den främste och internationellt mest berömde vetenskapsman som Sverige någonsin haft.

Han föddes år 1707 som son till en fattig präst i Småland. Han studerade medicin vid Lunds universitet. Redan år 1735 blev han berömd i hela Europa då han under en vistelse i Holland publicerade sin epokgörande skrift SYSTEMA NATURAE. Där ordnade han växterna i klasser och gav dem deras latinska namn, ett namn för släktet och ett för arten. Den första upplagan var bara 12 sidor lång, men den sista upplagan – den tolfte – var 2 300 sidor lång. Där har han gett namn åt och beskrivit omkring 15 000 växter, djur och mineraler. Ett L. efter en växts namn i en flora visar att Linnaeus gett växten dess namn. I Holland publicerade han också många andra skrifter, bl.a. sina iakttagelser från en resa i Lappland. De väckte stort uppseende i den akademiska världen.

32 år gammal grundade Linnaeus den Kungliga Svenska Vetenskapsakademien och han blev dess första president. Från 1744 till 1777 var han professor i medicin i Uppsala. Han fortsatte med sina forskningsresor till olika landskap i Sverige, och hans reseskildringar från dessa är mycket berömda. Han skickade också ut sina lärjungar över hela världen, till Kina, Japan, Arabien, Syd- och Nordamerika. Anders Sparrman och Daniel Solander var t.ex. med på James Cooks expeditioner, mer än 50 år före Darwins expedition på HMS Beagle.

'Den moderna botanikens fader', 'Den andra Adam' och 'Blomsterkungen' är några av de namn han har fått av eftervärlden, och en blomma, linnean, (Linnaea Borealis) har blivit uppkallad efter Linnaeus.

adlande (-t) *raising to the nobility*
den främste *the foremost*
präst (-en, -er) *clergyman, parson*
vistelse (-n, -r) *stay*
epokgörande *epoch-making*
skrift (-en, -er) *publication*
ordn/a (-ar, -ade, -at) *arrange*
art (-en, -er) *species*
upplag/a (-an, -or) *edition*
beskriv/a (-er, beskrev, beskrivit) *describe*
växt (-en, -er) *plant*
mineral (-(i) er) *mineral*
bl.a. (bland annat) *among other things, inter alia*
iakttagelse (-n, -r) *observation*
uppseende (-t) *sensation*
grund/a (-ar, -ade, -at) *found*
forskningsres/a (-an, -or) *scientific expedition*
reseskildring (-en, -ar) *travel account*
lärjung/e (-en, -ar) *disciple*
eftervärlden *posterity*
linne/a (-an, -or) *twinflower*
uppkallad efter *named after*

Rätt eller fel?

(*a*) Många tycker att Linnaeus är Sveriges främsta vetenskapsman.
(*b*) Linnaeus var professor i medicin.
(*c*) Linnaeus har fått sitt namn efter en blomma, linnean.

17

HAR DU LUST ATT ÅKA SKIDOR?

Would you like to go skiing?

In this unit you will learn

- how to make a telephone call
- how to ask what someone wants
- phrases used in telegrams

Samtal

John, out on business for Anders' firm, has been caught in a sudden snowstorm. He wants to telephone Anders at the office. He has only bank notes and one **en-krona** coin (two are needed for a local call). He buys a **telia telefonkort** (telephone card) and inserts it in a pay-phone. He dials **riktnumret** (the code) and then the number to the office.

John Hallå! Kan jag få anknytning 21, tack.
Växeln Var god dröj. Numret är upptaget.
John Jag väntar. ---
Anders Anders Svensson.
John Det är John. Jag har blivit insnöad, så jag blir försenad. Jag kan inte komma förrän vägen har blivit plogad.
Anders Jaså. Det har snöat här också, men snöplogarna arbetar för fullt. Se till bara att du kommer så fort vägen är klar, för

du vill väl vara med och fira Lucia i morgon?
John Ja, naturligtvis. Lucia vill jag absolut inte missa.
Anders Då säger vi det. Hej så länge!
John Hej då.

anknytning (-en, -ar) *extension*	**jaså?** *really?*
växeln *the switchboard*	**snöplog (-en, -ar)** *snow plough*
var god dröj *please hold on*	**arbeta för fullt** *work flat out*
upptaget *engaged*	**se till bara** *see to it*
det är John *John speaking*	**absolut** *definitely*
insnöad *I'm snow-bound*	**miss/a (-ar, -ade, -at)** *miss*
försenad *late, delayed*	**då säger vi det** *agreed*
plog/a (-ar, -ade, at) *clear (of snow)*	**hej så länge!** *so long! bye!*

Kommunikation är att kunna skapa på ett språk som hela världen förstår.

Carl Milles musicerande änglar, från 1948 ar sagogestalter som tillhör både jorden och himlen. De saknar all högtidlighet för att bli mänskligare och komma oss nära.

Musicerande änglar ar det första telefonkortet i en serie på tre om kommunikation.

Telia Telefonkort°
120 markeringar

Vid förfrågningar ring 90 200

Rätt eller fel?

(a) Numret är ledigt.
(b) Det ligger så mycket snö på vägen så det är omöjligt att köra.
(c) John vill inte missa Lucia.

Samtal

John receives a telephone call.

John Hallå!

Kerstin Hej! Det är Kerstin. Vi tänkte åka skidor i morgon. Har du lust att följa med?

John Det skulle vara roligt, men det går nog inte.

Kerstin Varför inte?

John Därför att jag inte kan åka skidor.

Kerstin Jaså, men det är inte alls svårt. Vi kan lära dig, och vi har skidor åt dig också. Det är klart att du ska åka skidor när du är i Sverige.

John Jag får väl göra det då.

Kerstin Det blir mörkt så tidigt vid den här tiden på året. Därför vill vi ge oss iväg strax efter nio så vi kan vara ute hela dagen. Det är så skönt att vara ute i friska luften.

John Vill du att jag ska ta med någonting?

Kerstin Kan du ta med några smörgåsar så vore det bra.

John Det kan jag, men åka skidor kan jag inte. Ni kommer säkert att få mycket roligt. Vi ses i morgon bitti!

har du lust att . . . ? *do you feel like . . . ? Would you like to . . . ?*
det skulle vara roligt *it would be fun*
det går inte *it isn't possible*
därför att *because*
inte alls *not at all*
det är klart *of course*
därför *that's why*
ge oss iväg *set off*
strax efter *soon after*
hel *whole, all*
skönt *nice*
friska luften *open air*
ta med *bring*
smörgås (-en, -ar) *sandwich*
vi ses! *see you!*

Rätt eller fel?

(*a*) John frågar Kerstin om hon vill åka skidor.
(*b*) John vill lära Kerstin att åka skidor.
(*c*) John tror att de andra får mycket roligt i morgon.

Telegram

The Svensson family receive a telegram from their married daughter Anne and her husband. The message is as follows:

> Jakob föddes klockan 0245 idag vikt 3,7 kg längd 55 cm allt väl Anne Håkan Annika.

vikt *weight* | **längd** *length*

Ulla and Anders reply with a **lyxtelegram** (greetings telegram). They choose Lx 4 which depicts a bunch of roses. This is the text:

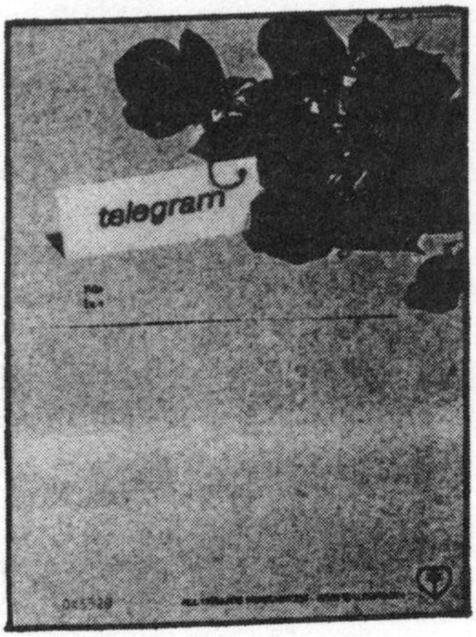

Hjärtliga lyckönskningar!
Det ska bli roligt att se er och vårt nya barnbarn här i jul
Ulla och Anders

Åke and Lasse choose to send a **postogram**. This costs about one tenth of the price of a telegram and looks like a greetings telegram but is delivered as a letter, unlike a telegram, which is delivered right away. Their message is as follows:

Grattis!
Ni fick vad ni ville
en fin liten kille
Morbror Åke och morbror Lasse

hjärtliga lyckönskningar *warm congratulations* | **grattis! (slang) gratulationer** *congratulations*

Vad ni behöver veta

Telegraf/Telebutik The post office in Sweden only deals with mail, so for telephone, faxes, telex and telegrams you have to go to a **Telegraf** or **Telebutik.**

Posten The full name for a post office is **Postkontor**, but everybody calls it **Posten**. Post offices are indicated by a round yellow sign with a blue horn. Letterboxes are fixed to walls. They are yellow, except those for local mail, which are blue.

Så här säger man

How to:

- make a telephone call

Hallå!	*Hello!*
Var finns närmaste telefonkiosk?	*Where's the nearest telephone box?*
Har ni en telefonkatalog?	*Have you got a telephone directory?*
Kan jag få tala med . . . ?	*May I speak to . . . ?*
Det är jag /Kerstin/John	*This is Kerstin / John speaking.*
Vad är (rikt) numret till . . . ?	*What is the (code) number for . . . ?*
Kan jag få anknytning 21?	*May I have extension 21?*
Fel nummer	*Wrong number*

- ask what someone wants

Du vill väl vara med och . . . ?	*You want to take part in . . . , don't you?*
Vill du . . . ?	*Do you want to . . . ?*
Har du lust att . . . ?	*Do you feel like . . . ?*

Grammatik

1 *Joining clauses into one sentence*

Please refer back to Units 1 and 5 for the basic rules about word order.

A sentence can have several clauses. *Jag har blivit insnöad* is a sentence. It is also a clause. *Jag blir försenad* is also a sentence or a clause. One can join two or more clauses into one sentence with the help of conjunctions.

There are two kinds of conjunctions, coordinating conjunctions – **och/samt** (*and*), **eller** (*or*), **för** (*as, because*), **men/utan** (*but*), **så** (*so*) – introduce main clauses. A main clause can stand alone. Coordinating conjunctions do not affect the word order:

Hon sitter **och** han står. — *She is sitting **and** he is standing.*

The subordinating conjunctions join subordinate clauses to main clauses. Subordinate clauses are groups of words which include a verb and form part of a sentence which must include a main clause. A subordinate clause cannot stand alone but is dependent on the main clause. Subordinate clauses always begin with a link word which can be:

(*a*) a relative pronoun or adverb (**som/vilken/vars/vad/där/dit**).
(*b*) an interrogative pronoun or adverb in indirect or reported speech (**vem/vad/vilken/var/vart**).
(*c*) a subordinating conjunction.
The most common subordinating conjuctions are **att** (*that*), **då/när** (*when*), **därför att** (*because*), **eftersom** (*as, since*), **fast (än)** (*although*), **för att** (*in order that*), **inte . . . förrän** (*not . . . until*), **innan** (*before*), **ju . . . desto** (*the . . . the*), **medan** (*while*), **om** (*if*), **sedan** (*after*), **så (att)** (*so that*), **tills** (*until*), **trots att** (*in spite of the fact that*), **än** (*than*).

All subordinate clauses have straight word order, i.e. the subject comes before the verb:

John sa **att** han ville hjälpa Åke. — *John said **that** he wanted to help Åke.*

2 Word order in main clauses

No doubt you have noticed that the word order isn't always the same in Swedish and in English. It is the main clauses which are different. If something other than the subject or a coordinating conjunction introduces a main clause, Swedish uses inverted word order, i.e. the verb (or first verb, if there is more than one verb in the clause) comes before the subject.

The words that cause the changed word order are: time and place adverbs, adverbial phrases and objects if they **introduce** a main clause, or subordinate clauses if they **precede** a main clause. Compare the sentences:

(*a*) De hyr en stuga i skärgården på sommaren. — *They rent a cottage in the archipelago in the summer.*
(*b*) På sommaren hyr de en — *In the summer they rent a*

	stuga i skärgården.	*cottage in the archipelago.*
(*c*)	I skärgården hyr de en stuga på sommaren.	*In the archipelago they rent a cottage in the summer.*
(*d*)	En stuga hyr de i skärgården på sommaren.	*A cottage they rent in the archipelago in the summer.*
(*e*)	Om de har råd, hyr de en stuga i skärgården på sommaren.	*If they can afford it, they'll rent a cottage in the archipelago in the summer.*

The first sentence has straight word order as it starts with the subject. All the following main clauses have inverted word order as they start with (*b*) a time adverb (**på sommaren**), (*c*) a place adverb (**i skärgården**), (*d*) the object (**en stuga**). In (*e*) the main clause has inverted word order as it is preceded by a subordinate clause (**Om de har råd**).

3 Inverted word order when om *is left out*

Just as in English, the conditional conjunction **om** (*if*) is sometimes omitted. If that happens the word order is inverted, for example:

Om du kan ta med dig några smörgåsar vore det bra.	*If you can bring some sandwiches it would be good.*
Kan du ta med dig några smörgåsar /så/vore det bra.	*If you can bring some sandwiches it would be good.*
Om jag vore rik skulle jag sluta arbeta.	*If I were rich I would stop working.*
Vore jag rik skulle jag sluta arbeta.	*Were I rich I would stop working.*

4 Vem som, vilken som, vad som

If **vem**, **vilken** or **vad** introduces a subordinate clause, and there is no other subject in that clause, it must be followed by **som**:

Han frågade **vem som** ringde.	*He asked who phoned.*
Hon undrade **vad som** var bäst.	*She wondered what was best.*

but

Han frågade **vem hon** ringde till.	*He asked who she phoned.*
Hon undrade **vad han** ville.	*She wondered what he wanted.*

5 Jaså

Jaså is a word which can express just about anything from mild surprise to disgust or scorn – it all depends on how you say it. The most common translations of it is *Oh, indeed, really, is that so, you don't say*! Often it is used merely to give the speaker time to think out what to say next.

6 Därför, därför att

Därför renders *that's why*. It introduces a main clause with inverted word order. **Därför att** answers the question *why* and renders *because, as, since*. It introduces a subordinate clause so the word order is straight:

Det blir mörkt tidigt. **Därför** vill vi ge oss iväg tidigt.	*It gets dark early. That's why we want to set off early.*
Det går inte **därför att** jag inte kan åka skidor.	*It isn't possible because I cannot ski.*

7 Lära, lära sig

If **lära** is followed by a reflexive pronoun in Swedish it is translated by *learn*, but if it is followed by an object it is translated by *teach*:

John lärde sig att åka skidor.	*John learnt to ski.*
De lärde John att åka skidor.	*They taught John to ski.*

8 Hela, halva, förra, båda

Note that the words **hela**, **halva**, **förra**, **båda** are followed by a noun in the definite form, but contrary to the normal rules there is no additional definite article in front of them:

hela dagen	*the whole day/all day*
halva dagen	*half the day*
förra året	*last year*
båda åren	*both years*

9 The most common prepositions

You have already met most of the Swedish prepositions. The most common prepositions are: **av** (*of/by/with*), **efter** (*after*), **framför** (*in front of*), **från** (*from*), **för** (*for*), **för . . . sedan** (*ago*), **genom** (*through*), **hos** (*at/at the home of*), **i** (*in/on*), **med** (*with/by*), **om** (*about/in*), **på** (*on/in/at*), **till** (*to/for*), **under** (*under/during/for*), **utan** (*without*), **vid** (*at/by/on*), **över** (*over/above/across*).

English and Swedish prepositions do not always correspond to each other, so it is important that you pay particular attention to those expressions where the usage differs.

Study the drawing illustrating the use of some common prepositions.

10 Place names treated as neuters

Note that the neuter form of adjectives is used when referring to names of towns, provinces, countries and continents, for example:

Stockholm är vackert.	*Stockholm is beautiful.*
Sverige är långt.	*Sweden is long.*
Afrika är underutvecklat.	*Africa is underdeveloped.*

But **Stockhom är en vacker stad** as **vacker** refers to **en stad** here.

Övningar

1 The following telegrams have been sent by six different people. Work out the relationship between the people who have sent and those who have received the telegrams, and link the telegrams to the senders.

(*a*) Erik Johansson Restaurang Belle Avenue 400 72 Göteborg
"Hjärtliga gratulationer på födelsedagen John"
(*b*) Familjen Svensson Storgatan 7A 395 84 Göteborg
"Anländer med familjen julafton möt 1120 SK522 Anne"
(*c*) Direktör Anders Svensson AB Svensson & Co Hamngatan 23 – 426 02 Göteborg
"Beklagar resan inställd familjeskäl Bengt Forsberg"
(*d*) Eva Lindström Odengatan 56 – 113 31 Stockholm
"Försenad bilolycka ingen skadad anländer torsdag Gunnar"
(*e*) Inga Andersson Parkgatan 75 – Norrköping
"Förlorat plånboken behöver pengar genast tack Sven"
(*f*) Bengt Forsberg Bergsgatan 32 Kiruna
"Kom far allvarligt sjuk Maria"

beklagar *regret*	**förlorat** *lost*
inställd *cancelled*	**plånbok (-en, plånböcker)** *wallet*
familjeskäl *personal reasons*	

(*i*) En dotter till föräldrarna och syskonen.
(*ii*) En syster till sin bror.
(*iii*) En affärsman till en annan affärsman.
(*iv*) En son till sin mor.

(*v*) En man till sin fru.
(*vi*) En anställd till en äldre kollega.

2 Combine the two clauses into one sentence by using one of the following conjunctions: **eftersom**, **fastän**, **innan**, **men**, **när**, **och**, **så**.

(*a*) Han är lärare. Hon är kassörska.
(*b*) De har en katt. De har ingen hund.
(*c*) Hon har ingen bil. Hon åker tåg till arbetet.
(*d*) Lasse borstar tänderna. Han vill behålla dem.
(*e*) John stannar i Sverige. Han längtar hem.
(*f*) Lasse går ut med hunden. Han går till sängs.
(*g*) Ulla hör på radion. Hon lagar middagen.

3 Rewrite the following sentences, putting the words in bold first in the sentence. Make the necessary alterations to the word order.

(*a*) Han cyklar till skolan **varje dag**.
(*b*) Min son bor i Italien **nu**.
(*c*) Pojkarna spelar **fotboll** på lördagarna.
(*d*) Han spelade tennis **under hela sin skoltid**.
(*e*) Man äter kräftor i augusti **i Sverige**.
(*f*) Jag kan köpa biljetter, **om du vill**.
(*g*) Han bodde i Sverige, **när han var barn**.

4 Complete the sentences below using **därför/därför att**.

(*a*) Jag tycker om att vara ute i friska luften.
.... åker jag gärna skidor.
(*b*) Han gjorde arbetet .... han behövde pengar.
(*c*) Många kör bil till arbetet .... det är bekvämare.
(*d*) John var sjuk. .... gick han till doktorn.
(*e*) De vill åka till Sverige. .... lär de sig svenska.

5 Lasse has been too busy to tidy his room. Look at the picture and complete the sentences using one of the following prepositions: **i**, **innanför**, **inuti**, **nedanför**, **ovanför**, **ovanpå**, **på**, **under**, **utanför**, **vid**.

(*a*) Lasse ligger .... sängen.
(*b*) Kläderna ligger .... bordet.
(*c*) Kaffekoppen står .... stolen .... skrivbordet.
(*d*) Hunden ligger .... skrivbordet.
(*e*) Katten sitter .... fönstret.
(*f*) Fotbollen ligger .... bordet .... sängen.

(*g*) Böckerna ligger . . . . fönstret.
(*h*) Skorna står . . . . dörren.
(*i*) Väckarklockan står . . . . skåpet.
(*j*) Tavlan hänger upp och ned . . . . bokhyllan.

stol (-en, -ar) *chair*
skrivbord (-et, -0) *desk*
hänger *hangs*
upp och ned *upside down*
bokhyll/a (-an, -or) *bookshelves*

6 Now that Lasse has tidied his room, fill in the missing prepositions. Note that not all of the prepositions from the previous exercise can be used here, and some are needed more than once.

(*a*) Lasse sitter . . . . stolen . . . . skrivbordet.
(*b*) Kläderna hänger . . . . skåpet.
(*c*) Kaffekoppen står . . . . skåpet . . . . köket.
(*d*) Hunden ligger . . . . bordet.
(*e*) Katten sitter . . . . fönstret.
(*f*) Fotbollen ligger . . . . skåpet.
(*g*) Böckerna står . . . . bokhyllan.
(*h*) Skorna står . . . . skåpet.
(*i*) Väckarklockan står . . . . bordet . . . . sängen.
(*j*) Tavlan hänger rätt . . . . bokhyllan.

Förstår du?

Sport och idrott

Sport och idrott är mycket populära fritidsaktiviteter i Sverige. Organiserad sport har funnits i Sverige i 200 år. Två miljoner svenskar – mer än 25% av befolkningen – är medlemmar i någon idrottsklubb, och alla skolbarn har gymnastik och idrott på schemat. Den svenska gymnastikens fader, Per Henrik Ling (1776-1839), utvecklade ett system av gymnastiska rörelser som användes både i Sverige och i andra länder.

Fotboll är den mest populära sporten, men ishockey, simning, bordtennis och orientering lockar också många. Ridning är särskilt populärt bland flickor. Eftersom Sverige har en så lång kust och många svenskar har båtar är det naturligt att segling är en vanlig sport. Omkring 500 båtar brukar delta i en kappsegling runt ön Gotland i Östersjön.

Ända sedan Björn Borg vann Wimbledon fem gånger i rad har tennis varit den sport som gjort Sverige mest känt utanför landets gränser.

Skidåkning är en massport i Sverige. Skolorna har skidlov i en vecka i februari så att alla barn och ungdomar ska få en chans att åka skidor.

Vasaloppet är Sveriges mest kända idrottsevenemang. Det äger rum den första söndagen i mars. Då åker 12 000 män och kvinnor skidor 85 km (53 miles) från Sälen i norra Dalarna till Mora i söder. Det första Vasaloppet ägde rum år 1922 till minne av Gustav Vasa som flydde den här vägen på skidor undan danskarna år 1521. Han blev övertalad att komma tillbaka och leda en bondearmé, som drev ut danskarna. Folket valde honom till kung och han kallas Landsfadern.

sport och idrott *games and athletics*
fritidsaktivitet (-en, -er) *leisure activity*
% (procent) *per cent*
medlem (-men, -mar) *member*
gymnastik (-en) *gymnastics*
schema (-t, -n) *timetable*
utveckl/a (-ar, -ade, -at) *develop*
system (-et, -0) *system*
rörelse (-n, -r) *movement*
simning (-en) *swimming*
bordtennis (-en) *table tennis*
lock/a (-ar, -ade, -at) *attract*
ridning (-en) *horse riding*
kappsegling (-en, -ar) *sailing race*
i rad *running*
massport (-en) *sport for the masses*
skidlov (-et, -0) *skiing holiday*
Vasaloppet *the Vasa ski race*
evenemang (-et, -0) *great event*
äg/a (-er, -de, -t) rum *take place*
till minne av *in memory of*
fly (-r, -dde,-tt) *flee*
övertal/a (-ar, -ade, -at) *persuade*
led/a (-er, -de, lett) *lead*
driv/a (-er, drev, drivit) ut *drive out*
Landsfadern *Father of the people*

Rätt eller fel?

(*a*) Det har funnits organiserad sport i Sverige i 200 år.
(*b*) Den mest populära sporten i Sverige är tennis.
(*c*) Vasaloppet är en kappsegling.

18
GOD JUL!
Happy Christmas!

In this unit you will learn

- phrases used when writing letters
- about Swedish Christmas celebrations

Samtal

John and Åke are talking about Christmas.

Åke God Jul, John!

John Tack, detsamma! Det är så vackert med stjärnorna och ljusen i alla fönster nu till jul. Förresten, får jag fråga dig hur ni firar jul?

Åke Vår jul är lite annorlunda. Du får ingen kalkon och plumpudding här. Vi har dopp i grytan på Lilla julafton, och på julafton har vi julbord med lutfisk, julskinka och risgrynsgröt, och mycket annat gott också. Sedan kommer jultomten med julklappar till 'alla snälla barn'. Förresten, det har kommit ett stort paket till dig, men du får inte packa upp det förrän på julafton.

John O, det är bäst att du lämnar mig i fred, för jag har inte slagit in mina julklappar ännu, men du måste nog hjälpa mig med julrimmen.

Åke Ta det lugnt! Julrimmen är ingen stor poesi, och det är många som inte bryr sig om rimmen nu för tiden.

John När är julen slut?

Åke Julen varar till tjugondag Knut. Då har vi barnkalas med julgransplundring då barnen äter upp allt som går att äta i granen. I julas gjorde Mamma och Lasse ett pepparkakshus. Det var en stor succé på julgransplundringen.

John Det låter gott.

Åke Det var gott. Julen är den bästa tiden på året!

God Jul! *Happy Christmas!*
tack, detsamma! *the same to you!*
förresten *by the way*
stjärn/a (-an, -or) *star*
ljus (-et, -0) *light, candle*
fönster (fönstret, fönster) *window*
annorlunda *different*
kalkon (-en, -er) *turkey*
plumpudding (-en, -ar) *Christmas pudding*
dopp i grytan *'dipping in the pot'*
Lilla julafton *December 23rd*
julbord (-et, -0) *Christmas buffet*
lutfisk (-en) *boiled ling*
julskink/a (-an, -or) *Christmas ham*
risgrynsgröt (-en) *(boiled) rice pudding*
jultomt/e (-en, -ar) *Father Christmas; Santa Claus*
julklapp (-en, -ar) *Christmas present*
snäll *well-behaved*
paket (-et, -0) *parcel*
pack/a (-ar, -ade, -at) upp *unpack*
lämna mig i fred *leave me in peace*
slå (-r, slog, slagit) in *wrap*
julrim (-met, -0) *Xmas rhyme (on the presents)*
ta det lugnt *take it easy*
inte bryr sig om *don't bother about*
tjugondag Knut *twenty days after Christmas*
barnkalas (-et,-0) *children's party*
julgransplundring (-en, -ar) *stripping of the Xmas tree*
släng/a (-er, -de, -t) ut *throw out*
i julas *last Xmas*
pepparkakshus (-et, -0) *gingerbread house*
succé (-n, -er) *success*

Rätt eller fel?

(*a*) Svenskarna äter alltid plumpudding till julmiddagen.
(*b*) I Sverige kommer jultomten på julafton.
(*c*) Julen varar i tjugo dagar i Sverige.

Brev (*Letters*)

John has been invited to Ingrid's wedding. By now he knows the family well. As it is a simple wedding at **Rådhuset** (the City Hall) and the dinner for close relatives and friends in her parents' house is informal, he writes an informal reply:

Göteborg den 3 oktober 1994

Kära Barbro och Nils!
Tack för er vänliga inbjudan till Ingrids och Bengts bröllop och till middagen efteråt i ert hem. Det ska bli mycket roligt att få vara med.
Många hälsningar!
John

He has also received an invitation to a formal dinner on the occasion of a senior colleague's 50th birthday. John finds that he will be out of the country on business, so he cannot attend. He writes the following letter:

94 10 03

Bästa Erik!
Jag tackar för Din vänliga inbjudan till middag på restaurang Belle Avenue den 21.10. Tyvärr är jag förhindrad att komma eftersom jag är i Frankrike den veckan.
John Taylor

After John has returned home to England he writes a thank you letter to the Svensson family:

London den 3/6/95

Kära Ulla och Anders!
Varmt tack för allt ni gjorde för mig under hela året jag var i Sverige. Jag lärde mig mycket på firman, som jag har stor nytta av i mitt arbete. Jag fick också se så mycket av ert vackra land och jag har så fina upplevelser att tänka tillbaka på, men det bästa av allt var att få vara hos er – ni vet att jag tänker på er familj som mitt andra hem. Det blev ett år som jag aldrig ska glömma!
Kära hälsningar!
John

inbjudan *invitation*	**nytta** *use*
bröllop *wedding*	**upplevelse** *experience*
förhindrad *prevented*	

Note: When dating letters, civil servants and business people nowadays use only numbers. Thus 950103 indicates that the letter was written on the 3rd of January 1995.

Vad ni behöver veta

Jul Before Sweden was Christianised, Christmas was a feast to celebrate the winter solstice. Modern-day Christmas customs are similar to those of other Western European countries, though the height of the celebrations is on Christmas Eve. However, the foods served are Swedish specialities.

Dopp i grytan Literally 'dipping in the pot'. The assembled family dip pieces of bread in the broth left over after boiling the ham. It is poor man's fare, an ancient tradition which is still very popular.

Lutfisk Literally 'lye fish'. This is dried ling that has to be soaked in lye and water, then boiled. You either love or hate it!

Julskinka Pride of place on **julbordet** (the special Christmas smörgåsbord) is taken by **julskinkan**, a whole ham boiled at home.

Risgrynsgröt The traditional dessert of rice pudding made with double cream and served with milk and cinnamon. There is an almond hidden in the pudding and it is said that the one who gets the almond is going to get married during the coming year.

Julklapp Father Christmas comes in person – while Dad just happens to be out – to deliver **julklapparna** to **'alla snälla barn'**.

Julrim It is – or was – the custom to write little verses on the presents, hinting at the contents of the parcels, and for the family to try to guess what is in each parcel.

Tjugondag Knut January 13th is the name day of **Knut** (Canute) in the Swedish calendar. It marks the end of the Christmas celebrations, when the children usually have a party and plunder the Christmas tree.

Så här säger man

How to:

- start a letter

Älskade Frida!	*Beloved Frida,*
Kära Ulla!/Käre John!	*Dear Ulla/John,*
Bästa/Bäste vän!	*My dear friend,*
Bästa direktör Svensson!	*Dear Sir,*

- end a letter

Puss och kram!	*Hugs and kisses,*
Kära hälsningar!	*Love,*
Många hälsningar!	*Best wishes,*
Hjärtliga hälsningar!	*Kind regards,*
Med vänlig hälsning	*Yours sincerely,*
Högaktningsfullt	*Yours faithfully,*

Note that there is no equivalent in Swedish to *Dear Sir/Madam.* In business letters (unless you know the addressee's name, in which case you write as above), you start the letter without any introductory phrase.

Grammatik

1 The wandering adverbs

All the negations (**inte**, **aldrig**, **ej**, **icke**) and some adverbs, especially those which denote indefinite time (**alltid**, **bara**, **gärna**, **kanske**, **ofta**, **redan**, **snart**) change their place in the sentence depending on whether the clause is a main clause or a subordinate clause.

These adverbs are placed **after** the first verb in main clauses, but in subordinate clauses they are placed **before** the first verb:

Main clause	Jag åker **ofta** till Sverige.	*I **often** go to Sweden.*
	Han har **aldrig** varit där.	*He has **never** been there.*

Sub clause	Han frågade vem som **ofta** åker till Sverige.
	Han sa att han **aldrig** hade varit i Sverige.

Note that the negations **inte**, **icke**, **ej**, **aldrig** and the adverb **alltid** are placed between **att** and the infinitive:

Lasse lovade att **aldrig** äta godis igen.

Adverbs denoting definite time or place are placed either first or last in the sentence, but not together:

I Sverige snöar det på vintern.	*In Sweden it snows in the winter*
På vintern snöar det i Sverige.	*In the winter it snows in Sweden.*

2 Transitive and intransitive verbs

Verbs which can take an object are called transitive verbs, e.g. **John skriver ett brev** (*John writes a letter*). Verbs which can never take an object are called intransitive verbs, e.g. **Hon rodnar** (*She blushes*). In English many verbs can be either transitive or intransitive e.g. *She **burned** the letter* (**Hon *brände* brevet**), *The house is **burning*** (**Huset *brinner***). Swedish normally uses different, but related, verbs:

Transitive verbs		Intransitive verbs	
lay	lägg/a (-er, lade, lagt)	*lie*	ligg/a (-er, låg, legat)
put	ställ/a (-er, -de,-t)	*stand*	stå (-r, stod, stått)
put	sätt/a (-er, satte, satt)	*sit*	sitt/a (-er, satt, suttit)
burn	bränna, bränner, brände, bränt	*burn*	brinn/a (-er, brann, brunnit)

Note in particular the form **satt**, which is used both as the past tense of **sitta** and as the supine of **sätta**.

Ligga, **stå**, **sitta** are used when the subject of the clause 'lies', 'stands' or 'sits', i.e. is in a fixed position, whereas **lägga** is used when the object is put in a horizontal position, **ställa** when the object is put in a vertical position and **sätta** when it is put in the right place, for example:

Ulla ligger i sängen.	*Ulla is lying in bed.*
John står vid fönstret.	*John is standing by the window.*

Hatten sitter snett.	*The hat is askew.*
Han lägger brevet i lådan.	*He puts the letter in the drawer.*
Åke ställer boken på hyllan.	*Åke puts the book on the shelf.*
Hon sätter maten på bordet.	*She puts the food on the table.*

3 Be/fråga (*ask*)

The English verb *ask* is ambiguous. It can mean *to ask a question*, in which case it is translated into Swedish by **fråga**, or it can mean *to ask somebody to do something*, which is **be** in Swedish:

Han **frågade** vem hon var.	*He asked who she was.*
Hon **bad** honom köpa bröd.	*She asked him to buy bread.*

4 Prepositions in time expressions

When you talk about length of time, you use the preposition **i** in answer to the question *for how long*:

Ulla låg till sängs (**i**) flera dagar.
Ulla lay in bed for several days.

In these expressions the preposition **i** could also be left out.

På is used about length of time + negation:

Ulla kunde **inte** gå till arbetet **på** flera dagar.	*Ulla couldn't go to work for several days.*

På is also used about length of time + completed action:

Han sprang maratonloppet på 3 timmar och 46 minuter.	*He ran the marathon race in 3 hours 46 minutes.*

When you talk about a definite point of time, Swedish uses the following prepositions in answer to the question *when?*:

about future time

om + general time expression:	Terminen börjar **om** en vecka. *Term starts in a week.*
på + weekday:	Hon kommer **på** tisdag.

She is coming on Tuesday.

i/till + seasons:

Vi ska åka skidor **i** vinter.
We shall go skiing this winter.
Vi ska hyra en stuga **till** sommaren.
We shall rent a cottage this summer.

i/till + festival:

De ska gifta sig **i** pingst.
They are going to marry at Whitsun.
Farmor ska komma **till** julen.
Grandma is going to come at Christmas.

about past time

för . . . sedan + general time expression:

Han kom **för** en vecka **sedan**.
He came a week ago.

i + weekday + **-s**

Hon kom **i** fredag**s**.
She came last Friday.

på + weekday + **-en**

Det hände **på** måndag**en**.
It happened last Monday.

i + season + **-as**

De seglade **i** somr**as**.
They sailed last summer.

i + festival + **-as**

Vi åkte skidor **i** påsk**as**.
We went skiing last Easter.

5 Packa, packa upp (*pack* (*up*), *unpack*)

Note the difference in meaning between the Swedish and the English verbs in the following expressions:

Jag måste packa i kväll.	*I must pack* (*my bag*) *tonight.*
Han packade **upp** väskan.	*He* ***un****packed his suitcase.*

Packa in renders *wrap up*.

6 Fred/frid (*peace*)

When the English word *peace* denotes absence of war it is translated by **fred**, but if it denotes peace of mind it is translated by **frid**:

Alfred Nobel ville hjälpa till att skapa fred i världen.	*Alfred Nobel wished to help to create peace in the world.*
Julens budskap är 'frid på jorden'.	*The Christmas message is 'peace on earth'.*

7 Lov/ferier, semester (*holiday*)

Holiday is translated by **lov** or **ferier** for all who are at schools, colleges or university. It corresponds roughly to *vacation*. For people in jobs the word **semester** is used.

Lasses jullov började den 22 december.	*Lasse's Christmas vacation started on 22 December.*
Vi vill åka till Grekland på semestern.	*We would like to go to Greece for our holiday.*

The main public holidays in Sweden are as follows. Note that banks, offices and shops are closed on the days given in bold, and usually close early on the preceding day.

Nyårsafton (New Year's Eve), **Nyårsdagen** (New Year's Day), Trettondagsafton (Twelfth Night), **Trettondagen** (Epiphany), Fastan (Lent), Skärtorsdagen (Maundy Thursday), **Långfredagen** (Good Friday), Påskafton (Easter Eve), **Påskdagen** (Easter Day), **Annandag Påsk** (Easter Monday), Valborgsmässoafton (Walpurgis Night, 30/4), **Första maj** (Labour Day), **Kristi Himmelsfärdsdag** (Ascension Day), Pingstafton (Whitsun Eve), **Pingstdagen** (Whitsunday), **Annandag Pingst** (Whit Monday), Midsommarafton (Midsummer Eve), **Midsommardagen** (Midsummer Day), **Allhelgonadagen** (All Saints' Day), Julafton (Christmas Eve), **Juldagen** (Christmas Day), **Annandag Jul** (Boxing Day).

The common seasonal greetings are:

Gott Nytt År!	*Happy New Year!*
Glad Påsk!	*Happy Easter!*
God Jul!	*Merry Christmas!*
God Fortsättning!	*Best wishes for the New Year!*

Övningar

1 You have received a beautiful crystal bowl from a Swedish friend for Christmas. You telephone to thank her. Fill in your part of the conversation.

Vännen 788 33 (sju, åtta, åtta, tre, tre).
You (*Say Merry Christmas and say you are Tony.*)
Vännen Hej! Tack för den fina boken.
You (*Say you want to say thank you for the beautiful bowl.*)
Vännen Det var roligt att du tyckte om den. Jag ville att du skulle ha ett minne från Sverige.
You (*Say that you particularly liked the motif with the dance around the maypole and that you will always remember the dance on Midsummer Eve.*)
Vännen Jag tyckte också att det var roligt, men jag hoppas att du kommer att använda skålen också. Du kan till exempel servera sallad i den.
You (*Say That was a good idea. Ask what she is doing during the rest of the Christmas holiday.*)
Vännen Vi ska åka upp till mormor i Jämtland över nyår. Där är det mycket snö, så vi kan åka skidor i en vecka.
You (*Say you long to go skiing, too, but you have no snow. Wish her a Happy New Year and say Goodbye.*)

souvenir **minne (-t -n)**	*long to* **längta efter**
motif **motiv (-et -0)**	

2 The professor cannot find his things. Tell him where they are. Use one of the following verbs and insert it in the correct form: **ligga/lägga; stå/ställa; sitta/sätta**.

(*a*) Var är hans cykel? Den . . . . i garaget.
(*b*) Var är hans kappa? Den . . . . på soffan.
(*c*) Var är hans skor? De . . . . vid dörren.
(*d*) Var är hans böcker? De . . . . på skrivbordet.
(*e*) Var är hans glasögon? De . . . . på näsan.

3 Using verbs from the same verb pairs as in the previous exercise, tell Lasse where to put the shopping.

(*a*) .... grönsakerna i kylen!
(*b*) .... flaskorna på hyllan!
(*c*) .... kaffet i skåpet!
(*d*) .... kycklingen i frysen!
(*e*) .... blommorna i vatten!

4 Insert **inte** in the correct place in the sentences below.

(*a*) Jag är gift.
(*b*) Han sa att han var gift.
(*c*) Det var hon, som ville gå.
(*d*) Hon frågade, vad han tyckte om.
(*e*) Mannen var full.
(*f*) Åke frågade, om John ville åka hem.

5 Fill in the correct word, **be** or **fråga**, in the following sentences. Use the past tense.

(*a*) Åke .... Ulla att få låna bilen.
(*b*) Han .... när föreställningen skulle börja.
(*c*) Hon .... honom vänta till nästa jul.
(*d*) Han .... vad hon gjorde i Sverige.
(*e*) John .... om Åke ville hjälpa honom med julrimmen.

6 Choose the most appropriate time expression **(för . . . sedan, i, inte . . . . förrän, i påskas, i sommar, i somras, om, på)** for each of the sentences below.

(*a*) Hon var i Italien .... en vecka.
(*b*) John hade .... åkt skidor .... han kom till Sverige.
(*c*) Affärerna stänger tidigt .... lördagarna.
(*d*) De åt många ägg ....
(*e*) Doktorn kommer .... eftermiddagen.
(*f*) Bussen kommer .... en kvart.
(*g*) Tåget gick .... en halvtimme ....
(*h*) Vi ska resa till Sverige ....
(*i*) Han vann Wimbledon ....

7 Here are some typical **julrim**. Match the rhymes with the presents.

(i) choklad
(ii) docka (*doll*)
(iii) läppstift (*lipstick*)
(iv) silkesstrumpor (*silk-stockings*)

(v) parfym (*perfume*)
(vi) tåg
(vii) whisky

(*a*) En liten flicka får du här,
hoppas, hoppas hon blir dig kär!
(*b*) Materialet har kommit ända ifrån Kina,
för att pryda benen dina.
(*c*) Du får inte äta allt på en gång,
för då får du magont natten lång.
(*d*) Här får du något rött,
för att dina läppar ska le så sött.
(*e*) En flaska till far,
som från Skottland kommit har.
(*f*) På golvet får du vara,
när du med detta någonstans vill fara.
(*g*) O, vad du ska lukta gott,
när du några droppar från denna flaska fått!

pryd/a (-er, -dde, -tt)	*adorn*	**golv (-et, -0)**	*floor*

Förstår du?

Lucia

Tidigt på morgonen den 13 december kommer Lucia, en flicka med långt ljust hår klädd i ett långt vitt linne med rött skärp och en krona med ljus på huvudet. Efter henne kommer hennes tärnor och stjärngossar, flickor i vita linnen med glitter i håret och pojkar, också i vita skjortor med långa spetsiga hattar med guldstjärnor på huvudet. De sjunger den välkända luciasången. I hemmen kommer Lucia med kaffe, pepparkakor och nybakade saffransbullar – som kallas lussekatter – och väcker far, som låtsas sova! På kvällen serverar Lucia ofta glögg.

Enligt den gamla kalendern var den 13 december årets längsta natt. Det var också det italienska helgonet S:ta Lucias dag. Hon firas knappast i Italien, och den svenska Lucia har mycket lite gemensamt med det italienska helgonet. Namnet Lucia kommer från det latinska ordet 'lux', som betyder ljus, och i Sverige firas Lucia som ljusdrottningen, en symbol för hoppet att ljuset ska komma tillbaka till jorden efter det långa vintermörkret.

Även om Lucia har firats på några ställen i västra Sverige ända sedan 1700-talet var det inte förrän på 1920-talet som man började fira Lucia allmänt över hela Sverige. Nu firas Lucia i praktiskt taget alla hem, i skolor och föreningar, på sjukhus och ålderdomshem, och varje stad brukar ha sin egen Lucia.

ljust hår *fair hair*
skärp (-et, -0) *sash*
ljus (-et, -0) *candle*
tärn/a (-an, -or) *maid, attendant*
stjärngoss/e (-en, -ar) *star boy*
glitter *tinsel*
spetsig *pointed*
guldstjärn/a (-an, -or) *golden star*
välkänd *well known*
saffransbull/e (-en, -ar) *saffron bun*
lussekatt *'Lucia cat'*
glögg *a heavily spiced mulled wine*
kalender (-n, kalendrar) *calendar*
helgon (-et, -0) *saint*
knappast *hardly*
gemensamt med *in common with*
symbol (-en, -er) *symbol*
hopp (-et) *hope*
jord (-en, -ar) *earth*
allmänt *generally, widely*
praktiskt taget *practically*
förening (-en, -ar) *society, club*
ålderdomshem (-met, -0) *old people's home*

Rätt eller fel?

(*a*) Den 13 december är årets längsta natt enligt den nya kalendern.
(*b*) I Sverige firas Lucia inte som en religiös fest.
(*c*) Lucia har firats i hela Sverige ända sedan 1700-talet.

KEY TO THE EXERCISES

Unit 1

Rätt eller fel? **1** (*a*) F (*b*) R (*c*) F **2** (*a*) R (*b*) F (*c*) F
Övningar **1** (*a*) God morgon. (*b*) Goddag. (*c*) Adjö. (*d*) Hej. (*e*) Hej. (*f*) God natt. **2** (*a*) Hon heter Jane. (*b*) Hon heter Jane. (*c*) Han heter Anders. (*d*) Han heter Anders. (*e*) Han heter Lars. (*f*) Jag heter . . . (*your own name*). **3** (*a*) Kommer familjen Taylor från England? (*b*) Är Robert Taylor ingenjör? (*c*) Är det John? (*d*) Kallas han Lasse? (*e*) Var det allt? **4** (*a*) Hon (*b*) Han (*c*) De (*d*) Ni (*e*) Vi (*f*) Den (*g*) Det **5** (*a*) *Give your own name.* (*b*) Nej, jag kommer från England. (*c*) Nej, jag kommer från London. **6** (*a*) Hej! Vad heter du? (*b*) Kommer du från Sverige? (*c*) Bor du i Stockholm? **7** (*a*) Han heter Sven Andersson. (*b*) Han heter Olle. (*c*) Hon heter Lisa. (*d*) Han heter Per. (*e*) Hon heter Ingela. (*f*) Hon heter Svea Andersson. (*g*) Han heter Sven Andersson. **8** (*a*) UK. (*b*) Han är pilot. (*c*) Han heter Alexander i förnamn. (*d*) Han kommer från Skottland. (*e*) Han är tandläkare. (*f*) Hon är lärare. (*g*) Hon heter Håkansson i efternamn.
Rätt eller fel? **1** (*a*) F (*b*) R (*c*) F **2** (*a*) F (*b*) R (*c*) F

Unit 2

Rätt eller fel? **1** (*a*) F (*b*) R (*c*) F (*d*) R **2** (*a*) F (*b*) F (*c*) R **3** (*a*) R (*b*) F (*c*) F
Övningar **1** (*a*) familjen sekreteraren trappan hissen hamnen koppen middagen grädden glaset huset passet vinet saltet kaffet **2** (*a*) Ja, tack. (*b*) Nej, tack. (*c*) Ja tack, gärna. (*d*) Tack, det är bra. (*e*) Jag vill hellre ha te, tack. **3** (*a*) Kan jag få en kall öl, tack! (*b*) Jag skulle vilja ha saltet, tack! (*c*) Snälla John, servera vinet! (*d*) Var snäll och ge mig lite kaffe! (*e*) Jag skulle vilja ha lite socker, tack! **4** (*a*) en kopp te (*b*) ett glas sherry (*c*) en flaska rödvin (*d*) ett glas apelsinsaft (*e*) ett glas vatten **5** (*a*) varifrån – uppifrån – nerifrån – framifrån – bakifrån – härifrån – därifrån **6** (*a*) Ja, de är törstiga. (*b*) Nej, Ulla lagar middagen. (*c*) Nej, bara Lasse vill ha mera efterrätt. (*d*) Jo, de vill äta frukost. (*e*) Nej, Robert tackar för maten. **7** (*a*) ett – två – sex – tre – fyra – åtta – fem **8** Jag skulle vilja ha en kopp kaffe. Jag vill ha mjölk och socker, tack. Nej, tack. Jag är inte hungrig, bara törstig. Tack så mycket, det var mycket gott.
Rätt eller fel? **1** (*a*) F (*b*) F (*c*) R (*d*) F

Unit 3

Rätt eller fel? **1** (*a*) F (*b*) R (*c*) F (*d*) F **2** (*a*) F (*b*) F (*c*) R (*d*) F
Övningar **1** (*a*) flickor (*b*) veckor (*c*) frågor (*d*) exportfirmor (*e*) flaskor (*f*) färjor (*g*) klockor (*h*) människor **2** (*a*) Ulla går på en kurs i fransk konversation. (*b*) Åke lär sig spela gitarr. (*c*) Åke brukar träffa sina vänner på onsdagarna. De går och fikar eller de kanske går på bio. (*d*) Han går på en fotokurs. (*e*) De ska gå på en popkonsert. (*f*) Han går till en idrottsklubb och sedan går han ut på stan. (*g*) De går i kyrkan på morgonen och på eftermiddagen går Anders och Åke på fotbollsmatch. **3** (*a*) (i) Klockan är tre. (ii) Klockan är halv fyra. (iii) Klockan är kvart i sju. (iv) Klockan är kvart över tio. (v) Klockan är sex. (vi) Klockan är tjugo över tio. (vii) Klockan är fem i halv nio. (viii) Klockan är två minuter i ett. (ix) Klockan är fem över halv sex. (x) Klockan är tolv. Det är middag/midnatt. (*b*) *This is of course personal. A fairly typical day may look like this:*(i) Kl. sju. (ii) Fem över sju. (iii) Kvart i åtta. (iv) Halv nio. (v) Klockan nio. (vi) Halv ett. (vii) Klockan fem. (viii) Klockan halv sju. (ix) Klockan halv tolv. **4** högt – stor – vacker – fin – trevlig – dyr – lång – svårt – billiga – fattig **5** (*a*) går (*b*) åker (*c*) går (*d*) går (*e*) åker (*f*) går (*g*) går (*h*) åka **6** (*a*) arton (*b*) tjugo (*c*) fjorton (*d*) tjugoåtta (*e*) trettio (*f*) trettioen (*g*) tjugosex (*h*) sjuttiofem . . . åttioett **7** (*a*) trettiosju (*b*) åttioåtta (*c*) sjuttiofyra (*d*) tretton (*e*) fyrtionio (*f*) fem-

tiofem (*g*) tre (*h*) fyra
Rätt eller fel? 1 (*a*) F (*b*) R (*c*) F
2 (*a*) R (*b*) R (*c*) F (*d*) F

Unit 4

Rätt eller fel? 1 (*a*) F (*b*) R (*c*) R
2 (*a*) R (*b*) F (*c*) R (*d*) F
Övningar 1 (*a*) pojkar (*b*) sängar (*c*) ungdomar (*d*) dagar (*e*) båtar (*f*) koppar (*g*) bilar (*h*) sjukdomar (*i*) flyktingar **2** (*a*) i . . . på (*b*) på (*c*) i (*d*) på **3** (*a*) Han . . . henne (*b*) De . . . den (*c*) Hon . . . oss (*d*) Vi . . . honom (*e*) Vi . . . er (*f*) De . . . dem **4** (*a*) Det är solsken men lite kallt. (*b*) Det är solsken och varmt. Det kan regna och åska och blixtra. Det är molnigt ibland. (*c*) Det regnar och blåser och stormar. Det är mulet och kallt. (*d*) Det är mycket kallt. Det snöar ibland. **5** (*a*) Lördag (*b*) Fredag (*c*) Söndag (*d*) Måndag (*e*) Tisdag **6** (*a*) lång (*b*) länge (*c*) lång (*d*) länge (*e*) långt (*f*) länge (*g*) långa (*h*) länge **7** väcka – vaknar – vaknar – väcker – väcka – väcker – väcka – vaknar **8** (*a*) spelar (*b*) leker (*c*) spelar (*d*) spelar (*e*) leker (*f*) spelar **9** (*a*) sjön (*b*) Havet (*c*) Havet (*d*) sjöar (*e*) havet (*f*) havet (*g*) sjön **10** God morgon. Vad är det för väder idag? Bra. Vill du åka ut till sommarstugan? Vi kan gå och bada. Jag vill hellre segla om det inte blåser för mycket. I morgon är det söndag och vi kan spela golf på förmiddagen. Det ska bli skönt.
Rätt eller fel? 1 (*a*) F (*b*) R (*c*) F

Unit 5

Rätt eller fel? 1 (*a*) F (*b*) F (*c*) R
2 (*a*) R (*b*) F (*c*) R
Övningar 1 (*a*) Var (*b*) Vem (*c*) Hur (*d*) När (*e*) Varför (*f*) Vad (*g*) Vilken (*h*) Vad/Var/När/Vem/Vilken **2** (*a*) Banken öppnar inte klockan ett. (*b*) Det var inte dyrt. (*c*) Ligger banken inte vid torget? (*d*) Var det inte dyrt? (*e*) Kan du inte växla en hundralapp? (*f*) När är banken inte öppen? (*g*) Varför vill du inte växla en hundralapp? **3** (*a*) med (*b*) ut (*c*) in (*d*) in (*e*) med **4** (*a*) länder . . . kuster (*b*) minuter . . . sekunder (*c*) händer . . . fötter (*d*) bönder . . . traktorer (*e*) studenter . . . böcker (*f*) industrier . . . maskiner (*g*) bröder . . . doktorer (*h*) söner . . . städer **5** (*a*) som (*b*) vilket (*c*) vars/vilkas (*d*) vilken (*e*) vad som (*f*) vad **6** (*a*) ett–komma–sextusennitti(o)tre kilometer (*b*) etthundraåtti(o)sextusen engelska mil per sekund (*c*) trehundraåttiofyratusenfyrahundra kilometer (*d*) fyrahundrafyrti(o)niotusenniohundrasexti(o)fyra kvadratkilometer (*e*) ett–komma–fem miljoner **7** (*a*) sjuhundranitti(o)tre (*b*) tiohundra *or* tusen (*c*) tolvhundrafemti(o) (*d*) trettonhundrafemti(o) (*e*) trettonhundranitti(o)sju (*f*) femtonhundratjugotre (*g*) sextonhundrafyrti(o)åtta (*h*) artonhundranio (*i*) artonhundrafjorton (*j*) nittonhundratjugoett **8** Brittiska Ambassaden. Skarpögatan sex till åtta. Postnummer etthundrafemton tjugosju STOCKHOLM. Telefon riktnummer noll åtta. Abonnentnummer sex sex sju noll ett fyra noll. Amerikanska Ambassaden. Strandvägen etthundraett. Postnummer etthundrafemton tjugosju STOCKHOLM. Telefon riktnummer noll åtta. Abonnentnummer sex sex tre noll fem två noll. Australiska Ambassaden. Sergels torg tolv. Postnummer etthundratre åtti(o)sex STOCKHOLM. Telefon riktnummer noll åtta. Abonnentnummer sex två fyra fyra sex sex noll.
Rätt eller fel? 1 (*a*) F (*b*) F (*c*) R

Unit 6

Rätt eller fel? 1 (*a*) R (*b*) F (*c*) F (*d*) R **2** (*a*) F (*b*) F (*c*) R
Övningar 1 (*a*) Kan jag få en liter mjölk, tack! (*b*) Kan jag få en halv liter filmjölk, tack! (*c*) Kan jag få ett havt kilo smör, tack! (*d*) Kan jag få ett och ett halvt dussin ägg, tack! (*e*) Kan jag få två limpor, tack! (*f*) Kan jag få tre kilo potatis, tack! (*g*) Kan jag få ett kvarts kilo kaffe, tack! (*h*) Kan jag få två hekto skinka, tack! (*i*) Kan jag få en burk ansjovis, tack! (*j*) Kan jag få ett par äpplen, tack! **2** (*a*) en halv . . . en halv . . . en halvtimme (*b*) ett halvt . . . en halv . . . halva (*c*) halva . . . ett halvår (*d*) Halva **3** (*a*) Åke är större än Lasse. (*b*) Lasses tröja är billigare än Janes kofta. (*c*) En Rolls Royce är dyrare än en Mini. (*d*) Mount Everest är högre än Ben Nevis. (*e*) Stockholm är mindre än London. (*f*) England har fler invånare än Sverige. **4** (*a*) liten (*b*) liten (*c*) litet (*d*) små (*e*) litet (*f*) liten (*g*) litet (*h*) litet (*i*) små (*j*) liten Den lilla flickan från den lilla staden i det lilla landet. **5** (*a*) Nej, jag har

ingen bil. (*b*) Nej, jag har inget socker. (*c*) Nej, jag har inte haft någon TV. (*d*) Nej, jag har inga böcker. (*e*) Nej, jag har inte haft något hus. (*f*) Nej, jag har ingen fru. (*g*) Nej, jag har inga barn. **6** (*a*) det här . . . den här . . . den här . . . det här (*b*) den där . . . det där . . . den där (*c*) De där . . . de här **7** (*a*) ansikten (*b*) frimärken (*c*) konton (*d*) yrken (*e*) äpplen (*f*) ögon . . . öron (*g*) Hjärtans **8** (suggested answer) (*a*) Herrkläder: En pyjamas 250.00. En skjorta 250.00. En tröja 300.00. Sockor 25.00. En undertröja 75.00. Ett par kalsonger 75.00. Summa=975.00 kr. Damkläder: Ett nattlinne 150.00. En kofta 300.00. En blus 150.00. Underkläder (BH, underklänning, trosor, strumpbyxor) 250.00. En baddräkt 150.00. Summa=1000 kr. (*b*) Ett par jeans 350.00. En T-shirt 150.00. Summa=500 kr. (*c*) Ett halsband 150.00. Ett armband 50.00. Ett par örhängen 50.00. Summa=250.00 kr. **9** Jag måste köpa någonting att ta med mig hem. Ja, men det har jag nog inte råd med. Den är underbart vacker, men tyvärr har jag inte så mycket pengar kvar. Ja, jag köper en sådan där älg. Den blir ett fint minne från Sverige. Javisst, en sådan måste jag ha.

Rätt eller fel? 1 (*a*) R (*b*) R (*c*) F

Unit 7

Rätt eller fel? 1 (*a*) R (*b*) F (*c*) F (*d*) R **2** (*a*) F (*b*) F (*c*) R

Övningar 1 (*a*) ett kök . . . skåp (*b*) ett skåp . . . bröd . . . mjöl . . .ris (*c*) kylskåpet . . . ett dussin ägg . . . kött . . . ett halvt kilo smör (*d*) lite socker . . . kaffet . . . inget socker . . . teet (*e*) bär . . . hallon . . . blåbär (*f*) vykort . . . hus **2** (*a*) Var är blommorna? (*b*) Var är hundarna? (*c*) Var är böckerna? (*d*) Var är skorna? (*e*) Var är kvittona? (*f*) Var är lärarna? (*g*) Var är barnen? (*h*) Var är männen? **3** tycker om . . . tycker om . . . tycker inte om . . . tycker mycket om . . . tycker mest om . . . tycker om . . . tycker om 4 (*a*) Den ligger på Storgatan vid kanalen mitt emot torget. (*b*) Det ligger på Kungsgatan mitt emot torgståndet med blommor. (*c*) Det ligger i hörnet av Drottninggatan och Järnvägsgatan mitt emot torget och parkeringsplatsen. (*d*) Det ligger på Tunnelgatan på andra sidan om järnvägsstationen. (*e*) Den ligger på Parkvägen på andra sidan om kanalen mitt emot sjukhuset. (*f*) Den ligger på Järnvägsgatan mitt emot torget. (*g*) Det ligger vid Parkvägen mitt emot operan. (*h*) Den ligger på Järnvägsgatan mellan stationen och banken mitt emot torget. **5** (*a*) Gå över Drottninggatan och rakt över torget. Gå sedan över Kungsgatan. (*b*) Gå rakt fram på Järnvägsgatan förbi turistbyrån och stationen. Polisstationen ligger mellan stationen och banken. (*c*) Gå över Järnvägsgatan och snett över torget. Gå över Storgatan. (*d*) Gå till höger. Gå över Drottninggatan och gå längs torget. Gå över Kungsgatan och ta till vänster. Musikaffären ligger mellan apoteket och bokhandeln. (*e*) Gå till höger längs Storgatan. Gå över gatan vid apoteket och fortsätt rakt fram på Kungsgatan förbi musikaffären och bokhandeln. Varuhuset Domus ligger på Kungsgatan mellan bokhandeln och posten. (*f*) Gå till höger och sedan över Järnvägsgatan. Gå rakt fram längs Drottninggatan. Gå över bron. Gå rakt fram på Skolgatan förbi Kafé Continental. (*g*) Gå över Kanalgatan. Ta till vänster och gå över bron. Gå till höger. Gå över Storgatan. Apoteket ligger i hörnet av Storgatan och Kungsgatan. (*h*) Kör rakt fram till Kanalgatan och ta till vänster. Kör över bron och rakt fram på Drottninggatan. Kör över Järnvägsgatan och genom tunneln. Bensinstationen ligger på vänster sida. (*i*) Gå till vänster och över Järnvägsgatan. Köp blommor på torget. Gå över Storgatan och ta till höger. Gå över bron och gå till vänster på Kanalgatan. (*j*) Gå till höger längs Storgatan. Gå över bron till vänster. Kafé Continental ligger mitt emot bron. **6** Jag ska gå ut med en vän. Det är Kerstin. Först ska vi gå på bio och sedan ska vi gå på ett kafé. Om en halvtimme på bion. Jag tar bussen. Tack så mycket.

Rätt eller fel? 1 (*a*) F (*b*) R (*c*) F

Unit 8

Rätt eller fel? 1 (*a*) F (*b*) R (*c*) F **2** (*a*) R (*b*) F (*c*) R

Övningar 1 Nej, det har jag inte. Finns det något ledigt bord? Jag föredrar hörnbordet. Kan jag få se på matsedeln, tack! Kan jag få leverpastej med rostat bröd, lövbiff med persiljesmör, jordgubbstårta och kaffe, tack. Bara ett glas vatten. Jag vill inte ha stekt potatis. Jag vill ha ris. Vaktmästarn, får jag be om notan? Det är jämna pengar. **2** (*a*) talade (*b*) stannade (*c*) smakade (*d*) diskuterade (*e*) spelade (*f*) parkerade (*g*) joggade (*h*) regnade **3** (*a*) gott (*b*) bra (*c*) god/bra (*d*) bra (*e*) bra (*f*) god (*g*) bra (*h*) gott . . . godare/bättre . . . godast/bäst **4** Fröken! Ursäkta, jag tycker inte om musslor och ägg. Jag beställde skinka, svamp, lök och paprika. Kan jag få en flaska äpplemust på samma gång, tack! **5** (*a*) min dotter, mina söner och mitt arbete. (*b*) din bil, ditt hem och dina barn. (*c*) hans fru, hans bok och hans pojkar. (*d*) hennes barn, hennes man och hennes kläder. (*e*) vår stad, vårt land och våra hus. (*f*) er mat, ert vin och era middagar. (*g*) deras hund, deras hus och deras tavlor. **6** (*a*) Det är din dyra bok. (*b*) Det är hans billiga byxor. (*c*) Det är hennes nya klänning. (*d*) Det är vårt lilla hus. (*e*) Det är era bra böcker. (*f*) Det är deras stora kök. **7** (*a*) Kött, fisk, fågel och ägg. (*b*) Grönsaker t ex bönor, sallad, kål, blomkål, brysselkål, ärter, sparris, morötter, paprika, purjolök. Frukt t ex jordgubbar, hallon, blåbär. (*c*) Potatis, pasta, ris, mjölk, filmjölk, ost, bröd. (*d*) Alkohol, kaffe, te, kakor, tårtor etc. (*e*) Maten i toppen är dyrast. **8** (*a*) lika . . . som (*b*) mindre än (*c*) samma . . . som (*d*) inte så . . . som (*e*) större än **9** **1**c **2**f **3**g **4**d **5**a **6**b **7**e

Rätt eller fel? **1** (*a*) F (*b*) F (*c*) R

Unit 9

Rätt eller fel? **1** (*a*) R (*b*) F (*c*) F **2** (*a*) F (*b*) R (*c*) R **3** (*a*) R (*b*) F (*c*) R

Övningar **1** Ursäkta, jag har kört vilse. Kan ni hjälpa mig? Jag ska åka norrut, till Stockholm. Är det långt? Finns det någon bensinstation i närheten? Jag har ont om bensin. Då är det bäst att jag kör till bensinstationen först. Tack för hjälpen! **2** bytte . . . tyckte . . . hände . . . åkte . . . glömde . . . stängde . . . hjälpte . . . köpte **3** (*a*) får (*b*) måste (*c*) fick (*d*) får inte (*e*) måste . . . fick (*f*) måste inte **4** väl . . . nog . . . ju . . . ju . . . väl . . . nog . . . ju . . . nog **5** (*a*) Nej, han är ogift. (*b*) Nej, hon var olydig. (*c*) Nej, hon ogillade Mrs Pankhurst. (*d*) Nej, de är obekväma. (*e*) Nej, det är oväder. (*f*) Nej, de var odjur. **6** (*a*) öster (*b*) norra (*c*) sydpolen (*d*) nordväst (*e*) sydost/sydöst (*f*) västerut (*g*) Östberlin och Västberlin (*h*) Sydamerika . . . Nordamerika (*i*) nordostpassagen . . . norr (*j*) sydostliga . . . södra . . . Östeuropa **7** (*a*) 11° (-10° : +1°) (*b*) 26° (-25° : +1°) (*c*) Östersund (*d*) Mulet och frost -1° (*e*) Omväxlande solsken och molnigt. Temperaturen ±0° (*f*) Längst norrut vid gränsen till Norge. (*g*) Mitt i Sverige.

Rätt eller fel? **1** (*a*) R (*b*) F (*c*) R (*d*) R

Unit 10

Rätt eller fel? **1** (*a*) F (*b*) R (*c*) R (*d*) R **2** (*a*) R (*b*) F (*c*) F (*d*) R

Övningar **1** (*a*) iv (*b*) i (*c*) v (*d*) viii (*e*) iii (*f*) vi (*g*) ii (*h*) vii **2** (*a*) full (*b*) fulla (*c*) fullt (*d*) fulla (*e*) fullmåne (*f*) fullt (*g*) fulla **3** var som helst . . . vem som helst . . . vad som helst . . . när som helst **4** (*a*) mormor (*b*) dotterdotter *or* barnbarn (*c*) moster (*d*) svärson (*e*) dotterson *or* barnbarn (*f*) svägerska (*g*) dotterdotters dotterdotter *or* barnbarnsbarnbarn (*h*) morbror (*i*) svåger (*j*) svärmor **5** (*a*) många (*b*) Mycket (*c*) Hela/Allt (*d*) Många (*e*) Allt (*f*) mycket (*g*) Alla **6** (*a*) förälskat sig (*b*) förlovade sig (*c*) gifta sig (*d*) känner du dig (*e*) skynda dig (*f*) raka sig **7** Ja, gärna. Jag kommer från (Norwich) i England. This answer depends on you, of course. Ja, det har jag *or* Nej, det har jag inte. Jag är turist. Jag skulle gärna vilja ha en kall öl, tack! Ja, tack, mycket gärna. Tack, det var mycket roligt.

Rätt eller fel? **1** (*a*) F (*b*) F (*c*) F (*d*) R

Unit 11

Rätt eller fel? **1** (*a*) F (*b*) R (*c*) R (*d*) F **2** (*a*) R (*b*) F (*c*) F

Övningar **1** (*a*) v (*b*) vii (*c*) ix (*d*) i (*e*) iv (*f*) ii (*g*) viii (*h*) iii (*i*) vi **2** (*a*) sken (*b*) steg . . . gick (*c*) bjöd (*d*) bröt (*e*) for (*f*) flög (*g*) svalt (*h*) njöt (*i*) vann **3** (*a*) irländare (*b*) islänning (*c*) skotte (*d*) ryss . . . ryska (*e*) norrman (*f*) portugis (*g*) kines . . . kinesiska (*h*) fransyska **4** (*a*) Vet (*b*) Känner (*c*) Kan (*d*) kan/vet (*e*) vet (*f*) kan (*g*) vet . . . kan (*h*) känner (*i*) kan **5** (*a*) hjul (*b*) framsätet (*c*) bagageluckan (*d*) ratten (*e*) motorn (*f*) fotbromsen (*g*) vindrutetorkaren (*h*) hastighetsmätaren (*i*) bilbältet (*j*) lyktorna (*k*) bensin

Rätt eller fel? **1** (*a*) R (*b*) F (*c*) R (*d*) F

Unit 12

Rätt eller fel? **1** (*a*) F (*b*) R (*c*) F (*d*) F **2** (*a*) F (*b*) F (*c*) R
Övningar **1** (*a*) 904 och 980 (*b*) 13.10 och 16.27 (*c*) 12.34 och 15.43 (*d*) Alla dagar utom några helgdagar (*e*) Alla dagar mellan 27/6 och 15/8 (*f*) Nummer 904. Kl. 17.30 **2** (*a*) ska (*b*) kommer att/ska (*c*) tänker/ska (*d*) blir (*e*) tänker inte (*f*) blir (*g*) ska/kommer att (*h*) Ska/Tänker (*i*) kommer att **3** (*a*) februari (*b*) januari, mars, maj, juli, augusti, oktober, december (*c*) april, juni, september, november (*d*) juni (*e*) december (*f*) mars, april, maj (*g*) juni, juli, augusti (*h*) september, oktober, november (*i*) december, januari, februari **4** Då . . . Sedan . . . Då . . . Sedan . . . Då **5** (*a*) Helsingborg C – Göteborg (*b*) *single* (*c*) 14.30 (*d*) 17.15 (*e*) 212 (*f*) *non-smoker* (*g*) 56 (*h*) *window seat* **6** (*a*) älv (*b*) älvar (*c*) ån (*d*) floden (*e*) älvarna (*f*) floderna (*g*) åarna **7** (*a*) anländer (*b*) går (*c*) kommer (fram) / anländer (*d*) kom (fram) . . . gått (*e*) ankommande . . . avgående **8** (*a*) *Half way* (*b*) *Fine almost the whole time* (*c*) *They'll visit Åke and John* (*d*) *The mosquitoes*
Rätt eller fel? **1** (*a*) F (*b*) F (*c*) R (*d*) F

Unit 13

Rätt eller fel? **1** (*a*) F (*b*) R (*c*) R **2** (*a*) F (*b*) F (*c*) R 3 (*a*) R (*b*) F (*c*) R
Övningar **1** (*a*) Bertil och Siv Andersson vill ha ett dubbelrum med dusch. (*b*) Tore Olsson vill ha ett enkelrum med dusch. Han behöver också garage. (*c*) Eva Sköld vill ha ett enkelrum med bad eller dusch. (*d*) Familjen Vik vill ha två dubbelrum, ett med bad och ett med dusch. De behöver också garage. **2** (*a*) den sjätte juni (*b*) den fjortonde juli (*c*) den sjuttonde maj (*d*) den tjugotredje april (*e*) fjärde (*f*) sjätte (*g*) sjunde **3** (*a*) varje/var (*b*) var (*c*) varenda (*d*) vart (*e*) Vart och ett (*f*) varannan **4** (*a*) gående (*b*) cyklande (*c*) döende (*d*) stigande . . . fallande (*e*) leende (*f*) levande **5** (*a*) *It is a first class hotel in the old-fashioned style. It is situated in the Old Town and has restaurant, bars, sauna and excellent conference rooms. It has 113 rooms.* (*b*) *It is a modern and comfortable hotel, situated by the City Air Terminal. It has restaurant, bars, conference rooms. It is very large – 410 rooms.* (*c*) *A modern hotel close to the centre. If you buy the Scandic Holiday Card for 100:- kr. children under 13 are accommodated free in their parents room and teenagers get a room of their own for 150:- kr. Breakfast is included. You also get a gift voucher for 100:- to Scandic's restaurant and hundreds of discounts on Avis rented cars, car ferries, Swedish glass etc.* (*d*) *It is situated 15 minutes from the centre. You pay the full price for the first night but half price for the following nights. Breakfast is included.* (*e*) *Modern student rooms with shower and toilet. Cheap. Outside the centre. Particularly suitable for conferences and groups.* (*f*) *Youth hostel on board a windjammer. Central position. Cheap* **6** (*a*) *Grand Hotell, as the President is a VIP.* (*b*) *Scandic Crown Hotel, because of the discount for the teenager and free accommodation for the children.* (*c*) *af Chapman, as that is the cheapest.* (*d*) *Reso Hotell Amaranten, as it is conveniently situated by the City Air Terminal.* (*e*) *Welcome Hotel Barkarby, as they only have to pay half price after the first night.* (*f*) *Reso Hotell Reisen, as it is furnished in the old style and in a central position.* (*g*) *Sommarhotell, as it is student accommodation at a reasonable price.*
Rätt eller fel? **1** (*a*) F (*b*) R (*c*) R

Unit 14

Rätt eller fel? **1** (*a*) F (*b*) R (*c*) R **2** (*a*) F (*b*) F (*c*) R
Övningar **1** (*a*) dit (*b*) där (*c*) här (*d*) hit (*e*) där **2** (*a*) Var bor de? (*b*) Vart reste han? (*c*) Var träffade John Kerstin? (*d*) Vart körde de? (*e*) Vart ringde John? (*f*) Vart ska de resa? **3** (*l*) hem . . . ute . . . hemma (*c*) in (*b*) upp (*a*) Där (*d*) ut (*f*) ut (*e*) upp (*h*) ner (*i*) upp . . . inne (*k*) framme . . . ut (*j*) hem . . . där (*g*) här **4** Före – framför – Förut – inte förrän – Innan **5** (*a*) tänker (*b*) tycker (*c*) tror (*d*) trodde (*e*) tycker (*f*) trodde (*g*) tänker **6** (*a*) av (*b*) för (*c*) i (*d*) av (*e*) för (*f*) för **7** (*a*) stackars (*b*) nytt (*c*) äkta (*d*) dumma (*e*) hårt (*f*) medelålders (*g*) sant (*h*) stängt **8** (*a*) 'Dödsdansen', 'Spöksonaten' and 'Fordringsägaren' (*b*) 'Fordringsägaren' (*c*) Strindbergssalen, N. Bantorget (*d*) tel. 200843 eller Box office (*e*) 'Dödsdansen' is sold out and

'Spöksonaten' is playing in Buenos Aires. **9** (*a*) *'Shirley Valentine' is a play. 'Fågelhandlaren' is an operetta. The 'opera feast' is a cavalcade of operetta-musical- and Vienna melodies played by the Stockholm Operetta Ensemble.* (*b*) *'Shirley Valentine'* (*c*) *Mondays at 7.00 p.m. Gunilla Nyroos.* (*d*) *By telephoning the box office between 10.00 and 17.00.*
Rätt eller fel? 1 (*a*) R (*b*) F (*c*) F

Unit 15

Rätt eller fel? 1 (*a*) F (*b*) R (*c*) F **2** (*a*) R (*b*) F (*c*) F
Övningar 1 Ursäkta, kan ni tala om för mig hur jag kan komma till Kaknästornet? Vilket är det snabbaste sättet att komma till Skansen från Norrmalmstorg? Var ligger Kulturhuset? Hur ska jag lättast komma till Sergels torg från Kungsträdgården? Hur kan jag komma till Drottningholms slottsteater? **2** Vilken opera spelar ni? Vad handlar den om? När börjar operan och när slutar den? Kan jag få två biljetter, tack. Kan jag betala med kreditkort? **3** (*a*) Tosca. Friday 2 September 1994. (*b*) At 7.30 p.m. (*c*) SEK 250. (*d*) Stalls. Door 4, right hand side. Row 13, seat 362. (*e*) No admission. (*f*) The ticket won't be redeemed. **4** (*a*) strykas (*b*) vändas (*c*) skämmas . . . minnas (*d*) träffades (*e*) säljas (*f*) sytts (*g*) förbrukas (*h*) hoppades–lyckas (*i*) kysstes **5** (*a*) De måste byta tåg (*b*) T–centralen, Slussen, och Gamla stan. (*c*) Fruängen eller Norsborg. (*d*) Hagsätra. (*e*) 3 stycken per person. **6** sin – sin – Hans – hans – sin – sina – hennes – sitt – deras – hans – sin – hennes – sin **7** (*a*) blinde (*b*) rödhårige (*c*) yngste (*d*) sjuka (*e*) lilla **8** Goddag. Jag skulle vilja hyra en bil. En mellanstor bil med automatlåda. Över helgen. Hur mycket kostar det? Varsågod. Jag vill ha helförsäkring. Hur stor är deponeringsavgiften? Tack, det var bra.
Rätt eller fel? 1 (*a*) F (*b*) R (*c*) R (*d*) F

Unit 16

Rätt eller fel? 1 (*a*) F (*b*) R (*c*) R **2** (*a*) R (*b*) F (*c*) R **3** (*a*) R (*b*) F (*c*) R
Övningar 1 (*a*) 4 (*b*) 6 (*c*) 2 (*d*) 7 (*e*) 5 (*f*) 8 (*g*) 3 (*h*) 1 **2** (*a*) grillade (*b*) stekta (*c*) bränt (*d*) försvunna (*e*) obebodd (*f*) förlovade (*g*) stängda (*h*) köpta (*i*) druckna **3** (*a*) ansiktet (*b*) skorna (*c*) benet (*d*) munnen (*e*) hatten **4** (*a*) O/Å (*b*) Å/O (*c*) Fy (*d*) Usch (*e*) Oj **5** (*a*) En gång om året. (*b*) Fyra gånger i månaden. (*c*) Två gånger om dagen. (*d*) Sex gånger i veckan. (*e*) Åttio gånger i minuten. 6 Jag har ont i ryggen/ryggvärk/värk i ryggen/. Det började igår kväll. Nej, det kan jag inte, Jag ligger till sängs. Nej, jag har inte feber, men jag kan inte sova för ryggen värker så mycket. Siv Eriksson. Jag bor på Strandvägen 59, Malmö. Tack, doktorn.
Rätt eller fel? 1 (*a*) R (*b*) R (*c*) F

Unit 17

Rätt eller fel? 1 (*a*) F (*b*) R (*c*) R **2** (*a*) F (*b*) F (*c*) R
Övningar 1 (*a*) vi (*b*) i (*c*) iii (*d*) v (*e*) iv (*f*) ii **2** (*a*) och (*b*) men (*c*) så (*d*) eftersom (*e*) fastän (*f*) innan (*g*) när **3** (*a*) Varje dag cyklar han till skolan. (*b*) Nu bor min son i Italien. (*c*) Fotboll spelar pojkarna på lördagarna. (*d*) Under hela sin skoltid spelade han tennis. (*e*) I Sverige äter man kräftor i augusti. (*f*) Om du vill kan jag köpa biljetter. (*g*) När han var barn bodde han i Sverige. **4** (*a*) Därför (*b*) därför att (*c*) därför att (*d*) Därför (*e*) Därför **5** (*a*) ovanpå (*b*) under (*c*) på . . . vid (*d*) på (*e*) utanför (*f*) på . . . vid (*g*) nedanför (*h*) innanför (*i*) (inut-) i (*j*) ovanför **6** (*a*) på . . . vid (*b*) (inut-) i (*c*) i . . . i (*d*) under (*e*) innanför (*f*) (ovan-) på (*g*) i (*h*) i (*i*) på . . . vid (*j*) ovanför
Rätt eller fel? 1 (*a*) R (*b*) F (*c*) F

Unit 18

Rätt eller fel? 1 (*a*) F (*b*) R (*c*) R
Övningar 1 God Jul! Det är Tony. Jag vill tacka dig för den vackra skålen. Jag tyckte särskilt om motivet med dansen kring majstången och jag ska alltid komma ihåg dansen på midsommarafton. Det var en bra idé. Vad ska du göra under resten av jullovet? Jag längtar också efter att åka skidor men vi har ingen snö. Gott Nytt År och hej då. **2** (*a*) står (*b*) ligger (*c*) står (*d*) ligger (*e*) sitter **3** (*a*) Lägg (*b*) Ställ (*c*) Sätt (*d*) Lägg (*e*) Sätt **4** (*a*) Jag är inte gift. (*b*) Han sade att han inte var gift. (*c*) Det var

hon, som inte ville gå. (*d*) Hon frågade, vad han inte tyckte om. (*e*) Mannen var inte full. (*f*) Åke frågade, om John inte ville åka hem. **5** (*a*) bad (*b*) frågade (*c*) bad (*d*) frågade (*e*) frågade **6** (*a*) i (*b*) inte . . . förrän (*c*) på (*d*) i påskas (*e*) på (*f*) om (*g*) för . . . sedan (*h*) i sommar (*i*) i somras **7** (*a*) ii (*b*) iv (*c*) i (*d*) iii (*e*) vii (*f*) vi (*g*) v

Rätt eller fel? **1** (*a*) F (*b*) R (*c*) F

Some useful verbs

The following is an alphabetical list of common irregular verbs and auxiliary verbs. Note that they can be used as patterns for other verbs with a prefix; for example, once you know all the forms of the verb **stå** (*stand*), you also know all the forms of **förstå** (*understand*), and so on.

Infinitive	*Present*	*Past tense*	*Supine*	*Past Participle*
be(dja)	ber	bad	bett	-bedd
binda	binder	band	bundit	bunden
bita	biter	bet	bitit	biten
bjuda	bjuder	bjöd	bjudit	bjuden
bli(va)	blir	blev	blivit	bliven
brinna	brinner	brann	brunnit	brunnen
brista	brister	brast	brustit	brusten
bryta	bryter	bröt	brutit	bruten
bära	bär	bar	burit	buren
böra	bör	borde	bort	–
dra(ga)	drar	drog	dragit	dragen
dricka	dricker	drack	druckit	drucken
driva	driver	drev	drivit	driven
duga	duger	dög/dugde	dugt	–
dö	dör	dog	dött	–
dölja	döljer	dolde	dolt	dold
falla	faller	föll	fallit	fallen
fara	far	for	farit	faren

finna	finner	fann	funnit	funnen
finnas	finns	fanns	funnits	–
flyga	flyger	flög	flugit	-flugen
flyta	flyter	flöt	flutit	-fluten
frysa	fryser	frös	frusit	frusen
få	får	fick	fått	–
försvinna	försvinner	försvann	försvunnit	försvunnen
ge(giva)	ger	gav	gett(givit)	given
glida	glider	gled	glidit	gliden
glädja	gläder	gladde	glatt	–
gnida	gnider	gned	gnidit	gniden
gripa	griper	grep	gripit	gripen
gråta	gråter	grät	gråtit	gråten
gå	går	gick	gått	gången
göra	gör	gjorde	gjort	gjord
ha(va)	har	hade	haft	-havd
heta	heter	hette	hetat	–
hinna	hinner	hann	hunnit	hunnen
hugga	hugger	högg	huggit	huggen
hålla	håller	höll	hållit	hållen
kliva	kliver	klev	klivit	-kliven
knyta	knyter	knöt	knutit	knuten
komma	kommer	kom	kommit	kommen
krypa	kryper	kröp	krupit	krupen
kunna	kan	kunde	kunnat	–
le	ler	log	lett	–
leva	lever	levde	lev(a)t	-lev(a)d
lida	lider	led	lidit	liden
ligga	ligger	låg	legat	-legad
ljuda	ljuder	ljöd	ljudit	–
ljuga	ljuger	ljög	ljugit	-ljugen
lyda	lyder	löd, lydde	lytt	-lydd
låta	låter	lät	låtit	-låten
lägga	lägger	la(de)	lagt	lagd
–	måste	måste	måst	–
niga	niger	neg	nigit	–
njuta	njuter	njöt	njutit	njuten

nysa	nyser	nös	nyst	–
pipa	piper	pep	pipit	–
rida	rider	red	ridit	riden
rinna	rinner	rann	runnit	runnen
riva	river	rev	rivit	riven
ryta	ryter	röt	rutit	–
se	ser	såg	sett	sedd
sitta	sitter	satt	suttit	-sutten
sjuda	sjuder	sjöd	sjudit	sjuden
sjunga	sjunger	sjöng	sjungit	sjungen
sjunka	sjunker	sjönk	sjunkit	sjunken
skilja	skiljer	skilde	skilt	skild
skina	skiner	sken	skinit	–
skjuta	skjuter	sköt	skjutit	skjuten
skola/ska	ska(ll)	skulle	(skolat)	–
skrika	skriker	skrek	skrikit	-skriken
skriva	skriver	skrev	skrivit	skriven
skryta	skryter	skröt	skrutit	-skruten
skära	skär	skar	skurit	skuren
slippa	slipper	slapp	sluppit	-sluppen
slita	sliter	slet	slitit	sliten
slå	slår	slog	slagit	slagen
slåss	slåss	slogs	slagits	–
smyga	smyger	smög	smugit	-smugen
snyta	snyter	snöt	snutit	snuten
sova	sover	sov	sovit	–
spricka	spricker	sprack	spruckit	sprucken
sprida	sprider	spred	spridit	spriden
springa	springer	sprang	sprungit	sprungen
sticka	sticker	stack	stuckit	stucken
stiga	stiger	steg	stigit	-stigen
stjäla	stjäl	stal	stulit	stulen
strida	strider	stred	stridit	-stridd
stryka	stryker	strök	strukit	struken
stå	står	stod	stått	-stådd
stöd(j)a	stöder	stödde	stött	stödd
suga	suger	sög	sugit	sugen
supa	super	söp	supit	-supen
svida	svider	sved	svidit	–

svika	sviker	svek	svikit	sviken
svälja	sväljer	svalde	svalt	svald
svälta	svälter	svalt	svultit	svulten
svär(j)a	svär(jer)	svor	svurit	svuren
säga	säger	sa(de)	sagt	sagd
sälja	säljer	sålde	sålt	såld
sätta	sätter	satte	satt	satt
ta(ga)	ta(ge)r	tog	tagit	tagen
tiga	tiger	teg	tigit	-tegen
tillåta	tillåter	tillät	tillåtit	tillåten
tjuta	tjuter	tjöt	tjutit	–
tvinga	tvingar	tvingade	tvingat	tvingad
tvinga	tvingar	tvang	tvungit	tvungen
–	tör	torde	–	–
(töras)	törs	tordes	torts	–
vara	är	var	varit	–
veta	vet	visste	vetat	–
vika	viker	vek	vikit	viken, vikt
vilja	vill	ville	velat	–
vinna	vinner	vann	vunnit	vunnen
vrida	vrider	vred	vridit	vriden
välja	väljer	valde	valt	vald
vänja	vänjer	vande	vant	vand
växa	växer	växte	växt/vuxit	vuxen
äta	äter	åt	ätit	äten

SWEDISH-ENGLISH GLOSSARY

absolut *definitely*
adel (-n) *nobility*
adjö *goodbye*
adlande (-t) *raising to the nobility*
Afrika *Africa*
afton (-en aftnar) *evening*
aj *ow; ouch*
all (-t -a) *all*
alldeles lagom *just right*
allemansrätten *right of public access*
allergisk mot *allergic to*
allesamman/s/ *all of us*
allmänt *generally; widely*
alltid *always*
allting *everything*
alltså *that is to say; you know; thus*
allvarlig (-t -a) *serious*
ambulans (-en -er) *ambulance*
Amerika *America*
amerikansk (-t -a) *American*
andra världskriget *Second World War*
andra/andre *second*
anknytning (-en -ar) *extension*
ankomst (-en -er) *arrival*
ankrace (-t -n) *duck race*
anmäl/a (-er -de -t) *to report*
annan annat andra *other*
annat *other things*
annorlunda *different*
ansikte (-t -n) *face*
ansjovis (-en -ar) *anchovies*
antal (-et -0) *number*
antingen . . . eller *either . . . or*
använd/a (-er -e använt) *to use*
apelsinsaft (-en -er) *orange juice*
apotek (-et -0) *pharmacy; chemist*
apparat (-en -er) *device; apparatus*
april *April*
arbet/a (-ar -ade -at) *to work*
arm (-en -ar) *arm*
armbåg/e (-en -ar) *elbow*
art (-en -er) *species*
arton *eighteen*
artonde *eighteenth*
Asien *Asia*
attraktion (-en -er) *attraction; event*
augusti *August*
Australien *Australia*
australier (-n -0) *Australian*
automatlåd/a (-an -or) *automatic gears*
av betydelse *of any importance*
avgas (-en -er) *exhaust fume*
avgasrör (-et -0) *exhaust pipe*
avgift (-en -er) *charge; fee*
avres/a (-an -or) *departure*
avsevärt *considerably*
avskaff/a (-ar -ade -at) *to abolish*
axel (-n axlar) *shoulder*

bad (-et -0) *bath*
bad/a (-ar -ade -at) *to go swimming*
badrum (-met -0) *bathroom*
bagageluck/a (-an -or) *boot of car*
bakifrån *from behind*
balkong (-en -er) *balcony*
bank (-en -er) *bank*
bara *only*
barnförbjud/en (-et -na) *for adults only*
barnkalas (-et -0) *children's party*
barnvänlig (-t -a) *suitable for children*
bastu (-n -r) *sauna*
befolkning (-en -ar) *population*
begär/a (begär begärde begärt) *to request*

behandling (-en -ar) *treatment*
behåll/a (-er behöll behållit) *to keep*
behöv/a (-er -de -t) *to need*
beklag/a (-ar -ade -at) *to regret*
bekräftelse (-n -r) *confirmation*
bekväm (-t -a) *comfortable*
bekymra/d (-t -de) *worried*
ben (-et -0) *leg; bone*
bensin (-en) *petrol*
bensinmack (-en -ar) *petrol station*
bensinstation (-en -er) *petrol station*
berg (-et -0) *mountain*
berätt/a (-ar -ade -at) *to tell*
berömd berömt berömda *famous*
beskriv/a (-er beskrev beskrivit) *to describe*
besläkt/ad (-at -ade) *related*
beställ/a (-er -de -t) *to book; order*
besvik/en (-et -na) *disappointed*
besvärlig (-t -a) *difficult; awkward*
besökare (-n -0) *visitor*
betal/a (-ar -de -t) *to pay*
betrakt/a (-ar -ade -at) (sig) *to regard (himself)*
betyd/a (-er -de betytt) *to mean*
betyg (-et -0) *grade; mark*
bevar/a (-ar -ade -at) *to preserve*
bidrag/a (-er bidrog -it) *to contribute*
bilbälte (-t -n) *seat belt*
biljett (-en -er) *ticket*
biljettautomat (-en) *ticket machine*
biljon (-en -er) *billion*
billig (-t -a) *cheap*
biltjuv (-en -ar) *car thief*
bilverkstad (-en -städer) *garage*
bind/a (-er band bundit) *to bind; tie*
bio (-n) *cinema*
biograf (-en -er) *cinema*
biovagn (-en -ar) *cinema coach*
bit (-en -ar) *piece*
björkkvist (-en -ar) *birch branch*
björn (-en -ar) *bear*
bl.a. (bland annat) *among other things; inter alia*
bland *among*
bland/a (-ar -ade -at) *to mix*
blek (-t -a) *pale*
blindtarmsinflammation (-en -er) *appendicitis*
blodtryck (-et) *blood pressure*
blomkål (-en; blomkålshuvuden) *cauliflower*
blyfri *unleaded*
blå blått blå (a) *blue*
blåbär (-et -0) *bilberry*
blås/a (-er -te -t) *to blow; be windy*
blöd/a (-er -dde -tt) *to bleed*
bo/r (-dde -tt) *to live*
bok (-en böcker) *book*
bokhandel (-n) *book shop*
bokhyll/a (-an -or) *bookshelf*
bonde (-n bönder) *peasants*
bord (-et -0) *table*
bordtennis (-en) *table tennis*
borgare *burghers*
borst/a (-ar -ade -at) *to brush*
bort/a *away*
bot/a (-ar -ade -at) *to cure*
bottenvåningen *ground floor*
bra *good; well; fine*
bred (brett breda) *broad*
breddgrad (-en -er) *latitude*
brev (-et -0) *letter*
bro (-n -ar) *bridge*
broms/a (-ar -ade -at) *to brake*
bror (brodern bröder) *brother*
brorsdotter *niece (brother's daughter)*
brorson *nephew (brother's son)*
broschyr (-en -er) *pamphlet*
bruk/a (-ar -ade -at) *usually do something*
brukade vara *used to be*
bry sig om *to care about*
brygg/a (-an -or) *jetty*
bryt/a (-er bröt brutit) *to break off*
bröd (-et -0) *bread*
bröllop (-et -0) *wedding*
bröst (-et -0) *breast; chest*
bull/e (-en -ar) *roll*
bunt (-en -ar) *bunch*
burk (-en -ar) *tin; jar*
busshållplats (-en -er) *bus stop*
butik (-en -er) *shop; boutique*
by (-n -ar) *village*
byt/a (-er -te -t) *to change; exchange*
byta tåg *to change trains*
båda *both*
både . . . och *both . . . and*

båt (-en -ar) *boat; ship*
bänk (-en -ar) *row*
bär (-et -0) *berry*
bärgningsbil (-en -ar) *breakdown van*
bördig (-t -a) *fertile*
börj/a (-ar -ade -at) *to begin; start*
böter (pl.) *fines*

centralvärme (-n) *central heating*
centrum (ett) *centre*
ceremoniella funktioner *ceremonial functions*
cesiumhalt (-en) *cesium content*
choklad (-en) *chocolate*
chokladsås (-en -er) *chocolate sauce*
civilstånd (-et) *civil status*
cykl/a (-ar -ade -at) *cycle*

dagens rätt *today's special*
daghem (-met -0) *day nursery*
dagl (dagligen) *daily*
dalahäst (-en -ar) *Dala horse*
damavdelningen *ladies' wear*
damfrisörsk/a (-an -or) *hairdresser*
dans (-en -er) *dance*
dansös (-en -er) *female dancer*
de *they*
de där/de här *those/these*
de flesta *most people*
de högsta *the highest*
december *December*
del (-en -ar) *part*
delas upp *to be divided*
delas ut *to be shared out; awarded*
del/ta (ga) (-tar -tog -tagit) *to take part*
deltid *part-time*
dem *them*
den närmaste motsvarigheten *the closest equivalent*
den rutade spärrlinjen *the chequered barrier line*
den/det *it*
den/det där *that*
den/det här *this*
deponeringsavgift *deposit*
deras *their(s)*
dess *its*
dessert (-en -er) *dessert*
det finns *there is; there are*
det går bra *that's all right*
det gör detsamma *it doesn't matter; I don't care*
det mesta *most of it*
det är bäst att *we had better*
detsamma *the same*
diet (-en) *diet*
dig you (sing. obj.); *yourself*
dillpotatis *potatoes boiled with dill*
din ditt dina *your(s)*
diriger/a (-ar -ade -at) *to direct*
diskuter/a (-ar -ade -at) *to discuss*
dit (to) *there*
djur (-et -0) *animal*
doktorinn/a (-an -or) *doctor's wife*
domkyrk/a (-an -or) *cathedral*
dopp i grytan *'dipping in the pot'*
dopp (-et -0) *to dip, plunge*
dos (-en -er) *dose*
dotter (-n döttrar) *daughter*
dra (-r drog dragit) ut *extract*
drak/e (-en -ar) *dragon*
drick/a (-er drack druckit) *to drink*
dricks *tip; service charge*
driv/a (-er drev drivit) ut *to drive out*
Drottninggatan *Queen Street*
dryck (-en -er) *drink*
drygt *slightly more than*
dröj/a (-er -de -t) *to hold on; be late*
dröm (drömmen drömmar) *dream*
du *you (sing.)*
dubbelrum (-met -0) *double room*
dum (-t dumma) *stupid*
dusch (-en -ar) *shower*
dussin (-et -0) *dozen*
d.v.s. (det vill säga) *that is to say*
dygn (-et -0) *the 24-hour day*
dynamit (-en) *dynamite*
dyr (-t -a) *expensive*
då *then*
då säger vi det *agreed*
däck (-et -0) *tyre*
där *there*
där borta *over there (any direction)*
där framme *over there (in front)*
därför *that's why*
därför att *because*
därifrån *from there*
dö (-r dog dött) *to die*
dörr (-en -ar) *door*

eftermiddag (-en -ar) *afternoon*
efternamn *surname*
efterätt (-en -er) *dessert; sweet*
eftersom *as*
efterträd/a (--er --de efterträtt) *to succeed*
eftervärlden *posterity*
efteråt *afterwards*
egen (eget egna) *own*
ekonomi (-n -er) *economy*
ekonomisk (-t -a) *economic*
elak (-t -a) *malicious*
eldfast form *ovenproof dish*
elev (-en -er) *pupil*
elfte *eleventh*
eller *or*
eller också *or else*
elva *eleven*
emellertid *however*
emigrer/a (-ar -ade -at) *to emigrate*
en/ett *a/an*; *one*
enda *single*; *only*
engelsk/a (-an) *English (language)*
engelsk/a (-an -or) *Englishwoman*
Engelska kanalen *English Channel*
engelsman (-nen engelsmän) *Englishman*
enhetlig *homogeneous*
enkel *single*
enkelhet (-en -0) *simplicity*
enkelrum (-met -0) *single room*
enkron/a (-an -or) *1-krona coin*
enligt *according to*
ensam (-t ensamma) *alone; by ourselves*
epokgörande *epoch-making*
er you (pl. obj.) *yourselves*
er (-t -a) *your(s)*
Erikskrönikan *the Eric Chronicles*
ersätt/a (-er ersatte ersatt) *to replace*
etnisk (-t -a) *ethnic*
ett halvt kilo (1/2 kg) *half a kilo*
ett kvarts kilo *a quarter of a kilo*
ett slags *a kind of*
Europa (pronounced Eropa) *Europe*
evenemang (-et -0) *great event*
examen (pl. examina) *examination*
expedit (-en -er) *shop assistant*
expeditionsavgift (-en -er) *commission; service charge*
expert (-en -er) *expert*
extrapris (-et -er) *special offer*

faktiskt *really; actually; in fact*
familj (-en -er) *family*
familjeskäl *personal reasons*
fantastiskt *fantastically*
far (fadern fäder) *father*
far/a (-an -or) *danger*
farbror (-n farbröder) *uncle (father's brother)*
farfar *grandpa (lit. father's father)*
farfarsfar *greatgrandfather (father's side)*
farlig (-t -a) *dangerous*
farmor *grandma (lit. father's mother)*
farmorsmor *greatgrandmother (father's side)*
fast *though; fixed*
faster (-n fastrar) *aunt (father's sister)*
fatt/as (fattas -ades -ats) *to be missing*
fattig (-t -a) *poor*
feber (-n) *fever*
februari *February*
fel (-et -0) *fault; wrong*
fem *five*
femhundrakronorssedel (-n --sedlar) *500-kronor (bank) note*
femkron/a (-an -or) *5-kronor coin*
femte *fifth*
femtio *fifty*
femtionde *fiftieth*
femtioöring (-en -ar) *50-öre coin*
femton *fifteen*
femtonde *fifteenth*
festival (-en -er) *festival*
festmiddag (-en -ar) *banquet*
fik/a (-ar -ade -at) *to have a coffee*
fil (mjölk) *(thin) yoghurt*
fin (-t -a) *fine*
finger (fingret fingrar) *finger*
finhack/ad (-at -ade) *finely chopped*
finn/e (-en -ar) *Finn*
finnas kvar *remain*
finska (-n) *Finnish (language)*
finska (-n -or) *Finnish woman*
fir/a (-ar -ade -at) *celebrate*
fiskrätt (-en -er) *fish dish*
fix/a (-ar -ade -at) *fix*

fjorton *fourteen*
fjortonde *fourteenth*
fjärde *fourth*
fjärdedel (-en -ar) *quarter*
fjärrtåg (-et -0) *long-distance train*
flask/a (-an -or) *bottle*
flera *several*
flingor *cornflakes*
fly (-r -dde -tt) *to flee*
flyg/a (-er flög flugit) *to fly*
flyget *aeroplanes (colloquial)*
flykting (-en -ar) *refugee*
flyt/a (-er flöt flutit) *to float*
flytande *fluent*
flytt/a (-ar -ade -at) *to move*
fläskkotlett (-en -er) *pork chop*
folk (-et -0) *people*
folkomröstning (-en -ar) *referendum*
fordon (-et -0) *vehicle*
form (-en) *form*
forskningsres/a (-an -or) *scientific expedition*
fortfarande *still*
fortsätt/a (-er --satte --satt) *to continue*
fot (-en fötter) *foot*
fotbollsmatch (-en -er) *football match*
fotbroms (-en -ar) *foot-brake*
fotokurs (-en -er) *photography course*
fram/me *in front; there; forward*
framgång (-en -ar) *success*
framifrån *from the front*
framsäte (-t -n) *front seat*
fransk *French*
franska (-n) *French language*
fransman (-nen fransmän) *Frenchman*
fransysk/a (-an -or) *Frenchwoman*
fredag *Friday*
fredspris (-et -0) *peace prize*
fridlyst *specially protected*
frihetshjält/e (-n -ar) *champion of liberty*
frisk (-t -a) *well; healthy*
friska luften *open air*
fritidsaktivitet (-en -er) *leisure activity*
frontalkrock (-en -ar) *head-on collision*
fru (-n -ar) *Mrs; wife*
frukost (-en -ar) *breakfast*
frukt (-en -er) *fruit*
fruktsallad (-en -er) *fruit salad*
frys (-en frysskåp) *freezer*
frys/a (-er frös frusit) *to be/feel cold*
frysa till is *to freeze, freeze over*
fråg/a (-an -or) *question*
från *from*
främst *foremost*
fröken fröknar *Miss*
full (-t -a) *full*
fullt med folk *crowded*
fyll/a (-er -de -t) på *to fill up with*
fynd (-et -0) *bargain*
fyra *four*
fyrtio *forty*
fyrtionde *fortieth*
fysik (-en) *physics*
få (-r fick fått) *to get; be allowed to; have to*
få lov att *to be allowed to*
fågelvägen *as the birds fly*
fält (-et -0) *field*
färdig (-t -a) *ready*
färgglad (-a) *brightly coloured*
färgteve (-n) *colour television*
färj/a (-an -or) *ferry*
färsk (-t -a) *fresh*
färskvaror *fresh food, perishables*
fästning (-en -ar) *fortress*
född *born*
födelsedag (-en -ar) *birthday*
följ/a (-er -de -t) (med) *to follow; accompany*
fönster (fönstret fönster) *window*
fönsterbord (-et -0) *table by the window*
för *too; for; because*
för . . . sedan *ago*
för att *(in order) to*
för länge *too long*
förbi *past*
före *before*
före/dra (-drar -drog -dragit) *to prefer*
förening (-en -ar) *society, club*
föreställning (-en -ar) *performance*
författarinn/a (-an -or) *authoress*
förfärlig (-t -a) *terrible*
förhindr/ad (-at -ade) *to prevent*
förkylning (-en -ar) *cold*
förlor/a (-ar -ade -at) *to lose*
förlov/a (-ar -ade -at) sig *to get engaged*
förmiddagskaffe (-t) *morning coffee*
förmodligen *probably*

förmögenhet (-en -er) *wealth*
förnamn *Christian (first) name*
förorен/a (-ar -ade -at) *to pollute*
förorening (-en -ar) *pollution*
förresten *by the way*
förrätt (-en -er) *starter*
försen/ad (-at -ade) *late; delayed*
först (-a) *first*
första gången *the first time*
förstå (-r förstod förstått) *to understand*
förstås *of course*
förstör/a (förstör -de -t) *to destroy*
försur/a (-ar -ade -at) *to acidify*
försvinn/a (-er --svann --svunnit) *to disappear*
försäkring (-en -ar) *insurance*
försäljare (-n -0) *market-trader*
försök/a (-er -te -t) *to try*
försörj/a (-er -de -t) sig *to provide for oneself*
förtroende (-t -n) *confidence*
förut *before; previously*
förvånansvärt *surprisingly*
förälder (-n föräldrar) *parent*
förälsk/a (-ar -ade -at) sig i *to fall in love with*

gammaldags *old fashioned*
ganska *rather*
garage (-t -0) *garage*
garner/a (-ar -ade -at) *to garnish*
gaspedal (-en -er) *accelerator; throttle*
gatukorsning (-en -ar) *junction*
gatukök (-et -0) *street kitchen*
ge oss iväg *to set off*
ge (-r gav givit) *to give*
gemensamt med *in common with*
genast *at once*
genuin (-t -a) *genuine*
geografi (-n) *geography*
gift (med) *married (to)*
gift/a (-er -e -t) sig *to get married*
gitarr (-en -er) *guitar*
gjort *done*
Glad Påsk! *Happy Easter!*
glas (-et -0) *glass; glassware*
glasbruk (-et -0) *glassworks*
glass (-en) *ice cream*
glitter *tinsel*
glögg *a heavily-spiced mulled wine*
god natt *goodnight*
God Fortsättning! *Happy New Year (May the New Year Continue Happily!)*
God Jul! *Merry Christmas!*
goddag *how do you do?*
godis (-et) *sweets*
golf (-en) *golf*
golfklubb/a (-an -or) *golf-club*
Golfströmmen *the Gulf Stream*
gott *nice (about food)*
Gott Nytt År! *A Happy New Year!*
grad (-en -er) *degree*
grattis (*slang* for gratulationer) *congratulations*
gravad lax *marinated salmon*
Grekland *Greece*
grillspett (-et -0) *kebab*
grund/a (-ar -ade -at) *to found*
grundlägg/a (-er grundlade grundlagt) *to lay the foundation of*
grädde (-n) *cream*
gränd (-en -er) *lane*
grönsak (-en -er) *vegetable*
gul (-t -a) *yellow*
guldstjärn/a (-an -or) *golden star*
gurk/a (-an -or) *cucumber*
gyllene *golden*
gymnastik (-en) *gymnastics*
gå (-r gick gått) *to go; walk*
gå av *to get off*
gå en runda *to play a round (golf)*
gå till sängs *go to bed*
gå varm *to be overheated*
gå över *to pass*
gå över till *to change (over) to*
gång (-en -er) *time; occasion*
gäll/a (-er -de -t) *to apply to; be valid*
gärna *willingly; gladly*
gästgivargård (-en -ar) *old coaching inn*
gäststug/a (-an -or) *(little) guest-house*
gör/a gör gjorde gjort *to do; make*
göra någon skillnad *to make any difference*
göra ont *to hurt*
göra sig förtjänt *to distinguish oneself*
göra upp eld *to light a camp fire*
göteborgar/e (-en -0) *Gothenburger*

ha (-r hade haft) *to have*
ha lust *to feel like*
ha ont om *to be short of*
ha råd med *to afford*
hak/a (-an -or) *chin*
hallon (-et -0) *raspberry*
hals (-en -ar) *throat*
halsfluss (-en) *tonsilitis*
halv sju *at half past six*
halvljus *dipped headlights*
hamn (-en -ar) *port; harbour*
han *he*
hand (-en händer) *hand*
handbroms (-en -ar) *hand-brake*
handelsfirm/a (-an -or) *trading (commercial) firm*
handl/a (-ar -ade -at) *to go shopping; buy*
hans *his*
hastighetsmätare (-n -0) *speedometer*
hav (-et -0) *sea*
hej *hallo; hi*
hej så länge *so long*
hejsan *informal greeting*
hel (-t -a) *whole*
hela *the whole; all*
helförsäkring (-en -ar) *comprehensive insurance*
helgdag *public holiday*
helgon (-et -0) *saint*
helljus (-et -0) *full beam*
hellre *rather*
helt och hållet *entirely*
helylle *pure wool*
hem *(to) home*
hem (-met -0) *home*
hemma *at home*
hemspråk (-et -0) *mother tongue*
henne *her*
hennes *her(s)*
herr (-en -ar) *Mr*
het/a (-er hette hetat) *to be called*
hinn/a (-er hann hunnit) *to have time to*
hiss (-en -ar) *lift*
hit (to) *here*
hitt/a (-ar -ade -at) *find*
hjortron (-et -0) *cloudberry*
hjul (-et -0) *wheel*
hjälp (-en) *help*
hjälp/a (-er -te -t) *to help*
hjälpa till *help with*
hjärnblödning (-en -ar) *stroke*
hjärtattack (-en -er) *heart attack*
hjärtliga lyckönskningar *warm congratulations*
hon *she*
honom *him*
hopp-et *hope*
host/a (-ar -ade -at) *to cough*
hotell (-et -0) *hotel*
hovmästare (-n -0) *head-waiter*
hundra *hundred*
hundrade *hundredth*
hundralapp (-en -ar) *100-kroner note*
hungrig (-t -a) *hungry*
hur *how*
hur dags *at what time*
hur ofta *how often*
hur som helst *in any way; just anyhow*
huvud (-et -0) (-en) *head*
huvudregel (-n --regler) *the general rule*
huvudsakligen *mainly*
huvudstad (-en --städer) *capital*
huvudvärk *headache*
hyr/a (hyr -de -t) *rent*
hål (-et -0) *hole*
hår (-et) (collective sing.) *hair*
hård (hårt hårda) *hard*
hårdkokt (-a) *hardboiled*
hälsa på *to greet; say 'how do you do' to*
hälsa på *visit*
hämt/a (-ar -ade -at) *to fetch*
händ/a (-er -e hänt) *to happen*
häng/a (-er -de -t) *to hand*
här *here*
härifrån *from here*
höft (-en -er) *hip*
höger *right*
högertrafik *driving on the right*
högst *at most*
höj/a (-er -de -t) *to raise*
hör/a (hör -de -t) *to hear*
hörn (-et -0) *corner*
hörnbord (-et -0) *corner table*
hösnuva (-n) *hayfever*
höst (-en -ar) *autumn*

i *in*
i alla fall *anyway*

i det gröna *in the open; outdoors*
i form av *in the state of*
i fred *in peace*
i förrgår *the day before yesterday*
i julas *last Xmas*
i kväll *tonight; this evening*
i land *ashore*
i medeltal *on average*
i morgon *tomorrow*
i morgon bitti *early tomorrow morning*
i morse *early this morning*
i närvaro av *in the presence of*
i rad *running*
i slutet på *at the end of*
i synnerhet *in particular; especially*
i så fall *in that case*
i varje fall *in any case*
i övermorgan *the day after tomorrow*
iakttagelse (-n -r) *observation*
ibland *sometimes*
icke-rökare *non-smoker*
idag *today*
idrottsklubb (-en -ar) *athletics club*
igen *again*
igår *yesterday*
igår morse *early yesterday morning*
illa *bad*
imponerande *impressive*
import- och exportfirma *import and export firm*
importer/a (-ar -ade -at) *to import*
in *into*
inbjudan *invitation*
indian (-en -er) *(American) Indian*
indisk (-t -a) *Indian*
individ (-en -er) *individual*
industri (-n -er) *industry*
influensa (-n) *influenza; flu*
inför/a (inför -de -t) *to introduce*
ingen orsak *you are welcome; don't mention it*
ingen som helst *none whatsoever*
ingenjör (-en -er) *engineer*
ingå (-r ingick ingått) *to be included*
inkomst (-en -er) *income*
inlagd gurka *gherkin*
inlagd sill *pickled herrings*
inlagda rödbetor *pickled beetroots*
inne *in (inside)*
innehåll/a (-er -höll -hållit) *to contain*
inomhus *indoors*
insläpp *admission*
insnö/ad (-at -ade) *snow-bound*
instift/a (-ar -ade -at) *to establish*
inställ/d (-t -da) *cancelled*
inte . . . förrän *not until*
inte alls *not at all*
inte bry sig om *not to bother about*
inte vara förtjust i *not to care for*
internatskola *boarding school*
intresse (-t -n) *interest*
intresserad av *interested in*
invandrare (-n -0) *immigrant*
invånare (-n -0) *inhabitant*
ironisk (-t -a) *ironic*
Italien *Italy*
italiensk (-t -a) *Italian*
italienska (-n) *Italian (language)*

ja *yes*
jadå *oh yes*
jag *I*
jag/a (-ar -ade -at) *hunt*
januari *January*
jaså *really?; is that so?*
javisst *yes, certainly; yes, of course*
jobb (-et -en) *the place of work*
jogg/a (-ar -ade -at) *to go jogging*
jord (-en -ar) *earth*
jordgubbstårt/a (-an -or) *strawberry gateau*
jourtjänsten *emergency services*
ju *of course; as you know*
ju . . . . desto *the . . . . the*
Jugoslavien *Yugoslavia*
julbord (-et -0) *Christmas buffet*
julgransplundring (-en -ar) *stripping of the Xmas tree*
juli *July*
julklapp (-en -ar) *Christmas present*
julrim (-met -0) *Christmas rhyme (on the presents)*
julskink/a (-an -or) *Christmas ham*
jultomt/e (-en -ar) *Father Christmas; Santa Claus*
juni *June*
just bakom *just behind*
jämna pengar *the right amount*

jämnt *exactly*
järnvägsstation (-en -er) *railway station*
jättesnällt *terribly kind*
kafé (-et -er) *café*
kaffe (-t) *coffee*
kalender (-n kalendrar) *calendar*
kalkon (-en -er) *turkey*
kall (-t -a) *cold*
kallas *is called*
kalvstek (-en -ar) *roast veal*
kanal (-en -er) *canal*
kanske *perhaps*
kappsegling (-en -ar) *sailing-race*
karakteriser/a (-ar -ade -at) *characterise*
kart/a (-an -or) *map; town plan*
kasser/a (-ar -ade -at) *to condemn; discard; destroy*
kassörsk/a (-an -or) *cashier (female)*
katastrof (-en -er) *catastrophe; disaster*
kejsarinn/a (-an -or) *empress*
kemi (-n) *chemistry*
kil/a (-ar -ade -at) in *to pop in*
kill/e (-en -ar) *boy*
kilo (-t -(n) *kilo*
kind (-en -er) *cheek*
kinesisk (-t -a) *Chinese*
kiosk (-en -er) *kiosk*
kivas om *to argue about*
klag/a (-ar -ade -at) på *to complain about*
klagomål (-et -0) *complaint*
klar (-t -a) *ready*
klar/a (-ar -ade -at) sig *to manage*
klick (-en -ar) *knob (of butter)*
klimat (-et -0) *climate*
klipphäll (-en -ar) *bare rock*
klä (-r -dde -tt) någon *to suit somebody*
klä majstången *to decorate the maypole*
kläder (plural) *clothes*
knappast *hardly*
knä (- (e)t -n) *knee*
koft/a (-an -or) *cardigan*
kollektivtrafik (-en) *public transport*
kollider/a (-ar -ade -at) *to collide*
komm/a (-er kom kommit) *to come*
komma fram *to arrive*
konditori (-et -er) *café; patisserie*
konkurrens (-en) *competition*
konsert (-en -er) *concert*
konst (-en -er) *art*
konstmuseum *art museum*
konstnär (-en -er) *artist; designer*
konsument (-en -er) *consumer*
konto (-t -n) *account*
kontor (-et -0) *office*
konversation (-en -er) *conversation*
koppling (-en -ar) *clutch*
korvkiosk (-en -ar) *hot-dog stand*
kost/a (-ar -ade -at) *to cost*
krabb/a (-an -or) *crab*
krans (-en -ar) *wreath*
kreditkort (-et -0) *credit card*
krig (-et -0) *war*
kring *around*
kristallskål (-en -ar) *crystal bowl*
kronjuvel (-en -er) *crown jewels; state regalia*
kropp (-en -ar) *body*
kudde (-n -ar) *pillow*
kultur (-en -er) *culture*
kung (-en -ar) (from 'konung') *king*
Kungsan (colloquial) *Kungsträdgården (a park)*
Kungsgatan *King Street*
kunna kan kunde kunnat *can; to be able to ; know*
kurs (-en -er) *course; class*
kusin (-en -er) *cousin*
kust (-en -er) *coast*
kvalitet (-en -er) *quality*
kvar *left*
kvart i åtta *a quarter to eight*
kvartal (-et -0) *quarter (of a year; three months)*
kvarterskrog (-en -ar) *local restaurant*
kvinn/a (-an -or) *woman*
kvitto (-t -n) *receipt*
kväll (-en -ar) *evening*
kyckling (-en -ar) *chicken*
kyla (-n) *cold*
kylar/e (-n -0) *radiator*
kylskåp (-et -0) *fridge*
kyrk/a (-an -or) *church*
känd (känt kända) *known*
känn/a (-er -de -t) *to feel; know*
kö (-n -er) *queue*
köp/a (-er -te -t) *to buy*
kör/a (kör -de -t) (bil) *to drive*
köra av vägen *to drive off the road*

körfält (-et -0) *lane*
körkort (-et -0) *driving licence*
kött (-et) *meat*
köttbull/e (-en -ar) *meatball*

lager (lagret lager) *layer*
lagom *just right; enough*
land (-et länder) *country*
Landsfadern *Father of the people*
landskap (-et -0) *province; scenery*
lapp (-en -ar) *Laplander*
lax (-en -ar) *salmon*
led/a (-er -de lett) *to lead*
ledare (-n -0) *leader*
ledig (-t -a) *free; vacant*
leds/en (-et -na) *sorry; sad*
legitimation (-en) *proof of identity*
lev/a (-er -de -t) *to live*
levande *living; growing*
leverpastej (-en -er) *liver pâté*
levnadsstandard (-en -er) *standard of living*
ligg/a (-er låg legat) *to lie; be situated*
liggvagn (-en -ar) *couchette*
lika långt *as far*
lika vanligt som *as common as*
liksom *like; as well as*
lilla *little*
Lilla julafton *December 23rd*
lillasyster *little sister*
lillebror *little brother*
limp/a (-an -or) *loaf*
lingon (-et -0) *cranberries*
linje (-n -r) *line*
linne/a (-an -or) *twinflower*
list/a (-an -or) *list*
lite *a little*
lite för mycket *a little too much*
lite grann *a little*
lite över *a little past*
liten litet små *little; small*
liter (-n -0) *litre*
liv (-et -0) *life*
livegen, livegna *serf, -s*
ljus (-t -a) *light; fair*
ljus (-et -0) *light; candle*
lock/a (-ar -ade -at) *to attract*
lov/a (-ar -ade -at) *to promise*
luft (-en) *air*
luftig (-t -a) *airy*
lugn (t -a) *calm*
lung/a (-an -or) *lung*
lunginflammation (-en -er) *pneumonia*
lur/a (-ar -ade -at) *to cheat*
lussekatt *'Lucia cat'*
lutfisk (-en) *boiled ling*
lykta (-an -or) *headlight*
lys/a (-er -te -t) *to shine; be switched on*
lyssn/a (-ar -ade -at) *to listen*
lyxrestaruang (-en -er) *luxury restaurant*
lån/a (-ar -ade -at) *to borrow; lend*
långsam (-t -ma) *slowly*
låt/a (-er lät låtit) *to let; sound*
läcker (läckert läckra) *delicious*
läge *situation*
lägenhet (-en -er) *flat*
lägg/a (-er la(de) lagt) *to lay; put*
lägg/a (-er la(de) lagt) sig *to go to bed*
lägga in backen *to get into reverse gear*
lägga in ettan *to get into first gear*
läkare (-n -0) *doctor*
lämna mig i fred *leave me in peace*
längd (-en -er) *length*
länge *long (about time)*
längt/a (-ar -ade -at) efter *long to; long for*
lär/a (lär -de -t) sig *learn*
lärare (-n -0) *teacher*
lärarinn/a (-an -or) *female teacher*
lärjung/e (-en -ar) *disciple*
läs/a (-er -te -t) *to read; study*
läskedryck (-en -er) *soft drink*
lätt (lätt lätta) *light; easy*
lördag *Saturday*
lös (-t -a) *loose*
lös/a (-er -te -t) *to dissolve*
lös/a (-er -te -t) in *to cash*
lövbiff (-en -ar) *minute-steak*

mag/e (-en -ar) *stomach*
maj *May*
majoritet (-en -er) *majority*
makt (-en -er) *power*
maktlös (-t -a) *powerless*
mamm/a (-an -or) *mother*
man *one; you; people; they*
man (-nen män) *man; husband*
mark (-en -er) *ground*

mars *March*
massport (-en) *popular sport*
massös (-en -er) *masseuse*
mat (-en) *food*
matavdelning (-en -ar) *food hall*
match (-en -er) *match*
matsedel (-n --sedlar) *menu*
matsked (-en -ar) *tablespoon*
matsäck (-en -ar) *packed lunch*
matt (matt matta) *faint*
med *with*
medan *while*
medborgarskap (-et -0) *citizenship*
medeltida *medieval*
medlem (-men -mar) *member*
medvetslös (-t -a) *unconscious*
medvind *following wind*
mekaniker (-n -0) *mechanic*
mellan *between*
mellersta *central*
men *but*
met/a (-ar -ade -at) *angle, fish*
middag (-en -ar) *dinner*
midnatt *midnight*
midnattssol (-en) *Midnight Sun*
midvinter mörker *Midwinter Darkness*
mig *me; myself*
migrän (-en) *migraine*
mild (milt milda) *mild*
miljard (-en -er) *a thousand million*
miljon (-en -er) *million*
miljö (-n -er) *environment*
miljöförstöring (-en) *environmental pollution*
min (mitt mina) *my; mine*
mindre *smaller*
mineral (-et (i) er) *mineral*
mineralvatten (-vattnet -0) *mineral water*
minne (-t -n) *souvenir*
minoritet (-en -er) *minority*
minsk/a (-ar -ade -at) *to decrease*
minsta *slightest*
miss/a (-ar -ade -at) *to miss*
mitt emot *opposite*
mjöl (-et -0) *flour*
mjölk (-en) *milk*
mo (de) r (-n mödrar) *mother*
moderniser/a (-ar -ade -at) *to modernise*
molnig (-t -a) *cloudy*
Moms-kvitto (-t -n) *VAT receipt*
monarki (-n -er) *monarchy*
morbror (lit. mors bror) *uncle (mother's brother)*
morgon (-en morgnar) *morning*
mormor *grandma (lit. mother's mother)*
morot (-en morötter) *carrot*
mosaik (-en -er) *mosaic*
Moskva *Moscow*
moster (lit. mors syster) *aunt (mother's sister)*
motiv (-et -0) *motif*
motor (-n motorer) *motor*
motsvarande *corresponding*
mottagning (-en -ar) *surgery; reception*
mulen (mulet mulna) *overcast*
mun (-nen -nar) *mouth*
museum (museet museer) *museum*
musik (-en) *music*
musikaffär (-en -er) *music shop*
mussl/a (-an -or) *clam*
mycket *very; much*
mycket gärna *yes, please, I would love it*
mygg (-et -0) *mosquito*
mysig (-t -a) (colloquial) *(nice and) cosy*
må illa *to feel sick*
mål/a (-ar -ade -at) *to paint*
mån/e (-en -ar) *moon*
måndag *Monday*
många *many*
mångkulturell *multi-cultural*
Mälardrottningen *The Queen of Lake Mälaren*
människ/a (-an -or) *person; pl. people*
märk/a (-er -te -t) *to notice*
mässling (en) *(the) measles*
mätt *satisfied; full up*
mönster (mönstret mönster) *pattern*
mörk (-t -a) *dark*
möt/a (-er -te -t) *to meet*

nack/e (-en -ar) *nape of the neck*
namn (-et -0) *name*
napp/a (-ar -ade -at) *to bite (about fish)*
nation (-en -er) *nation*
natt (-en nätter) *night*
nattuggl/a (-an -or) *night-owl*
natur (-en -er) *nature, scenery*

naturligtvis *of course; naturally*
nederbörd (-en) *precipitation*
nedsatt pris *reduced price*
nej *no*
ner/e *down*
nerifrån *from below*
ni *you (pl.)*
nio *nine*
nionde *ninth*
nittio *ninety*
nittionde *ninetieth*
nitton *nineteen*
nittonde *nineteenth*
njut/a (-er njöt njutit) *enjoy*
nobelpristagare (-n -0) *Nobel prize winner*
nog *probably; (here: I think)*
noggrann (noggrant noggranna) *careful*
noll *nought, zero*
nomad (-en -er) *nomad*
Nordens Venedig *the Venice of the North*
norr *north*
Norrland *the northern half of Sweden*
norrut *northwards*
not/a (-an -or) *bill*
november *November*
nu *now*
numera *nowadays*
nummer (numret nummer) *number*
nybak/ad (-at -ade) *freshly baked*
nyckel (-n nycklar) *key*
nymalen (nymalet nymalna) *freshly ground*
nytt/a (-an) *use*
någon *someone; anyone*
någon annans *somebody else's*
någon (något några) *some; any*
någon som helst *anybody*
någonstans *anywhere; somewhere*
något annat *something else*
något/någonting *something; anything*
när *when*
närhet (-en) *vicinity*
när som helst *at any time; whenever*
närmast (-e) *nearest*
näs/a (-an -or) *nose*
nästa *(the) next*
nästan *almost*
nöje (-t -n) *pleasure*

o *oh*
o.d. (och dylikt) *etc.*
obligatorisk (-t -a) *compulsory*
och *and*
också *also; too*
officiell (-t -a) *official*
ofta *often*
oftast *in most cases*
oktober *October*
olik (-t -a) *different (from)*
om *(about time) in*
om *if*
om året *per year*
ombudsman (-nen ombudsmän) *representative of the people; ombudsman*
omelett (-en -er) *omelet*
omgående *by return*
omkring (abbrev. 'o') *around*
omläggning (-en) *change-over*
område (-t -n) *area*
omsorgsfull (-t -a) *careful*
omväxlande *alternating*
onsdag *Wednesday*
ont i halsen *a sore throat*
ont i magen *stomach-ache*
oper/a (-an -or) *opera*
ordn/a (-ar -ade -at) *arrange; get; obtain*
organisation (-en) *organisation*
orättvis (-t -a) *unfair*
oss *us; ourselves*
ost (-en -ar) *cheese*
ostlig *easterly*
o.s.v. (och så vidare) *etc.*
ovanför *above*
ovanlig (-t -a) *unusual*

pack/a (-ar -ade -at) *to pack*
pack/a (-ar -ade -at) upp *to unpack*
paket (-et -0) *parcel*
pann/a (-an -or) *forehead*
papp/a (-an -or) *father*
paprik/a (-an -or) *(sweet) peppers*
par (-et -0) *pair; couple*
park (-en -er) *park*
parkeringsplats (-en -er) *car park*
parkett *stalls*
parti (-et -er) *political party*
pass (-et -0) *passport*

pass/a (-ar -ade -at) *to fit*
passer/a (-ar -ade -at) *to pass*
passkontrollören *Immigration Officer*
pengar *money*
peppar (-n) *pepper*
pepparkakshus (-et -0) *gingerbread house*
perfekt *perfect(ly)*
persilja (-n -0) *parsley*
persiljesmör (-et) *parsley butter*
person (-en -er) *person*
pickolo (-n) *porter; bellboy*
pilot (-en -er) *pilot*
pirat (-en -er) *pirate*
planer/a (-ar -ade -at) *to plan*
plats (-en -er) *place; room*
platsbiljett (-en -er) *seat reservation (ticket)*
platsnummer (-numret -nummer) *seat number*
plattform (-en -ar) *platform*
plock/a (-ar -ade -at) *to pick*
plog/a (-ar -ade -at) *to clear (of snow)*
plumpudding (-en -ar) *Christmas pudding*
plånbok (-en plånböcker) *wallet*
pojk/e (-en -ar) *boy*
polcirkeln *the Arctic circle*
polisen *the police*
polisstation (-en -er) *police station*
politik (-en) *politics; policy*
politisk *political*
popkonsert *pop concert*
populär (-t -a) *popular*
post/a (-ar -ade -at) *to post*
posten *the post office*
potatis (-en -ar) *potato*
potatismos (-et) *mashed potatoes*
praktikant (-en -er) *trainee*
praktiskt taget *practically*
prat/a (-ar -ade -at) *to talk*
present (-en -er) *present*
pris (-et -er) *price*
pris (-et -er) *prize*
prisklass (-en -er) *price category*
problem (-et -0) *problem*
procent *per cent*
produkt (-en -er) *product*
prov/a (-ar -ade -at) *to try on*
pryd/a (-er -de prytt) *to adorn*
präst (-en -er) *clergyman; parson*
präster *clergy*
pröv/a (-ar -ade -at) *to try*
punktering (-en -ar) *puncture*
på *on; at; in*
på allvar *seriously*
på landet *in the countryside*
på stan (from 'staden') *into town*
pålägg (-et -0) *things to put on the rolls*
pålägg (-et -0) *toppings*
päron (-et -0) *pear*

radio (-n radioapparater) *radio*
radioaktivitet (-en) *radioactivity*
rak (-t -a) *straight*
ratt (-en -ar) *steering wheel*
REA (short for 'realisation') *sale*
recept (-et -0) *prescription; recipe*
redan *already*
regel (-n regler) *rule; regulation*
regering (-en -ar) *government*
regn/a (-ar -ade -at) *to rain*
regnig (-t -a) *rainy*
rekommender/a (-ar -ade -at) *to recommend*
religion (-en -er) *religion*
ren (-t -a) *clean*
ren (-en -ar) *reindeer*
reningsverk (-et -0) *sewage works*
renskötsel (-n) *reindeer farming*
res/a (-an -or) *journey*
res/a (-er -te -t) *to travel; erect; raise*
resecheck (-en -ar) *traveller's cheque*
reserver/a (-ar -ade -at) *to reserve*
reseskildring (-en -ar) *travel account*
reslustkort (-et -0) *discount travelcard*
rest (-en -er) *rest*
restaurang (-en -er) *restaurant*
ridning (-en) *horse-riding*
riksdag (-en -ar) *the Swedish parliament*
riksdagsledamot (-en --ledamöter) *member of parliament*
riktig (-t -a) *real; true*
riktigt *really; properly*
rimlig (-t -a) *reasonable*
ring/a (-er -de -t) *to ring*
ring/a (-er -de -t) efter *to ring for*
ris (-et) *rice*

risgrynsgröt (-en) *(boiled) rice pudding*
rolig (-t -a) *nice; fun*
rondell (-en -er) *roundabout*
rostat bröd *toast*
rum (-met -0) *room*
runt *around*
runt omkring *around*
rygg (-en -ar) *back*
ryska (-n) *Russian (language)*
råd (-et -0) *advice*
råka *ut* för *to be involved in; meet with*
räck/a (-er -te -t) *to be enough*
rädd (-a) *afraid*
rädd/a (-ar -ade -at) *to save*
räk/a (-an -or) *prawn*
räkn/a (-ar -ade -at) med *to calculate*
ränt/a (-an -or) *interest*
rätt (-en -er) *dish*
rätt (-en) *right*
röd avgång *discount departure*
röd rött röda *red*
rödbetslag (-en) *liquid from pickled beetroot*
rödspätt/a (-an -or) *plaice*
rödvin (-et) *red wine*
rökare *smoker*
rör/a (rör -de -t) sig *to keep moving*
rörelse (-n -r) *movement*
röst/a (-ar -ade -at) *vote*
rösträtt (-en) *the right to vote*
rött pris *reduced price*

saffransbull/e (-en -ar) *saffron bun*
sak (-en -er) *thing*
sakt/a (-ar -ade -at) farten *to slow down*
sallad (-en -er) *salad*
salladshuvud (-et -en) *lettuce (lit. 'head of lettuce')*
salt (-et) *salt*
sambo *live-in partner*
same (-n -r) *Lapp, Laplander*
samiska (-n) *the language of the Lapps*
samma *same*
sammankall/a (-ar -ade -at) *to summon*
sann (sant sanna) *true, real*
schema (-t -n) *timetable*
se (-r såg sett) *to see*
se efter *look after*
se till bara *see to it*
se *ut* som *look like, resemble*
sedan *afterwards*
sedan dess *since then*
sedan urminnes tider *from time immemorial*
segelfartyg (-et -0) *windjammer*
segl/a (-ar -ade -at) *to sail*
segling (-en -ar) *sailing*
sekreterare (-n -0) *secretary*
senap (-en) *mustard*
senast *at the latest*
september *September*
server/a (-ar -ade -at) *serve*
serveras *is served*
servitris (-en -er) *waitress*
sex *six*
sextio *sixty*
sextionde *sixtieth*
sexton *sixteen*
sextonde *sixteenth*
siffr/a (-an -or) *figure*
sig (sing.) *himself/herself/itself/oneself*
sig (pl.) *themselves*
signalhorn (-et -0) (tuta) *hooter*
simning (-en) *swimming*
sin sitt sina *his/her/its/their own*
sittvagn (-en -ar) *ordinary seat (on train)*
SJ (Statens Järnvägar) *the State Railways*
sju *seven*
sjuk (-t -a) *ill*
sjukdom (-en -ar) *illness*
sjukhus (-et -0) *hospital*
sjukskötersk/a (-an -or) *nurse*
sjunde *seventh*
sjung/a (-er sjöng sjungit) *sing*
sjuttio *seventy*
sjuttionde *seventieth*
sjutton *seventeen*
sjuttonde *seventh*
själv (-t -a) *self*
självklart *obvious; natural*
självservering *self-service*
sjätte *sixth*
sjö (-n -ar) *lake*
sjökapten (-en -er) *(sea) captain*
ska det inte vara? *wouldn't you like?*
ska (ska(ll) skulle skolat) *shall*
skad/a (-an -or) *damage*

skaldjur (-et -0) *shellfish*
skattkammare (-n -0) *treasury*
skick/a (-ar -ade -at) *send*
skidlov (-et -0) *skiing vacation*
skild (-a) *divorced*
skin/a (er sken skinit) *to shine*
skink/a (-an -or) *ham*
skjut/en (-et -na) *shot*
skog (-en -ar) *forest*
skol/a (-an -or) *school*
skolplikt (-en) *compulsory schooling*
Skottland *Scotland*
skott/e (-en -ar) *Scot*
skraml/a (-ar -ade -at) *to rattle*
skrift (-en -er) *publication*
skrivbord (-et -0) *desk*
skrämm/a (-er-de -t) *to frighten*
skräp (-et -0) *rubbish*
skulle vilja *would like to*
skulle vilja ha *would like to have*
skydd/a (-ar -ade -at) *to protect*
skyddshelgon (-et -0) *patron saint*
skyltfönster (-fönstret -0) *shop window*
skynd/a (-ar -ade -at) sig *to hurry*
skådespelersk/a (-an -or) *actress*
skål! *cheers!*
skåp (-et -0) *cupboard*
skäl (-et -0) *reason*
skämd *(about food) go off*
skärp (-et -0) *belt; sash*
skön (-t -a) *nice; comfortable; lovely*
slita sig ifrån *to tear oneself away*
slott (-et -0) *palace; castle*
slut/a (-ar -ade -at) *to finish*
slutsåld *sold out*
slå (-r slog slagit) *to hit; strike; chime*
slå (-r slog slagit) in *to wrap*
slå upp ett tält *to pitch a tent*
släkting (-en -ar) *relative*
släng/a (-er -de -t) ut *to throw out*
släpp/a (er -te -t) av *to let out (of car)*
slätt (-en -er) *plain*
smak (-en -er) *taste*
smak/a (-ar -ade -at) *to taste*
smaksätt/a (-er --satte --satt) *season*
smal (-t -a) *narrow*
smitt/ad (-at -ade) *infected; contaminated*
smultron (-et -0) *wild strawberries*
smörgås (-en -ar) *sandwich*
smörgåsbord *Swedish traditional buffet*
snabb (-t -a) *fast*
snabbköp (-et -0) *self-service shop; supermarket*
snaps *aquavit*
snart *soon*
snett *diagonally*
snäll (-t -a) *kind; well-behaved*
snöplog (-en -ar) *snow-plough*
snöskoter (-n snöskotrar) *snow-mobile*
sock/a (-an -or) *sock*
socker (sockret socker) *sugar*
sockersjuka (-n) *diabetes*
sol (-en -ar) *sun*
solsken (-et -0) *sunshine*
som *as*
som *who; which; that*
som vanligt *as usual*
sommar (-en somrar) *summer*
son (-en söner) *son*
sopsäck (-en -ar) *dustbin*
sort (-en -er) *sort*
sov/a (-er sov sovit) *to sleep*
sovrum (-met -0) *bedroom*
sovsäck (-en -ar) *sleeping-bag*
sovvagn (-en -ar) *sleeper*
spanjor (-en -er) *Spaniard*
spanska (-n) *Spanish (language)*
sparbanksbok (-en --böcker) *savings book*
sparrissopp/a (-an -or) *asparagus soup*
spel/a (-ar -ade -at) *to play*
spela skivor *to play records*
spetsig (-t -a) *pointed*
spis (-en -ar) *cooker; fireplace*
sport och idrott *games and athletics*
sprick/a (-er sprack spruckit) *to crack, split*
sprid/a (-er -de spritt) sig *to spread*
spring/a (-er sprang sprungit) *to run*
sprit (-en) *spirits; alcohol*
språk (-et -0) *language*
spår (-et -0) *track; line*
spårvagn (-en -ar) *tram*
spänna fast *to fasten*
spännande *thrilling*
stad (-en städer) *city; town*
stadshuset *City Hall*
standard (-en) *standard*

stann/a (ar -ade -at) *stop; stay*
starkt (*about drinks*) *alcohol*
stat (-en -er) *state*
statistik (-en) *statistics*
statligt stöd *state subsidy*
statsminister (-n --ministrar) *prime minister*
statstjänsteman (-nen --män) *civil servant*
staty (-n -er) *statue*
stick/a (-ar -ade -at) *to knit*
stiftelse (-n -er) *foundation*
stig/a (-er steg stigit) *to step; rise*
stig/a (-er steg stigit) på *to step in*
stig/a (-er steg stigit) upp *to get up*
stil (-en -ar) *style*
stjärn/a (-an -or) *star*
stjärngoss/e (-en -ar) *star boy*
stjärt (-en -ar) *bottom; tail*
stockholmar/e (-en -0) *Stockholmer*
stol (-en -ar) *chair*
stopp/a (-ar -ade -at) *to stop*
storasyster *big sister*
Storbritannien *Great Britain*
storebror *big brother*
storlek (-en -ar) *size*
storm/a (-ar -ade -at) *to blow a gale*
storstad (-en --städer) *big city*
strand (-en, stränder) *beach*
strax *soon*
strax efter *soon after*
strax intill *next door; right beside*
strumpbyxor *tights*
student (-en -er) *student*
studentsk/a (-an -or) *female student*
studerande (-n -0) *student*
studeranderabatt (-en -er) *student discount*
styck (plural. stycken) *each* (*lit. 'per piece'*)
styr/a (styr -de -t) *to steer*
styvdotter *stepdaughter*
styvfar *stepfather*
styvmor *stepmother*
styvson *stepson*
stå (-r stod stått) *to stand*
stånd (-et -0) *estate*
städ/a (-ar -ade -at) *to tidy up*
städersk/a (-an -or) *female cleaner*
ställning (-en -ar) *position*
stämm/a (-er, stämde stämt) *to be correct/right*
stämpl/a (-ar -ade -at) *to stamp*
stäng/a (-er -de -t) *to shut*
stöld (-en -er) *theft*
stör/a (stör -de -t) *to disturb*
störst (-a) *largest*
succé (-n -er) *success*
sur *sour; acid*
svamp (-en -ar) *mushroom*
svar (-et -0) *answer*
svensk *Swedish*
svensk (-en -ar) *Swede*
svensk/a (-an -or) *Swedish woman*
svenska (-n) *Swedish (language)*
Sverige *Sweden*
svåger (-n svågrar) *brother-in-law*
svårighet (-en -er) *difficulty*
svägersk/a (-an -or) *sister-in-law*
svärdotter (-n --döttrar) *daughter-in-law*
svärfar *father-in-law*
svärmor *mother-in-law*
svärson (-en --söner) *son-in-law*
Sydamerika *South America*
sydlig (-t -a) *southerly*
sydspetsen *the southernmost point*
symbol (-en -er) *symbol*
synd *pity; shame*
syssling/nästkusin *second cousin*
system (-et -0) *system*
systerdotter (-n --döttrar) *niece (sister's daughter)*
systerson (-en --söner) *nephew (sister's son)*
så *so; how*
så .... som *as .... as*
så .... som möjligt *as .... as possible*
så gärna *by all means; with pleasure*
sångersk/a (-an -or) *female singer*
säg/a (-er sa (de) sagt) *say*
säker (-t säkra) *sure; certain*
säkert *certainly; surely*
sälj/a (-er sålde sålt) *to sell*
säng (-en -ar) *bed*
särskilt *particularly*
sätt/a (-er satte satt) *put; place*
sätta in *deposit*
söder *south*

södra *southern*
söndag *Sunday*

T-centralen (abbrev. tunnelbanecentralen) *underground*
T-tröj/a (-an -or) *T-shirt*
ta (-r tog tagit) *to take*
ta det lugnt *take it easy*
ta hand om *take care of*
ta med sig *bring*
ta ut *withdraw*
ta (-r tog tagit) med *to bring*
tablett (-en -er) *tablet*
tack *thank you; please*
tack vare *thanks to*
tack, detsamma! *the same to you!*
tacksam (-t tacksamma) *grateful*
tagit emot *received*
tal/a (-ar -ade -at) *to speak*
tal/a (-ar -ade -at) om *to tell*
tand (-en tänder) *tooth*
tandläkare (-n -0) *dentist*
tank/a (-ar -ade -at) *to fill up with petrol*
tapp/a (-ar -ade -at) *to lose*
te (-et) *tea*
teater (-n teatrar) *theatre*
teknik (-en -er) *technology*
telefon (-en -er) *telephone*
telefonautomat (-en -er) *payphone*
temperatur (-en -er) *temperature*
tennis (-en) *tennis*
termos (-en -ar) *thermos*
tesked (-en -ar) *teaspoon*
testamente (-t -n) *will*
testamenter/a (-ar -ade -at) *to bequeath*
tid (-en -er) *time*
tidig(-t -a) *early*
tidigt i förrgår *early the day before yesterday*
tidning (-en -ar) *newspaper*
till *to; for*
till exempel (abbrev. t.ex.) *for example (e.g.)*
till minne av *in memory of*
till slut *in the end*
tillbaka *back*
tillgänglig (-t -a) *accessible; available*
tillsätt/a (-er --satte --satt) *to add*
timm/e (-en -ar) *hour*
ting (-et -0) (*hist.*) *thing*
tio *ten*
tiokron/a (-an -or) *10 kronor coin*
tionde *tenth*
tisdag *Tuesday*
titt/a (-ar -ade -at) *to look*
Tjernobylolyck/a (-an -or) *the accident at Chernobyl*
tjuga (slang) *20-kronor note*
tjugo *twenty*
tjugokronorssedel (-n --sedlar) *20-kronor note*
tjugondag Knut *twenty days after Christmas*
tjugonde *twentieth*
toalett (-en -er) *toilet*
tolfte *twelfth*
tolv *twelve*
tomat (-en -er) *tomato*
tomt (-en -er) *private plot*
tonåring (-en -ar) *teenager*
torg (-et -0) *market-place*
torgstånd (-et -0) *market-stall*
torsdag *Thursday*
traditionellt *traditionally*
trafik (-en) *traffic*
trafikljus (-et -en) *traffic-light*
trafikolyck/a (-an -or) *road traffic accident*
tre *three*
tre trappor upp *on the third floor*
tredje *third*
trettio *thirty*
trettionde *thirtieth*
tretton *thirteen*
trettonde *thirteenth*
trevlig (-t -a) *nice; pleasant*
trevlig resa *have a nice journey*
tro (-r -dde -tt) *believe*
tron (-en -er) *throne*
tråkig (-t -a) *boring; dull; a shame*
tråkigt *sad; unfortunate*
träff/a (-ar -ade -at) *meet*
träsko (-n -r) *clogs*
tröj/a (-an -or) *sweater*
trött (trött trötta) *tired*
tumm/e (-en -ar) *thumb*
tunnel (-n tunnlar) *tunnel*
tur *luck*

tur och retur (abbrev. T. o. R.) *return ticket*
Turkiet *Turkey*
tusen *thousand*
tusende *thousandth*
tusenlapp (-en -ar) *1000-kronor note*
tut/a (-ar -ade -at) *to hoot*
två *two*
tvärgat/a (-an -or) *crossroad*
tvärtom *on the contrary; the opposite*
tyck/a (-er -te -t) *to think; consider*
tycker om (stress on *o*) *like*
tycker om (stress on *y*) *think of*
typisk (-t -a) *typical*
tyska (-n) *German (language)*
tyvärr *unfortunately*
tå (-n -r) *toe*
tåg (-et -0) *train*
tål/a (-er -de -t) *to agree with (about food)*
täck/a (er -te -t) *to cover*
tält (-et -0) *tent*
tält/a (-ar -ade -at) *to camp*
tänk/a (-er -te -t) *to think; intend to*
tärn/a (-an -or) *maid; attendant*
törstig (-t -a) *thirsty*

ugn (-en -ar) *oven*
underbar (-t -a) *wonderful*
underlig (-t -a) *curious*
underteckn/a (--ar --ade --at) *to sign*
undervisning (-en) *tuition*
undr/a (-ar -ade -at) *to wonder*
ungdom (-en -ar) *youth, young people*
*u*ngdomsrab*a*tt (-en -er) *youth discount*
ungefär *approximately*
ungerska (-n) *Hungarian (language)*
un*i*k (-t -a) *unique*
upp/e *up*
upp och n*e*r *upside-down*
uppfinnare (-n -0) *inventor*
uppfinning (-en -ar) *invention*
uppgift (-en -er) *detail; information*
uppifrån *from above*
uppkallad efter *named after*
upplag/a (-an -or) *edition*
upplevelse (-n -er) *experience*
upplysning (-en -ar) *information*
upprör/a (upprör -de -t) *to upset*
uppseende (-t) *sensation*
upptag/en (-et --tagna) *busy; engaged; booked*
urgammal (-gammalt -gamla) *ancient*
ursprung (-et -0) *origin*
ursäkta *excuse me; pardon*
usch *ugh; ooh*
ut/e *out*
ut ur *out of*
utan *without*
utanför *outside*
utbildning (-en -ar) *education*
ute *outside*
utfart (-en -er) *exit*
utlänning (-en -ar) *foreigner*
utmärkt (-a) *excellent*
utnyttj/a (-ar -ade -at) *to exercise*
utnämn/a (-er -de -t) *to appoint*
utom *except*
utomhus *outdoors*
utomlands *abroad*
utsikt (-en -er) *view*
utsålt *sold out*
utsökt *exquisite*
utveckl/a (-ar -ade -at) *to develop*

vacker (-t vackra) *beautiful*
vad beträffar *with regard to*
vad som helst *anything; whatever*
vagn (-en -ar) *coach*
vakn/a (-ar -ade -at) *to wake up*
val (-et -0) *election*
vald (valt valda) *elected*
valfri (valfritt valfria) *of your own choice*
vandr/a (-ar -ade -at) omkr*i*ng *to wander around*
van*i*ljsås (-en -er) *vanilla custard*
vanligast *most common*
vanlig (-t -a) *common; usual*
vanligtvis *usually*
var *where*
var . . . . ifrån *from . . . . where*
var som helst *anywhere; wherever*
var/a (-ar -ade -at) *last*
vara (är var varit) *to be*
vara med *to take part*
vara med och bestämma *take part in decision making*
vara rädd om *take care of*

varandra *each other; one another*
varannan dag *every other day*
vardagsrum (-met -0) *sitting room*
varg (-en -ar) *wolf*
varier/a (-ar -ade -at) *to vary*
varifrån *from where, whence*
varm (-t -a) *warm*
varmrätt (-en -er) *main course*
varningsmärke (-t -n) *warning sign*
varsågod/a *here you are; please*
vart *where (to)*
vart . . . . än *wherever*
varuhus (-et -0) *department store*
Vasaloppet *the Vasa ski race*
vatten, (vattnet -0) *water*
veck/a (-an -or) *week*
veckoslut (-et -en) *weekend*
vem som helst *anybody; whoever*
verand/a (-an -or) *veranda*
verk/a (-ar -ade -at) *to seem*
verkligt *really*
verkstad (-en --städer) *garage*
veta vet visste vetat *to know*
vetenskaps/man (-mannen -män) *scientist*
vi *we*
vi ses *see you*
vi ses snart *see you soon*
vid *at; by*
vid halv nio-tiden *around half past eight*
vidd (-en -er) *vast expanse; wide open space*
video (-n), videoapparater *video*
viking (-en -ar) *Viking*
vikt (-en -er) *weight*
viktig (-t -a) *important*
vild (vilt vilda) *wild*
vilken *what a*
vilken (vilket vilka) *which; what*
vill du vara snäll och . . . *please*
vill gärna *would like to*
vilse *lost*
viltstängsel (-stängslet -0) *game fences*
vin- och spriträttigheter *fully licenced*
vindrutetorkare (-n -0) *windscreenwiper*
vinlist/a (-an -or) *wine list*
vinter (-n, vintrar) *winter*
vis/a (-ar -ade -at) *to show*
vis/a (-ar -ade -at) sig *to appear*
vispgrädde (-n) *whipped cream*
vissa *certain*
vistelse (-n -r) *to stay*
vore *where; would be*
vuxen vuxna *adult*
vykort (-et -0) *postcard*
våning (-en -ar) *floor; apartment*
våningssäng (-en -ar) *bunk bed*
vår (-t -a) *our(s)*
vår (-en -ar) *spring*
väck/a (-er -te -t) *to wake; rouse*
väckarklock/a (-an -or) *alarm clock*
väder (-vädret -0) *weather*
väg (-en -ar) *road; way*
vägkorsning (-en -ar) *crossroads*
vägskäl (-et -0) *crossroads (out of town)*
väjningsplikt *duty to give way*
väl *I suppose; probably; well*
väl markerad *well-marked*
väldigt *tremendously*
välj/a (-er valde valt) *to choose*
välkommen/välkomna *welcome*
välkän/d (-t -da) *well-known*
vän (-nen -ner) *friend*
väninn/a (-an -or) *female friend*
vänj/a (-er vande vant) sig *to get used to*
vänster *left*
vänt/a (-ar -ade -at) *to wait*
värdshus (-et -0) *country inn*
värk/a (-er -te -t) *ache*
värld (-en -ar) *world*
världsberöm/d (-t -da) *world-famous*
världsmedborgare (-n -0) *world citizen*
värme (-n) *heat*
väsk/a (-an -or) *bag; suitcase*
väster *west*
västkustsallad *west coast salad*
vätsk/a (-an -or) *liquid*
väx/a (-er -te -t) *to grow*
växel (-n växlar) *gear; switchboard*
växelkurs (-en -er) *exchange rate*
växelspak (-en -ar) *gear lever*
växl/a (-ar -ade -at) *to change (money or gear)*
växlingsavgift (-en -er) *commission; service charge*
växt (-en -er) *plant*

yr (-t -a) *dizzy*
yrke (-t -n) *occupation; profession*
yt/a (-an -or) *surface*
ytterligare *further*

åk/a (-er -te -t) *to go; travel*
åka skidor *to go skiing*
åka skridskor *skate*
ålder (-n åldrar) *age*
ålderdomshem (-met -0) *old people's home*
år (-et -0) *year*
ås (-en -ar) *ridge*
återlöses *is redeemed*
åtminstone *at least*
åtta *eight*
åttio *eighty*
åttionde *eightieth*
åttonde *eighth*

äg/a (-er -de -t) *to own*
äg/a (-er -de -t) rum *to take place*
äggrätt (-en -er) *egg dish*
ägn/a (-ar -ade -at) sig åt *to make a living from*
älg (-en -ar) *elk*
älsk/a (-ar -ade -at) *to love*
älv (-en -ar) *river*
ämne (-t -n) *subject*
än *than*
änd/a (-an -ar) *end*
ända in i vår tid *right up to our time*
äng (-en -ar) *meadow*
äppelkak/a (-an -or) *apple cake*
äpple (-t -n) *apple*
äpplemust *apple juice*
är *is*
ärter *peas*
ärv/a (-er -de -t) *to inherit*
ät/a (-er åt ätit) *to eat*
även om *even if*
äventyrsfilm (-en -er) *thriller*
ö (-n -ar) *island*
ög/a (-at -on) *eye*
öl (-et) *beer*
önsk/a (-ar -ade -at) *to wish*
öppen *open*
öppn/a (-ar -ade -at) *to open*
ör/a (-at -on) *ear*
öster *east*
östlig (-t -a) *easterly*
östra *eastern*
över *over; across; via*
övergångsställe (-t -n) *pedestrian crossing*
överskott (-et) *surplus*
överskrid/a (-er --skred --skridit) *to exceed*
övertal/a (-ar -ade -at) *to persuade*
övertyg/a (-ar -ade -at) *to convince*

INDEX TO GRAMMAR NOTES

Adjectives

Adverbs

Conjunctions

Interjections

Nouns

Numerals

Orthography

Prepositions

Pronouns

Pronunciation

Verbs

Word Order and Sentence Construction

GERMAN

PAUL COGGLE

This is a complete course in understanding, speaking and writing German. If you have never learnt German before, or if your German needs brushing up, *Teach Yourself German* is for you.

Paul Coggle has created a practical course that is both fun and easy to work through. He explains everything clearly along the way and gives you plenty of opportunities to practise what you have learnt. The course structure means that you can work at your own pace, arranging your learning to suit your needs.

Based on the Council of Europe's Threshold guidelines for language learning, the course contains:

- A range of graded units of dialogues, grammar and exercises
- Up-to-date information on unified Germany
- A detailed pronunciation guide
- An extensive German-English vocabulary

By the end of the course you'll be able to take a fully active part in the culture and everyday life of German-speaking people.

TEACH YOURSELF BOOKS

FINNISH

TERTTU LENEY

This is a complete course in spoken and written Finnish. If you have never learnt Finnish before, or if your Finnish needs brushing up, *Teach Yourself Finnish* is for you.

Terttu Leney has created a practical course that is both fun and easy to work through. He explains everything clearly along the way and gives you plenty of opportunities to practise what you have learnt. The course structure means that you can work at your own pace, arranging your learning to suit your needs.

Based on the Council of Europe's Threshold guidelines for language learning, the course contains:

- Eighteen graded units of dialogues, culture notes, grammar and exercises
- A step-by-step guide to Finnish pronunciation
- An extensive Finnish-English vocabulary

By the end of the course you'll be able to cope with a whole range of situations and participate fully and confidently in Finnish life.

TEACH YOURSELF BOOKS

DANISH

BENTE ELSWORTH

This is a complete course in understanding, speaking and writing Danish. If you have never learnt Danish before, of if your Danish needs brushing up, *Teach Yourself Danish* is for you.

Bente Elsworth has created a practical course that is both fun and easy to work through. He explains everything clearly along the way and gives you plenty of opportunities to practise what you have learnt. The course structure means that you can work at your own pace, arranging your learning to suit your needs.

Based on the Council of Europe's Threshold guidelines for language learning, the course contains:

- Eighteen graded units of dialogues, grammar and exercises
- A step-by-step pronunciation guide
- A Danish-English vocabulary

By the end of the course you'll be able to cope with a whole range of situations and participate fully in Danish life.

TEACH YOURSELF BOOKS

NORWEGIAN

INGVALD MARM AND ALF SOMMERFELT

This book offers a clear and comprehensive guide to everyday conversational Norwegian for people with no previous experience of the language.

Norwegian has two accepted languages, Landsmål and Riksmål, which are spoken in different areas. This book concentrates on Riksmål, the language of the capital and of the most populous part of the country. Pronunciation, grammar and vocabulary are fully covered, and the text includes numerous exercises and examples to introduce the reader to the life and culture of Norway.

TEACH YOURSELF BOOKS